谢家平 孔令丞 梁 玲 夏 宇 著

产品后市场服务
运营管理

CHANPIN HOUSHICHANG FUWU
YUNYING GUANLI

復旦大學 出版社

目 录

绪 论 ·· 1
  第一节 研究背景 ··· 1
  第二节 研究意义 ··· 10
  第三节 研究现状 ··· 14
  第四节 研究内容 ··· 20

第 1 章 产品后市场服务链的理论逻辑框架 ································· 27
  第一节 产品服务系统的内涵与分类 ·································· 27
  第二节 闭环产品服务系统理论 ·· 30
  第三节 服务时代的商业模式创新 ····································· 36
  第四节 产品与服务融合创新获利 ····································· 42
  第五节 闭环产品服务链关系契约 ····································· 48

第 2 章 产品后市场服务链的价值增值模式 ································· 61
  第一节 产品后市场服务链增值影响因素思辨 ····················· 61
  第二节 产品后市场服务链增值因素关系分析 ····················· 65
  第三节 物联网下后市场服务链增值模式嬗变 ····················· 79
  第四节 产品后市场服务链商业模式机理分析 ····················· 88

第 3 章 产品服务市场中厂商定价策略分析 ································· 99
  第一节 产品服务市场与厂商定价逻辑 ······························ 99
  第二节 面向理性消费者的厂商定价决策 ·························· 101

第三节 面向短视消费者的厂商定价决策 ········· 103
第四节 数量-价格菜单合约下厂商的定价组合选择 ········· 106
第五节 厂商的策略选择 ········· 108
第六节 消费者短视程度异质性的讨论 ········· 111

第4章 产品后市场服务链中租赁质保决策 ········· 121
第一节 质保服务与租赁型产品服务链研究 ········· 121
第二节 基于质保的租赁型产品服务链模型 ········· 124
第三节 租赁型产品服务链的集中决策方式 ········· 127
第四节 租赁型产品服务链的分散决策方式 ········· 129
第五节 租赁产品型服务链不同契约的比较 ········· 131

第5章 产品后市场服务链的渠道选择决策 ········· 136
第一节 产品后市场服务链的渠道选择问题 ········· 136
第二节 产品供应商捆绑后市场服务：垂直式渠道 ········· 140
第三节 产品供应商外包后市场服务：网络化渠道 ········· 144
第四节 产品后市场服务链渠道的数值分析 ········· 154
第五节 产品后市场服务链渠道的扩展模型 ········· 158

第6章 产品后市场服务链的回收契约机制 ········· 164
第一节 问题描述与基本设定 ········· 164
第二节 收益共享契约模型 ········· 170
第三节 收益共享-成本共担组合 ········· 183
第四节 分级回收服务契约机制 ········· 193

第7章 产品后市场服务共享定价：汽车案例 ········· 219
第一节 产品共享定价模型描述 ········· 219
第二节 共享平台定价模型分析 ········· 224
第三节 共享平台定价性质分析 ········· 229

第四节　共享平台定价模式选择 …………………………………… 236

第8章　后市场服务中科创设备共享契约机制 ………………………… 243
第一节　问题提出 …………………………………………………… 243
第二节　模型介绍 …………………………………………………… 248
第三节　基础模型 …………………………………………………… 251
第四节　契约机制 …………………………………………………… 256
第五节　算例分析 …………………………………………………… 263

第9章　产品后市场服务链的案例与策略建议 ………………………… 270
第一节　伦敦地铁的租赁型产品服务系统案例 …………………… 270
第二节　产品服务链在社会企业中的应用 ………………………… 272
第三节　国内外风场后市场服务的实践 …………………………… 279
第四节　企业实施租赁产品服务链的建议 ………………………… 282
第五节　产品后市场服务创新增值策略分析 ……………………… 283

参考文献 …………………………………………………………………… 292

绪　论

中国制造业正在面临前所未有的危机,从全球产业链的现状来看,中国制造业正处于全球制造业产业链位置的低端——原材料、零件加工商和组装商,中端的关键元件、高级电子产品的生产技术掌握在日韩国家手中,产业链顶端的品牌核心技术以及专利则掌握在欧美国家手中。

第一节　研究背景

在城市化进程中,城市人口经历指数级增长。人口流动对航空、高铁和城铁等公共交通的便利性、经济性、安全性产生强烈需求,同时,经济可持续增长和转型升级还对提高设备运行效率及能源转换效率提出更高要求,但这些又与公共交通、游乐服务、产品生产线等大型设备老化和维护升级不协调相矛盾。例如,2011年9月27日,上海地铁10号线由于信号系统失电不能正常工作导致两车追尾事故,造成20名乘客受伤;2017年1月10日,上海迪士尼乐园"翱翔·飞越地平线"游乐设备发生故障,游客被吊半空中长达半小时之久,这是开园以来的第7起故障;2012年9月5日,新疆托克逊风场发生风机倒塌的严重事故,造成人员伤亡和财产损失。这些大型设备由于运营过程中缺乏及时的预防性检测和维护,给国家财产、公民生命安全带来严重隐患。因此,设备智能化和设备后市场服务创新,既有利于提高设备运营效率、降低运营成本,又能确保城市服务的可持续性和生态性。

一、上海市城市基础设施的现状

上海市城市基础设施是指用于维持本市生存、运转和发展所必需的所有基础设施的总称,可以帮助城市中各种经济活动和社会活动顺利开展。城市基础设施一般分为工程性基础设施和社会性基础设施两种,主要包括城市道路(含桥梁)、城市轨道交通、供水、排水、燃气、热力、园林绿化、环境卫生、道路照明、工业垃圾、医疗垃圾、生活垃圾处理设备、场地等设施及附属设施。这些基础设施可以看作上海市的骨架和命脉,承载着各种物质流、能量流和信息流。如果没有这些基础设施,城市就失去了赖以生存和发展的物质基础。基础设施的运行管理不仅关乎上海市的外在形象,还与城市内居民的生活和工作密切相关,是本市现代化建设和文明程度的重要体现。如果基础设施运行出现问题,就会严重影响城市日常机能及运转,影响居民的日常生活和工作。

城市流入人口增多导致城市不断扩张,上海市城市基础设施的规模也在不断扩大。根据上海市统计年鉴的数据可以看出,自 2000 年以来,城市基础设施投资规模在不断增加,2009 年处于最高点,这显然是受当时金融危机后国家所出台的 4 万亿投资计划的影响。尔后一路下滑,自 2014 年达到拐点,随后投资规模开始增加,且增长速度非常快。

从图 0.1 中可以看出,交通运输及市政建设的投资额度要远远超过其他三个方面的投资额度,在服务于上海市日常经济生活、社会生活中起到更

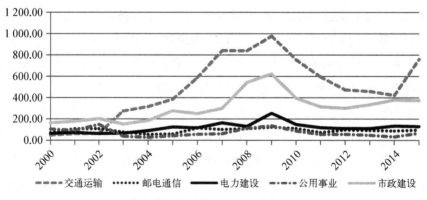

图 0.1 上海市主要年份基础设施投资额(单位:亿元)

为重要的作用。比如交通运输中的轨道交通，自开始建设以来，截至2015年底运营车辆达到3 797节，轨道交通线路15条，运营线路长617千米，运营里程7 574万列·千米，从业人员29 315人。其历年客运总量也在不断提升，如图0.2所示，作为方便人们出行的一种方便、稳定、快速的城市基础设施起到了非常大的作用。

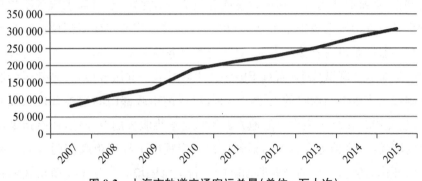

图0.2　上海市轨道交通客运总量（单位：万人次）

二、上海市政设备运维服务需求

一般而言，城市基础设施可以分为基础设施物质实体本身、借助于基础设施开展经济活动而提供的产品及服务、把基础设施实体或产品及服务作为经营对象的产业和行业这三种形态。显然，城市基础设施所提供产品及服务的质量取决于基础设施物质实体的状况以及产业和行业的运营状况。但是，无论处于何形态，基础设施在提供服务及运转的过程中，各种功能的实现都是基于各种大型设备，比如城市轨道交通系统的列车设备、大型发电及电网设备、生活垃圾焚烧设备、污水处理设备等。因此，也可以说城市公共产品及公共服务的提供质量与各种大型市政设备的运转情况息息相关。

根据上文所述，上海市城市基础设施规模在快速发展，显然相应的大型市政设备也在不断增加，而如何能低成本、高质量地保证这些大型设备的正常运转就成为市政部门需要不断考虑的问题。尤其是这些市政大型设备不是面向一个较小的应用范围，而是存在于整个上海市城市基础设施的不同层面，满足整个城市的居民需求，因此，运营安全与运营效率就显得尤为重要。但是，在大型市政设备的应用过程中，仍旧有很多不足之处，主要包括资金不足与浪费并存以及运营维护管理工作不到位等。第一，市政部门在对大型市政设备的运营维护过程中，有时候并不能分清运营维护的不同需求程度，因此为了确保所有设备都能受到维护，就只能扩大养护范围。显然这种做法下运维资金配置是不合理的，这也导致资金不足与资金浪费的情况并存，运维服务需求迫切的设备或部门资金紧张，而运维需求服务不迫切的设备或部门则造成资金浪费。第二，运维服务管理工作不到位。很多城市公共服务是没有直接收益的，对于这类服务的大型设备，需要通过合理高效的运维服务降低成本；而对于能够产生收益的公共服务而言，高效运维服务则成为市政部门增收的关键。但是，以目前市政部门的运维管理状况而言，显然尚存在很多不到位的地方。不只是运维服务的专业性，还有运维服务的覆盖面，这种运维服务的不到位在一定程度上源于市政部门及以产品和服务作为经营对象的产业所面临的自行运维困境。与处于竞争市场的企业相比，城市基础设施及相关产品和服务的提供显然有时更具有垄断性，因此，其在市场准入上要难得多。由于过于依赖政府层面的行政力量，而缺乏企业层面的市场力量，造成了如上弊端，一个好的解决思路就是在市政设备管理中引入市场力量，如制造企业或第三方机构。改变以政府为主的传统的粗放式、经验式的管理手段，而转向更加专业化、精细化的管理手段。

通过引入市场力量来完成市政大型设备的运维服务，具体来说有三个好处：第一，提升大型市政设备的运维管理水平。市场运维管理业务的细分可以减少市政部门粗放式、经验式管理的弊端；第二，提升资金使用效率。市场力量可以更精确地掌握大型市政设备的运营状况及运维服务需求，尤其是大数据和物联网能够用于监测和数据挖掘的运维系统，使得很多运维问题可以及时或者提前发现并得以消除，帮助市政部门将资金用在最需要的地方。第三，减轻政府管理负担。将政府管理部门从全程参与式的管理过程中解放出来，而转为有针对性的监督式和指导式管理。

总体而言，在上海智慧城市建设进程中，设备智能化是迈向智慧城市的第一步。比如，物联网下智慧风能战略已经为一些城市实现了智能化供电，但如何让绿色能源逐步完全替代传统能源供给一个城市的经济生产和居民生活,就需要新能源发电场的智能化运维,以保证绿色能源的发电效率,这一目标的实现需要可再生能源发电设备商的共同参与。再如,新加坡已经开始尝试利用大数据诊断其换线地铁的故障问题,通过每辆轨交故障次数和故障类型进行后市场服务分析与运维,从而在事前预防故障事故;而飞机发动机的主要制造商 GE 公司,在其产品设计过程中就利用了传感技术,实时监测飞机飞行过程中发动机的运行状态,以便进行防御性保养和检修,保证飞机安全。城市智能化的最新案例则是新能源汽车的普及,美国 ChargePoint 公司在 2016 年 5 月成立了全球最大的电动汽车充电网络公司,开启了能源互联网消费端布局,上游运用风机和太阳能电池板发电,并运用储能设备实现可再生能源发电储存,下游运用物联网实时监测需求动态响应,真正实现了新能源汽车使用过程的绿色充电服务。可见,上海城市基础设施建设完毕之后,市政大型设备的运维服务是不可或缺的,在推进城市智能化过程中需要制造商参与设备运维服务,需求端对产品售后的使用服务存在迫切需求。制造业微利时代的来临也使得传统制造业将面临生产决策、运营理念和合作关系的嬗变,制造业通过后市场服务增值延伸其价值环节,也是通过生产与服务并举实现商业模式创新的途径。以企业为代表的市场力量的参与显然是提升运维服务质量和效率的重要渠道,这就亟待探究智慧城市中大型设备的产品制造商与使用运营商之间的合作增值模式及其契约协调优化问题。

三、生产制造微利时代亟待变革

数据显示:从 1993 年到 1997 年,美国制造业对 GDP 的贡献率已经从 30% 减少到 18%,日本则从 24% 减少到 16%,供需变化的不确定性愈演愈烈是这一问题的根源所在。中国制造业虽然发展了这么多年,但仍停留在全球产业链的底端,不仅产品技术跟不上国际市场的发展主流,制造企业也不肯投入资本进行转型升级,廉价劳动力和低成本制造已经无法让中国制造业走出困境。

(一)传统商业模式的局限

传统制造业商业模式的价值增值曲线是"微笑曲线",利润环节主要在研发和销售,其生产的一般模式是"产品研发→工艺设计→产品试制→批量制造"。产品创新主要依靠研发中心的产品研发,制造仅仅是实现产品创新的角色。因此传统商业模式下,价值链的技术环节包括产品研发和工艺设计等环节,利润空间最大,生产环节利润小,销售环节是价值实现增值的关键环节。这就是传统的"微笑曲线"——利润空间在两头,采购和生产环节基本无利润创新突破。因此传统商业模式下,企业只能通过前段研发和设计的创新降低采购和生产的成本空间,后段则是通过销售环节产生利润,而后市场服务增值和回收再制造业务的价值环节并未涉及。

在传统制造业的运营模式下,生产决策是以加工制造为中心,运营理念是以产品成本和质量为核心,企业间合作关系也仅仅是从物流供应链角度出发的"物流、信息流、资金流"三流整合为中心。这种传统线性的"研发、试制、制造"创新过程不仅制约了企业核心竞争力的提升,也制约了企业价值增值空间。

(二) 可持续发展的约束性

对于工业化对环境带来的巨大的破坏,学者有广泛的研究,并且提出了三种举措来降低工业化对环境所带来的影响,三种举措为再制造、工业伴生废弃品再利用和产品服务系统实施。

美国在展望2020年的制造业前景时明确提出了"再制造"和"无废弃物制造"的新概念,这成为学术界的研究热点。目前学术界关于再制造的研究主要集中在从技术视角、管理视角讨论物流系统再制造的意义,但由于再制造过程中回收环节市场组织化环节不高、规模不经济,难以实现再制造技术的大规模产业化,因此"回收+再制造"的商业模式已经无法实现制造业后市场的可持续发展。

另一方面,并不是所有的产品都适合"回收+再制造"的商业模式。美国和欧盟都基于生产者责任延伸制(EPR)建立了回收立法,认为产品生产的厂家有责任使其生产的产品在寿命结束后,以环保的方式处理它们。但立法规定的产品基本都是灯具、各种医疗设备、手机和大型家用电器,美国2012年以前25个州基本都是回收电子垃圾。传统的闭环供应链着重于研究逆向供应链中的回收再制造环节,再制造给整条供应链带来额外经济利益的同时,还能降低能源和材料的消耗。虽然这一环节是一个增值业务,但由于技术性约束,再制造是一个有限次循环,并且仅适用于产品的大多数元件可再循环使用的情况,而大型设备如汽车、轻轨和飞机等产品,其使用周期长达5~20年,不像手机、电脑、轮胎、打印机、碳粉盒等产品仅有3~5年甚至几个月的更新换代周期,那么从购买到再制造中就需要引入后市场服务环节来延长产品使用寿命,这同样可以产生经济效益和环境效益。

制造业微利时代的来临使得制造和服务的价值增值能力需要同步提升,延长微笑曲线后段,新增后市场服务和回收再制造的利润,这才能找到制造业价值增值的新空间。

四、制造业服务化转型升级兴起

物联网的兴起对供应链产生了重要的使能作用(Enable),也带来价值创造和价值获取的根本性变化。借助物联网的应用,通过产品服务数据的收集和分析,改变了以销售为主的传统商业模式。

(一)物联网驱动商业运营模式巨变

1. 物联网的产生

物联网(Internet of Things,IoT)概念最早于1999年由美国麻省理工学院提出,其关键在于使物品信息实现智能化识别和管理,实现物品信息互联而形成的网络。学术界对物联网的关注源于大数据。2008年9月的《自然》(Nature)杂志最早提出了大数据的概念,2012年6月的《科学》(Science)杂志刊登了关注中国物联网技术领域发展的文章,2013年7月的《自然》刊登了关于美国如何构建电力基础设施自我修复能力以应对大规模电网中断的文章,2014年11月《哈佛商业评论》刊登了迈克尔·波特发表的《物联网时代企业竞争战略》,讨论了物联网的核心产品特征。这些重要期刊的研究成果体现了物联网应用的重要价值。

2. 物联网的内涵

物联网本义是指依托射频识别(Radio Frequency Identification,RFID)

技术和设备,按约定的通信协议与互联网相结合,使物品信息实现智能化识别和管理而形成的网络。随着技术和应用的发展,物联网的内涵不断扩展(ITU,2005)。根据2011年我国工业和信息化部发布的《物联网白皮书》,物联网是通信网和互联网的拓展应用和网络延伸,利用感知技术与智能装置对物理世界进行感知识别,通过网络传输互联,进行计算、处理和知识挖掘,实现人与物、物与物信息交互和无缝链接,达到对物理世界实时控制、精确管理和科学决策的目的。

3. 物联网的组成

物联网的网络架构由感知层、网络层和应用层组成(中研普华,2013),物联网应用层主要参与主体包括应用开发商、系统集成商和服务提供商。应用开发商根据物联网用户需求提供专业化的解决方案;服务提供商主要为用户提供统一的终端设备许可、计费等服务;系统集成商作为物联网应用整体解决方案的提供商,是将感知模块、网络模块和应用模块集成具有协同效应的整体模块价值群的关键环节(岳中刚,2014)。

物联网的应用可以归结为三种基本模式(吴爱东,2012):一是智能标签,通过二维码、RFID等技术标识区分对象个体;二是环境监控和对象跟踪,利用传感器和互联网络,实现实时状态获取和对象行为的监控;三是智能控制,基于云计算平台和智能网络,依据传感器网络获取的实时数据进行决策与控制对象的行为。

4. 物联网的影响

物联网引发了信息技术革命的第三波浪潮(Porter,2014)。在20世纪60年代到70年代之间,信息技术的第一波浪潮来临;自20世纪80年代和90年代起,互联网兴起,引发了信息技术的第二波浪潮。在这两次浪潮中,价值链发生了变化,但产品本身并没有受到深刻的冲击。

如今我们正站在第三波竞争变革的边缘。第三波浪潮中,信息技术正成为产品本身不可分割的一部分。新一代产品内置传感器、处理器和软件,并与互联网相连,海量运行数据让产品的功能和效能都大大提升。生产这些产品需要全新的设计、营销、制造和售后服务流程,同时新的生产环节如数据分析和安全服务将会诞生,这将重塑现有的价值链,进而引发生产效率的再次大规模提升。

(二) 工业 4.0 呼唤制造业服务创新

1. 产业革命历史

传统的制造业经历了四个阶段的变革：从蒸汽革命实现了机械自动化后，自动化又开始走向电气化，实现了大批量生产的电气时代，随后模拟化走向数字化，开始了大规模自动化生产，而互联网和物联网出现后，运用大数据＋物联网的融合，使得自动化走向智能化。工业 4.0 已经在全球制造业领域崭露优势：德国西门子工厂通过工业 4.0 将产能提升 8 倍，实现了 75％的自动化；宝马中国工厂打造了 4.0 智能车间，已经实现可再生能源和物料占总能源和物料的 51％；美国亚马逊仓库实现了机器人仓储分拣，大大提高了物流和仓储效率；海尔中国沈阳的互联工厂，订单交付周期已经从 15 天缩短到 7 天。工业 4.0 提倡高度数字化、网络化，根据整个价值链实现职能配置和柔性生产，满足了新环境下制造业的三大需求：提高生产率、缩短设计时间和服务延迟时间、制造更加柔性化。

2. 工业 4.0 智能制造

工业 4.0 是物联网下的智能工业，是一个信息物理融合系统。它将资源、信息、物体以及人密切联系，从而创造物联网下的相关服务，使生产工厂变为一个智能环境(Schuh et al., 2014)，因此互联网和物联网是实现工业 4.0 的基础。

工业 4.0 实现集智能工厂、智能生产、智能物流和智能服务为一体的价值网络：智能工厂实时自动化，网络化地分布生产设施，生产数据共享，生产全程可控，提升了效率；智能物流利用互联网和物联网整合物流资源，大幅提高了物流资源的供应效率；物流服务实现了产品智能化、芯片数据可处理、产品状态感知可控，不仅改变了产品的生产模式、销售模式和使用模式，还增加了服务模式，实现在线维护、自动配送、智能保养，并提高了回收再制造效率。

(三) 后市场服务是制造业增值"黑大陆"

制造企业通过掌握产品全价值链的控制权来实现收益和增利，具体就是通过产品服务增值来拓展产品实体出售的盈利,或提供整合的产品后市场服务(产品交付之后的运行、维护、升级服务)的盈利模式,即形成产品服务系统(Product Service System,PSS),而不仅仅注重传统的产品实体生产和销售的前市场服务。这种新的商业模式能够改善制造企业在价值链中的地位,创造出高利润率的产品和独一无二的客户服务关系,使得竞争对手很难模仿和介入。

一个完整的产品服务系统需要消费者、制造商、社会组织的紧密协作,需要相关技术、管理和服务手段的支持。另一方面,环境和资源问题空前紧迫,回收旧品再制造已成为人类关注的重点,把产品服务链与闭环供应链结合来研究闭环产品服务链(Closed-loop Product Service Chain,CL-PSC),为实现循环经济的3R(Reduce,Reuse,Recycle)提供了新的思路和模式;通过CL-PSC的契约协调优化研究,为企业带来持续经济效益的同时,也能够为社会带来巨大的环境效益。

第二节 研究意义

随着互联网和物联网的诞生,物联网创新了以"满足客户需求"为目的的服务,导致企业的战略和商业模式均发生了改变,当产品全生命周期需要重构时,就需要优化每一个环节,扩展到各个相关产业,从而导致了相关产业的改变。未来全球制造业的发展趋势将是基于大数据、互联网、人-物结合的物联网,通过信息技术进行柔性化、大规模的定制式生产。目前,国内外对产品服务链的研究尚处于起步阶段,对闭环产品服务链契约研究更是鲜有,其契约协调机制研究还存在很大空白,量化研究不足。立足管理者视角,亟须开展理论创新研究。

一、理论意义

(一)厘清产品后市场服务的商业模式演变机理

相比传统商业模式,闭环产品服务链集成了产品和服务、使用和再造、其运作既有产品本身特性又有无形服务的特点。一方面,针对闭环产品服务链系统,采用激励机制的契约协调理论体系尚未形成,故而需要进行产品价值链和环境价值链分析,探讨契约协调理论体系。另一方面,目前针对产品服务系统的研究多集中于系统设计,而对传统商业模式如何向闭环产品服务链转变的研究较少。通过全生命周期的服务利润链分析,研究闭环产品服务链的商业模式,有利于理解参与主体及其利益关系;研究传统商业模式向闭环产品服务链模式的演进,有利于厘清闭环产品服务链系统的契约协调机制。

目前对后市场服务的研究多集中于维修技术环节的技术进步和技术替代等环节,而从管理者视角进行的商业模式研究不足。本书从服务利润链视角出发,研究后市场服务的参与主体利益关系,帮助传统制造业通过物联网实现智能产品服务系统的创新,研究传统销售模式向产品+服务捆绑模式的演进机理,探析中国的制造业从低成本竞争优势转变成为质量+效率的竞争优势、制造企业从生产型制造转向服务型制造的转型路径,使大规模柔性化定制从瓶颈难点变为企业竞争优势,真正实现以创新驱动战略推动绿色工业制造。

(二) 拓展产品和后市场服务捆绑契约优化模型

现有的对契约协调优化的研究多关注正向供应链,而且分析方法多采用案例分析或逻辑思辨进行定性分析,其结论缺乏统一的认识和可继承发展的方式。其与闭环供应链中相关的逆向供应链的研究均为回收和再制造的研究,产品服务相结合的捆绑契约研究刚刚起步,本书梳理制造企业产品销售和后市场服务的参与主体价值关系,通过产品服务捆绑的策略结合,并采用经济学和博弈论等方法抽象这种模式关系,分析基于捆绑的闭环产品服务系统的契约优化配置,建立相关的量化模型,对产品和服务捆绑契约协调机制进行优化,对闭环产品服务系统做出更有效的经济性分析。

(三) 创新服务定价的收益共享契约优化研究

传统文献着重研究服务水平的高低对供应链利润及供应链各结点企业的利润影响,这种对服务水平的分析一方面缺乏如何提高服务效率的分析,一方面缺乏后市场服务契约机制设计和契约优化配置。本书借助经济学建模和博弈论等方法，建立相关的量化模型对闭环产品服务链契约协调机制进行优化，探讨后市场服务定价和产品定价策略，并利用契约设计机制让服务提供方参与利润分享。通过与回收再制造策略的结合，能为闭环产品服务链做出更有效的环境性和经济性分析。

二、现实意义

（一）经济和环境融合发展

闭环产品服务链之所以能够得到如此广泛的重视并迅猛发展，是由于这种商业模式能够为其利益相关者（如产品制造、服务提供、使用者和社会）带来相应的价值和竞争优势或环境效益，从而实现多赢。这改变了传统的产品增值模式，更有利于经济和环境的融合发展。

1. 使用者价值

闭环产品服务链研究通常针对 B2B 模式，帮助商业用户提高利润和价值增值，实现其轻资产运作策略，提高应对商业环境变化的灵活度；还有助于企业降低其碳排放，增加环境绩效，塑造环境友好形象。

2. 制造者价值

通过翻新或者升级实现对产品附加新的价值，获取生产者责任的环境效益；增值服务为成熟产业提供新的创新增长战略；提高企业和客户的紧密度，增加客户价值；应对回收法规，提升企业绿色竞争优势。

3. 服务者价值

通过产品服务链可以增加服务的种类；通过提供不易复制的核心部件维护服务，保证市场占有率；通过产品与服务捆绑组合，使整个产品服务包有形化，易于与客户沟通。

4. 全社会价值

采用闭环产品服务链系统后，提供商对其产品/服务更加负责，因为产品最终还会返回，因此物料流形成了闭环，提高了旧件回收率。返回品翻新、升级后重新进入产品服务链，延长产品寿命，有利于可持续发展；再制造服务又减少了资源消耗和环境污染，实现了环境价值。

(二) 制造业拓展盈利空间

中国制造业可以通过工业 4.0 实现智能工厂,而且将其与智能生产、智能物流和智能服务集成,形成融为一体的价值网络,从而全面实施创新驱动战略,调整产业结构和转型升级,为制造业的可持续发展开辟更广阔的国际市场空间。

1. 提升运维效率与效益

将产品服务系统理论中的效用模式运用于实践中,从如何提高产品使用效率视角出发,探析轻资产可持续运营的商业模式变革,通过契约激励机制设计引入制造商参与运维成本分担、风险共担和专业管理等合作方式。通过变革价值链上下游企业的合作模式引入产品和服务捆绑的后市场服务模式,帮助提高收益,实现轻资产前提下的运维管理服务,提高应对行业环境变化的灵活度。

2. 拓展价值增值业务环节

企业开发新的产品和服务,需要配套更新商业模式,重新调整系统和流程。制造商通过提供后市场运维服务或效率升级改进方案实现对产品附加新的价值,这种柔性化生产方式实现了生产制造的增值环节即产品＋服务模式,摒弃了以往制造企业从产品销售环节直接跨越到回收＋再制造环节,增值服务为制造商提供创新增长战略、提高供需关系的紧密度、增加客户价值、提升企业绿色竞争优势。

3. 延伸服务价值盈利环节

服务创新模式的商业模式路径演化和探索性创新路径的实现更多体现在供应链上企业间的分工合作和协同创新,因此跨界合作在商业模式中的创新愈加重要。通过后市场服务让制造商通过后市场服务增加合作交流频率,在提供多种后市场服务的同时,也能获取更多产品运营数据,不断改进产品核心技术,进而通过提供不易复制的产品核心部件的服务,保证产品销售的市场占有率,通过加入带有产品的服务使得整个产品服务包有形化。因此,研究价值链上各结点企业如何通过企业间联盟实现价值共创是在物联网和工业 4.0 下实现企业组织间既竞争又合作继而实现共赢的关键。

(三) 改变商业模式的激励冲突

传统的商业模式中供应商的收入完全取决于有形产品销售量,销售量越大,供应商收入就越高。供应商通常会采用批量折扣甚至设计包装规格让客户在使用中更容易造成浪费等手段千方百计地鼓励客户增加购买量,而买方的目标是以最少的物料完成期望的功能。所以在传统的按量支付报酬的模式下,买卖双方的目标相互冲突。闭环产品服务链模式下产品的功能实现成为价值评价的基础,供应商在有形产品上叠加专业化的增值服务后形成一体化功能包,再递交给客户,客户按照功能支付报酬,如图 0.3 所示。这一转变完全扭转了买卖双方的目标冲突。服务提供商的利润主要来自高效率地实现功能所带来的成本节约,他们不再把有形产品作为利润的主要来源,资源生产力的提高成为双方共同追求的目标。

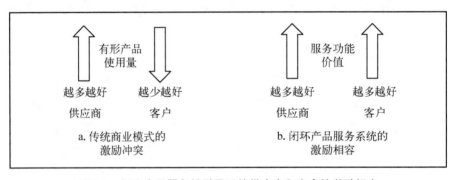

图 0.3 闭环产品服务链引导下的供应商和客户的激励相容

综上所述,研究闭环产品服务链契约的协调对制造企业的服务增值策略具有实质性推进作用,为已经开展产品服务系统的公司和即将进入该领域的公司提供模式选择和契约配置等决策参考,也为政府激励政策的制定提供建议。

第三节 研究现状

随着中国经济与贸易的飞速发展,经济粗放式发展和企业位于价值链低端的问题日益凸显,引起了实业界和理论界的极大关注。

一、企业转型升级的路径与策略研究

由于全球价值链的低端依赖和贸易中的隐含能源与排放,加上对本土经济增长中"中等收入陷阱"的迷思,推动本土企业转型升级便成为继上述研究内容之后的必然解决思路。"转型升级"(金碚,2014)也成为中国特有的关键词,成为政界、学术界、实业界等社会各界的讨论热点。围绕该话题产生了大量的研究成果。

全产业链目前没有一个公认的定义。多数学者的研究思路是从一家主导企业出发,出于对产品的质量控制(郭丕斌等,2014;符亚男、段亚雄,2015)、技术控制(高顺东等,2012;黄磊,2014)等目的,提出某产业链环节的主导企业沿着其产业链向上下游延伸,直至从产业链最前端延伸到产品和服务投入市场的全过程,即全产业链战略,这是企业控制产品和服务质量以及技术的一种战略思路。

无论是价值链的低端锁定还是贸易中的内涵能源价格高企,众多研究的解决方案都放在了推动企业和产业转型升级上来,形成了大量的成果。但英文文献并没有与之对应的术语,只有"转型"(Transformation)和"升级"(Upgrading)分别使用,并明确是对企业的。可见"转型升级"是有中国特色的经济学术语。

升级就是能力提升的过程,强调获利能力和过程特征。当然获利能力包含的内容非常丰富,如技术能力(Benner and Tushman,2003)、市场能力(Humphrey and Schmitz,2000)、竞争能力(Barney,1986)、渠道控制能力(周绍东,2014;刘志彪,2015)。无论哪一种能力,其根本目的是提高获利能力。上述能力的提升主要表现为从劳动密集的低价值型向资本与技术密集的高价值型活动转变的过程。

上述众多的升级获利能力又产生了不同的观点:既包括关键性资本积累能力,也包括关键性的人才积累能力;既包括自主创新能力,又包括营销服务能力;既包括静态的比较优势所形成的能力,又包括比较优势培养与变化的动态能力……而这些内容的外部性较强,因此需要政策鼓励,如对研发补贴(刘志彪,2012),或营造良好的环境(Gans and Stern,2003;Vergrat and Brown,2006)。

中国的经济增长目前处于从要素驱动、投资驱动向创新驱动转变的关键时期。采用大样本调查的研究结果也认为技术创新、企业规模(孔伟杰,2012)是企业转型升级的关键因素;此外,加工贸易有利于低端制造业"干中学"的能力提升,从而积极嵌入GVC来提升技术能力。

二、基于全球价值链的转型升级研究

根据GVC驱动方向不同可以分为生产驱动型和购买驱动型两类(Gereffi,1994;1999)。参与全球生产网络(邱斌等,2012)也许可以推动企业升级,但由于GVC模式下国际大买家利用技术与渠道优势,对发展中国家纵向压榨、结构封锁,本土企业可能"俘获"或"锁定"于GVC低端环节,因此,在关键性的战略环节上嵌入GVC(Humphrey and Schnitz,2002;刘维林,2012,2014;王玉燕,2014)就成为成功推动转型升级的重要思路。要选择正确的嵌入位置(王岚和李宏岩,2015),只有嵌入位置有助于强化创新(李大伟,2015)、逆向外包(张月友,2013),才能提高全球价值链位势,取得事半功倍的转型升级效果。此外,将生态知识嵌入大数据环境下的绿色供应链,从而实现转型升级过程的绿色含量(杨光勇和计国君,2011;张铁和姚树俊,2015),也是选择GVC战略环节关键点嵌入的重要措施。

考虑到中国本土现实,摆脱低端依赖还要顾及多元化拓展,并在GVC基础上,按照代工企业核心能力有选择地延伸本土价值链。由于越是高端的环节,对制度质量的要求越敏感。而制度约束是对整个产业乃至整个经济的,因此制度安排研究就成为更多针对产业的转型升级措施。金碚(2013,2014)认为顶层设计和制度安排才是产业转型升级的根本解决之道,因而变革制度和设计政策至关重要(金碚,2011);中国产业转型升级的机制涵盖环境规制、节能减排机制、绿色技术研发和产业化应用机制、国际协调机制的综合性、开放式绿色转型机制创新体制,并在技术、资金、交易机制、国际合作等方面不断丰富绿色转型的政策措施。

尽管企业转型升级在总体上表现为产业的转型升级,但企业毕竟还有

自身的特征,对应于不同情境所设计的技术路线为未来企业转型升级提供了指导。

三、智慧城市面向工业 4.0 的服务化

智慧城市的概念最初源于智能技术视角,基于信息和通信等技术应用,创新高质量的城市服务,创造"智能城市"。一方面,城市信息化。通过传感器、仪表、电器和个人设备等互联城市的设施、人和物,并将其数据集成到同一云平台,让城市管理者依据这些信息进行分析,优化城市服务(Harrison et al.,2010),市民又可以通过终端设备随时随地利用这些技术获得所需的城市服务(Lee et al.,2013)。另一方面,能源高效化。城市的生产和交通等社会经济活动依赖能源驱动,但面临传统能源的枯竭。一些城市开始尝试可再生能源替代传统能源发电,推行新能源汽车绿色出行。IBM、思科、东芝、谷歌、通用电气等大型国际制造商也参与到城市智能电网领域,希望在能源效率转化领域发现商机(Güell et al.,2016)。目前研究的主要观点均认为智慧城市应具备高质量的城市服务,涉及互联的信息共享、高效的公共交通(Lee,et al.,2013)、绿色能源技术创新等开放的云平台智能网络,这就需要引入大型设备的后市场服务系统,以平衡、创新、可持续发展(Albino,2015)。美国在展望 2020 年的制造业前景时提出了"再制造"和"无废弃物制造"理念,但这不仅仅是我们前期研究的逆向供应链中回收再制造能适合的问题。智慧城市中运行的汽车、轻轨、风电设备和飞机等大型设备,其运行周期长达 15~20 年,不可能像手机、电脑、轮胎、打印机、碳粉盒等短生命周期产品一样进行回收再制造处理,需要引入后市场服务环节来延长产品使用寿命和提升运行效率(谢家平等,2015)。通过设备控制器、传感器和智能制造系统等创新设计打造智能化供应链,实现制造和服务的价值增值能力同步提升,涉足后市场服务,延伸了制造业价值增值的新空间。

(一)物联网改变企业传统商业模式

日本已经在考虑如何在物联网环境下对其庞大的工业生产体系进行变革,以寻求更有效的服务运营模式,使其依旧能够保持较强的竞争力

(Shimomura et al.,2014)。生产流程较为复杂的美国化工企业也在考虑在物联网环境下如何更加有效地配置全球的生产与服务资源,以期更加准确地预测并把握生产过程中的不确定性问题(Spieth et al.,2014)。在工业4.0时代,机器与机器之间的信息交流通信已成为可能。企业可以进行预测式生产,同时处理传感器所收集到的数据,使其成为有用的生产信息,以进一步提高生产效率(Lee,2013,2014);制造型企业可进行分布式生产,生产决策更加分散化,服务更加定制化(Bi et al.,2014)。智慧城市的互联互通为设备后市场维护服务提供运行信息支撑,其中设备维护外包服务受到国内外学者关注。Johnson 和 Mena(2008)通过实证得出信息共享的供应链成员通过提供服务系统,能使顾客服务化战略成为整条供应链的优势。产品服务系统要改变制造企业的商业模式,运作过程中就需要变革、创新和机制设计(Kindstrom et al.,2014)。但这一过程存在一定的障碍:一是产品与服务的配置问题,为了给客户提供多样化的产品和服务,就必须充分理解客户的柔性需求;二是信息传递如何实现有效性,要实时了解客户需求,产品信息采集和传递尤为重要,但目前的产品服务系统的运作无法保证信息的准确性,导致企业降低运营成本和增强服务能力受到了约束。物联网的出现改变了传统商业生态环境,颠覆了传统商业模式,物联网的价值创造、价值传递、价值实现彻底改变了企业的生产行为(Porter,2014;Tsai et al.,2015;Kim et al.,2014)。

(二) 制造业服务化是商业模式变革的产物

制造业服务化作为制造业今后发展的一个必然趋势,对制造企业可持续发展起到了关键作用。Vandermerwe 和 Rada(1988)最先提出"服务化"一词,认为制造企业从仅仅提供产品转向提供"产品+服务"的过程就是制造业服务化的过程,这一过程是创造价值增值的过程。White 等(1999)认为服务化是制造商由产品提供者向服务提供者的角色转变过程,这是一个动态的过程,企业和产品都会发生质变。Szalavetz(2003)提出制造业服务化中的"产品+服务"不仅仅包括维护和维修,还包括融资、系统集成和技术支持等。

服务化是社会经济结构的变化,服务化程度越高,所产生的价值增值就越大。物联网让制造业实现了制造资源高效利用(Whitmore et al.,2014),不仅使得产品、技术、服务的更新速度更快,物流和回收再制造也更高效(Fang et al.,2015;Liu et al.,2014),从而实现了每个环节的服务化。而每个环节是由不同的企业完成,不同企业又属于不同的价值链环节,进而使得全社会制造业的生产方式发生革命性变化(Wortmann et al.,2015;夏妍娜等,2015)。因此,制造业服务化是物联网下技术创新驱动导致商业模式变革的产物,更加体现了客户价值,也是企业商业模式变革与产业变革的融合。

(三) 制造企业通过工业 4.0 才能实现服务化

企业为了实现商业模式变革、创新,就必须升级转型。而以物联网为平台出现的智能工业,工业 4.0 将资源信息、物体以及人密切联系(Webster,2015),从而创造物联网下的相关服务,使生产工厂变为一个智能环境(Schuh et al.,2014;Koehler,2015)。在工业 4.0 打造的智能制造业下,横向集成通过信息网络实现了供应链各结点企业间无缝合作,共同提供生产和服务;纵向集成通过智能化制造体系实现了大规模定制;而顶端集成则在所有终端数字化的前提下实现了基于价值链的企业间整合,最大限度地完成个性化定制(Home et al.,2015;Shafiq et al.,2015;Schuh et al.,2014)。

综上所述,物联网创新了以"满足客户需求"为目的的服务,导致企业的战略和商业模式均发生了改变,当产品全生命周期需要重构时,就需要优化每一个环节,扩展到各个相关产业,从而导致相关产业的改变。因此工业 4.0 不仅实现了智能工厂,而且将其与智能生产、智能物流和智能服务集成,形成了融为一体的价值网络。但是智能生产不仅需要人、机互动,更需要智能生产平台的机械臂替代人工,该过程实现了资本替代劳动,这一生产要素的改变正是产业升级转型的重点,但由于物联网刚刚完成从研究到开发应用的过程,而工业 4.0 的研究和应用案例也是近一两年才兴起,智能工厂如何让制造业实现转型升级的讨论研究少之又少,现有文献基本都是实现工业4.0的技术层面的介绍,而由于制造业服务化导致的相关制造型企业升级转型的研究更是寥寥无几。

第四节 研 究 内 容

商业模式是企业以利用商业机会创造价值而设计的交易活动体系,随着市场环境更加多边和市场需求更加不确定,供应链上制造商和零售商从博弈关系逐渐转变为战略合作关系,而供应链上的参与者也由传统的制造商和零售商模式新增了服务提供商和物联网平台设计参与者,这些新的商业模式打破了传统企业边界,以服务为导向的创新成为供应链盈利的新的驱动因素。因此,制造企业要从产品服务系统角度改变企业的商业模式,运作过程中就需要变革、创新和机制设计。

一、研究目的

梳理物联网对传统商业模式的影响,分析产品服务系统的商业模式和价值增值机理;通过分析顾客对租赁产品服务系统的感知价值测量,理解租赁产品服务系统实施的关键点;基于产品服务系统实施的关键点,建立产品服务链协调模型研究不同契约结构对产品服务链的协调机制和效果,然后分析作为产品服务链实施的关键因素之一的客户参与对产品服务链的影响。

二、研究思路

首先,本书借助闭环供应链理论、价值链理论、服务利润链理论、产品服务系统理论,从客户价值主张视角出发,找到制约用户发展的瓶颈,即运维效率低下如何影响用户收益。

其次,由于产品市场趋于饱和、技术进步导致产品销售利润空间减少,制造商亟待通过服务创新升级,找到实现产品、服务、生产网络优化的相关途径。但传统制造企业销售模式下,制造商和零售商的企业边界明晰,很少交互参与对方的企业活动,对产品制造商而言,用户的产品系统效率低下、大型组件的高故障率和备件的高库存成本是他们不能及时了解的,而在物联网平台下,制造商能够参与到用户的运维管理中来,实时获取产品运行数据,对产品的设计改进和机组故障率都会有显著改善,越来越低的故障率也会导致低的备件需求。

再次,通过经济学方法和供应链契约优化方法,厘清问题关键所在,并进一步探讨供应链各主体在各取所需的前提下如何实现合作共赢,运用"产品+服务"的商业模式增加制造商的服务收益;运用服务价格分级机制提高服务效率,从而提升产品后市场的运行效率;同时运用收益共享契约设计来协调合作共赢过程中的矛盾冲突。

最后,从产品制造商的自身特点出发,探析如果通过服务化过程找到物联网商业模式变革下的价值链增值环节,实现企业商业模式变革与产业变革的融合。

三、研究方法

本书以"提出问题→分析问题→解决问题"的逻辑顺序展开,以产品服务系统理论、价值链理论、供应链契约等文献为基础,展开理论和实践研究。

第一,通过价值链理论、服务利润链以及捆绑契约理论分析,以成本-收益分析方法为基础,识别价值创造环节;运用比较分析方法研究经济效益最大化的产品销售和后市场服务捆绑契约优化问题,具体分析不同捆绑策略对产品联产框架下不同市场结构中各主体的影响以及基于这种影响下的捆绑定价问题。

第二,借助效用分析和经济学方法,考虑经济效益协调的后市场服务契约优化,具体分析服务定价分级与不分级的模式选择。

第三,通过对企业实地调研,进行产品后市场服务契约优化模型验证,分析产品和服务捆绑契约以及服务定价分级制的模式选择,并根据政策情境分析,得到相关实施策略建议。

四、框架结构

全文共分9章,框架结构安排、章节内容如下。

绪论，根据前期准备，分析后市场服务提出的实践背景，明确"产品＋后市场服务"契约的研究意义。通过对国内外研究现状的梳理，界定本书所要研究问题，提出研究思路、研究方法、内容框架和研究创新。

第一章对本书研究所涉及的闭环产品服务系统理论、服务时代的商业模式变革、产品与服务融合创新获利、闭环产品服务链关系契约进行理论梳理、文献归纳和总结国内外学者的最新研究成果。

第二章从价值链和服务利润链出发，基于价值链的增值活动能够将产品服务链的范畴从核心企业向前追溯到供应商，向后延伸至使用者，由此形成供应链上下游企业之间的相互依赖关系，进而影响供应链整体绩效。探析了以产品服务链为导向的产品市场价值增值的环节，并分析了不同的后市场服务渠道模式对制造商和产品用户今后发展的影响。

第三章研究产品服务市场中厂商的定价策略。现有研究主要侧重于前市场或后市场的单一定价，然而，现实商业模式普遍呈现出前后市场价格紧密联系的特征。据此，本章基于消费者效用探究厂商前后市场的联合定价决策，建立了厂商利润最大化下产品服务系统的定价模型。本章针对后市场与前市场之间产品与服务价格的联系建立模型，揭示了后市场中的溢价现象的来源：消费者的短视性。紧接着，本章考察了以自身利润最大化为目标的厂商在前后市场中的不同定价策略的效率。本章分别分析了当消费者的短视程度不存在差异性和存在差异性时厂商的三种不同策略：直接为前后市场定价、在前市场中采用数量-价格菜单合约差异化定价、在后市场中采用数量-价格菜单合约差异化定价。研究发现，厂商在后市场中采用数量-价格菜单合约差异化定价优于在前市场中采用数量-价格菜单合约差异化定价。当消费者短视程度同质时，如果消费者短视程度较高或客户群效应较弱，在后市场中采用数量-价格菜单合约差异化定价优于直接在前后市场中定价。当消费者短视程度异质时，数值分析显示厂商在后市场中采用数量-价格菜单合约差异化定价在大多数情况下是最有效率的。本章的另一关注点是厂商通过教育（如在广告中宣传后市场服务的功效等）降低消费者短视程度的策略选择。研究发现，厂商提供教育的策略选择依赖于厂商使用的策略和教育产生的影响。当厂商直接进行差异化定价或在后市场中进行数量-价格菜单合约差异化定价时，消费者没有动机接受教育，此时厂商更应该谨慎做出判断。

第四章通过质保参数的假设，构建了基于质保服务的租赁产品服务链模型，分别分析制造商和租赁商在不同质保模式提供下的利润；并且比较了供应链集中决策方式和分散决策方式的利润，得出基于质保服务的租赁产品服务链，通过批发价契约不能够协调租赁产品服务链。然后通过比较租赁收益共享契约和质保成本共担契约，得到租赁收益共享契约能够协调租赁产品服务链，但是单纯的质保成本共担契约不能够协调租赁产品服务链。租赁产品服务链获利的一个重要影响因素是质保成本的降低，而质保成本的降低需要客户（承租商）的参与。

第五章分析产品后市场服务链的渠道选择决策。制造业服务化让企业将核心业务向服务领域延伸。在运营成本和服务能力的约束下，为了提供给顾客高水平服务，服务实施可以由供应商自主提供，或由第三方服务商执行，由此分别形成了垂直式渠道和网络化渠道。本章针对这两种供应链渠道分别进行了建模优化，通过对比两种供应链结构下的渠道服务水平、市场供给量和供应链上各成员的利润，讨论了供应链的最优渠道结构选择。研究结果表明，只要服务成本不变，供应链的渠道结构不会改变服务水平。供应链最优渠道的结构由供应商自主服务和第三方服务商的服务成本差异决定，只要第三方服务商的服务成本足够低，供应商就应该选择服务外包和网络化渠道，从而实现帕累托改进。

第六章分析产品后市场回收服务链的契约机制。O2O背景下，供应商可以通过服务商的网络来开展商品的销售工作，与此同时供应商也可以利用电子商务进行线上销售。线上销售也可分为两种情况，一种是商品直接邮寄到消费者手中，中间不经过服务商等渠道，另外一种是线上销售的商品先进入服务商处，消费者到服务商处提货并享受服务商所提供的安装调试等服务，即在服务商处实行"线上下单支付，线下取货"的方式。这是正向供应链的情形。产品的回收也有线上和线下两种渠道。线上渠道指的是消费者将待回收产品通过快递的方式邮寄给生产厂家，运费由厂家负担。此处的线下渠道指的是消费者将待回收商品交递给服务商，再由服务商将汇集的回收商品转交给上游的生产商。此处服务商对回收商品进行检验包装存储等活动。而回收的商品具有一定的价值，这部分价值要由生产商和服务商进行共享，服务商所获得的分成比例至少能够抵消因为提供了回收商品的检验包装存储等服务所花费的成本，更高的分成比例能够激励服务商更好地开展产品的回收工作。本章针对单一线上平台商-单一线下渠道服务商的闭环供应链系统，线上制造商作为主导者，负责新品制造、旧件再制造、线上产品（含新品与再制造产品）销售以及从服务商处回收的任务；线下服务商作为跟随者，负责部分产品的线下销售、旧件回收，并负责提供正向渠道和逆向渠道的系列服务。探讨双方如何在正向供应链进行收益共享、逆向供应链进行渠道成本分担情境下的产品定价和服务优化决策。通过对比收益共享模型和收益共享-成本共担模型发现，线上平台商将部分收益分给线下服务商的同时，如果能分担线下渠道服务建设投入，将更有利于逆向回收和服务商逆向渠道服务水平的提高。最后，通过数值分析，验证了分成分担比例对平台商和服务商决策的影响，以及对各决策变量的影响机理。进而，关注了在分级回收契约下，正向渠道、逆向渠道服务水平对闭环供应链的影响，思考了O2O模式下，制造商与服务商的协同合作机制，并将销售收入分成比例、渠道投入成本分担比例、线上线下产品销售比例、回收转移支付等因素考虑进来，使得模型更贴近企业实践。

第七章通过汽车案例分析产品共享定价模式决策。共享汽车方便了出行、提高了汽车利用效率，传统汽车厂商也纷纷开始转型布局，加入共享汽车平台。本章考虑共享汽车由汽车商和私家车共同提供，平台商提供平台服务并给汽车商和私家车收益分成，在市场定价和平台定价两种模式下，讨论汽车商和平台商的定价模式选择问题，并分析汽车商运维成本、私家车数量及分成比例对决策的影响。研究表明：当共享汽车市场供不应求时，价格主要由市场供需状况决定，此时仅执行市场定价，共享汽车市场规模也将不断扩大；随着共享汽车市场日趋饱和，平台定价对于汽车商更优，平台商在多数情况下也更偏好平台定价，然而在私家车数量不足的情况下，若汽车商运营成本较低或私家车分成比例较高，市场定价反而对于平台商更有利。另外，私家车分成比例越高则汽车商投入汽车越多，汽车运维成本和私家车数量对汽车商投入量起反向作用;在汽车商参与共享时,如果汽车运维成本较高,而私家车投入数量和分成比例越高,汽车商的分成比例也要求越高。最后,用算例验证了本章结论的正确性和有效性。

第八章分析后市场服务中科创设备共享契约机制。企业长期竞争优势根植于源源不断的创新活力,只有依靠创新能力不断丰富产品线,才能满足消费者动态变化的需求从而持续获利。然而,单个企业尤其是中小规模企业难以实现可持续的创新投入,为此有必要与外部集成资源合作发挥协同优势,科创平台便是这样一种服务于社会公共研发活动的组织形式。平台集中采购大型科研设备,面向全社会提供设备共享使用服务,既能加速研发技术向产业化迈进,提高科研成果转化成功率,也能为众多企业节省高昂的设备投资费用,提高全社会资源配置和利用效率,同时还能凭借平台的门户效应实现自身盈利。由于科创平台概念提出时间不长,既有研究成果不多且以质性和实证分析为主,平台实际运作模式尚未得到剖析,围绕服务定价等决策的优化研究尚属空白。本章构建了一个由科创平台和企业用户组成的科研设备共享服务系统,结合科创平台的服务运作模式,创造性地将设备服务购买次数作为需求量,假设需求量内生于平台服务努力程度和用户关系紧密度,并分别引入收益共享和成本共担两种契约机制建立平台和用户的利益关联,在斯塔克尔伯格博弈框架下对平台服务定价、服务努力程度和用户关系紧密度进行优化。研究结果表明:(1)无论引入契约机制与否,当服务定价存在上限,且平台服务努力成本函数的凸性较为明显时,平台和用户的决策变量均存在最优解;(2)在无契约、收益共享契约、成本共担契约三种情形下,用户最优关系紧密度关于平台服务定价均呈递减趋势;(3)平台服务定价和用户关系紧密度对平台利润的贡献表现出超模性质,对用户利润的贡献则表现出子模性质;(4)尽管从理论上分析,收益共享和成本共担两种契约对平台和用户利润的影响趋势相同,但现实中双方为尽可能优化自身利润实则各有偏好:当平台主导博弈时,倾向于采取收益共享契约;而当用户主导时,则更愿意实施成本共担契约。

第九章在探讨了通过"产品+服务"来实现运维可持续发展以及通过产品服务定价策略影响维修需求量和渠道投入之后,通过对产品行业的访谈以寻找产品后市场服务的增值因素,问卷设计不仅从用户的维护需求视角还从制造商的可持续发展视角,寻找供应链上下游各节点企业的共赢可能性。并通过对传统商业模式和工业 4.0 下新的商业模式的对比分析,探析实现传统制造业服务转型升级的关键影响因素。

第 1 章

产品后市场服务链的理论逻辑框架

闭环产品服务链系统中,提升价值增值的手段包括产品和服务两方面。在大量生产时代,产品的价值增值主要来自原料转换为产品的增值过程,这是"大产品小服务"的传统销售模式(服务是产品的附属品)。但是,随着消费市场需求的变化,目前价值增值不但注重企业品牌形象、产品销售等前市场服务,而且越来越注重产品使用过程中的后市场服务和废旧回收再制造服务。产品服务和再制造的增值已经超过传统实体生产的价值创造,开始向"小产品大服务"的商业模式演进(产品成为服务的介体)。作为获取持久竞争优势的新盈利模式,涉及产品制造、服务运营和回收再制造的交叉新领域研究,必然会导致正向供应链的关系契约模式变革。

第一节 产品服务系统的内涵与分类

一、产品服务系统的基本内涵

Goedkoop 等(1999)首次提出将有形产品与无形服务集成为综合的产品服务系统(Product Service System,PSS),为客户提供全面的解决方案,可视为集成性产品功能向需求市场的延伸。

虽然产品服务系统(PSS)的定义尚不统一,但实质是功能性产品与增值性服务的组合,比例关系视具体情况而定;由产品、服务、参与者网络和支持基础设施组成,比传统商业模式具有更低的环境影响(Goedkoop,1999;Mont,2004)。分歧的关键在于功能性产品(Brannstrom,2001)的所有权归属。

(一)产品服务系统的定义

一些学者认为PSS的产品所有权不应该转移给客户(Roy,2000;Baines et al.,2007);而另一些学者认为即使所有权转移给客户,但提供商捆绑相应的服务到产品中,也属于PSS范畴(Lindahl Sakon et al.,2008)。

生产者责任延伸制(Extended Producer Responsibility,EPR)下,PSS作为提高产品使用效率的一种商业模式创新,把销售产品延伸为面向生命周期的产品和服务的综合提供(Stoughton,2003;Aurich,2007,2006),包括产品出售的金融服务和使用培训、为延长产品寿命的维护保养服务以及回收再制造服务(Mont,2002);也可能是一套解决方案,传递客户所需功能效用,实现价值链的拓展(Wong et al.,2004,2009)。

(二)产品服务系统的类型

依据产品所有权和服务形式,PSS的商业模式有三类(Sakao et al.,2009)。

1. 产品导向服务

产品导向服务(Product-Oriented Services),又称产品销售导向服务,将服务加入产品中,如使用培训、维护保养、维修再造。

2. 使用导向服务

使用导向服务(Use-Oriented Services),又称产品租赁导向服务,所有权一般由提供者保留,如产品池计划、汽车共享计划等。

3. 结果导向服务

结果导向服务(Result-Oriented Services),又称产品效用导向服务,出售功能效用而不是产品自身的商业模式,如提供商保证一个仓库的环境温度和湿度。

二、产品服务系统与资源节约

在美国环保局资助课题中,Stoughton(2009)将可能用于改善美国环境绩效的 PSS 商业模式归纳为汽车共享计划、化学品管理服务、选择性再制造、能源服务、基于效果的虫害管理、信息技术"终身服务方案"、回收再制造、合同资源管理、网真服务、第三方物流这 10 种实践模式。

(一) 化学品管理

Stoughton 和 Votta(2003)总结了 15 个使用化学品的企业在实施化学品管理服务项目 5 年中得到的经验和教训,指出化学品管理服务,而不是化学品的量是化学品供应商获取报酬的基础;化学品合同的设计需要把化学品供应商和客户从经济激励向化学品使用减量化方向引导。研究认为,服务化的成本核算体系和化学信息管理不完善是实施、理解、评价化学品管理服务的主要障碍;环境污染减量化起着关键作用,是化学品管理服务项目合同报酬机制的细节。

(二) 能源服务

Goldman 等(2005)利用问卷调查和项目数据,回顾了美国节能服务行业市场趋势,报告了目标市场和典型项目的特征。研究发现,节能服务行业在经济活跃、政策支持力度大的州发展比较好。对于机构客户,项目平均投资回收期是 7 年,收益/成本比率中值为 1.6。节能服务行业正从提供能源效率优化服务向提供能源解决方案转变,能源效率成为能源解决方案服务包的一部分。Vine(2005)采用问卷调查,分析了节能服务行业在全球的发展趋势,发现节能行业的市场规模会越来越大。Elliott(2002)通过能源服务在美国的发展,说明能源节约服务的成功要素。

(三) 基于效果的虫害管理

Sorrell(2007)基于交易成本分析了农业产品服务系统签约相关的问题。农业的产品服务系统,主要是农用化学品需要高资本投入和专业知识的机械设备,按照完成的功能支付报酬,而不是按照使用量支付报酬。

(四) 选择性再制造

轮胎相关的成本占到运输车辆总运营成本的 3%,延长轮胎的使用寿命和使用翻新的轮胎来降低轮胎相关的运营成本是车辆运营方的希望。Yadav等(2003)研究轮胎的产品服务系统激励。轮胎提供商从销售产品转型为销售服务后,调整轮胎公司和运输公司之间的激励,采用节约共享合同,双方都提高了收益。

目前产品服务系统的研究主要停留在理论层面,企业实践也是集中在销售、回收再造等产品生命周期的某一阶段,缺乏系统性的方法来提高竞争优势和配置资源,对PSS契约理论框架研究刚刚起步。

第二节 闭环产品服务系统理论

20世纪90年代后期,闭环供应链(Closed-loop Supply Chain,CLSC)研究逐步兴起。初期关注再造处理技术和处理流程;接着关注逆向供应链协调;进而立足产品全生命周期视角,考虑闭环组织模式的最优生产策略,分析消费者偏好行为,进行再制造价值测度。

一、闭环产品服务系统的内涵与特征

(一)闭环供应链定义

综合Guide等2003—2009年的研究,闭环供应链可以被定义为"既包含传统正向供应链,又包括一系列回收处理活动组成的逆向供应链,并通过整合所有供应链活动以获得附加价值,形成在产品全生命周期内创造最大化价值的系统"。正向物流与逆向物流、经济效益与环境效益、企业盈利与客户服务都在闭环产品服务系统中实现有机统一,并形成各种新兴商业模式。

(二)闭环供应链特性

与传统正向供应链相比,闭环供应链决策更为复杂。回收旧品数量和质量不稳定、回收时间不确定,带来逆向供应链库存、再造提前期更难控制(Souza,2008);回收旧品由于质量差异需要不同的再制造处理时间、成本与产能(谢家平等,2008);回收率又受回收网络、回收主体意愿制约,从而影

响回收成本(Gu et al., 2008;刘宝全等,2008)。易余胤(2009)通过对不同主体主导回收活动的情境分析,得到无领袖市场的行业利润和回收率最高;在有领袖市场中,制造商主导更能提高资源利用率。

制造企业通过产品服务增值来拓展产品实体出售的盈利,或提供整合的产品后市场服务(产品交付之后的运行、维护、升级服务)的盈利模式,即形成闭环产品服务系统(Closed-loop Product Service System, CL-PSS),而不仅仅只注重传统的产品实体生产和销售的前市场服务。

(三) 回收再制造决策

闭环供应链的回收涵盖商业返回、维修返回、租期返回、废旧返回等情况。回收再制造成本的节约有利于提升产品销量从而满足需求的增加(Debo et al., 2005);因此应依据再制造成本节约,优化新产品与再制品的产量决策(Ferrer et al., 2006)。由于回收品质量的不同将导致再制造成本的变化,应引入回收品质量降级率来研究闭环供应链成员利润变化(黄祖庆等,2006),但他们的模型把降级率设为外生的。事实上,产品质量和降级率水平往往在设计阶段就已经确定,是企业可以决策的内生变量,不仅要关注给消费者的质量承诺,而且重视保证降级率在一定水平内以满足再制造需求(谢家平等,2011)。此外,消费者偏好不同,对再制品要采取灵活的定价策略,回收品质量与数量关系着闭环供应链的稳定性(谢家平,2011)。Ocaña(2010)分析认为存在政府激励措施,闭环供应链协调机制能有效促进回收率与回收效益。

总之,无论是正向生产销售和使用维护的产品状态,还是逆向的返回期和返回量、拆卸率和拆卸零件质量等对再制造运作效率影响都很大。因此,闭环供应链有效运作的关键是必须确保信息的可追溯性和及时准确性,在互联网基础上应用传感技术的物联网必将成为闭环供应链领域的信息支持技术。

(四) 后市场服务兴起

生产者责任延伸制(EPR)下,制造业界的产品与服务增值不断融合,

PSS作为提高产品使用效率的一种商业模式创新,变革传统单一的销售产品模式,延伸为面向生命周期的"产品和服务"组合提供模式(Aurich,2006),包括出售产品的同时配套金融服务、产品使用培训、为产品延长寿命的维护保养以及废弃回收服务(Mont,2002);也可能是一套解决方案,传递客户所需功能效用,实现价值链的拓展(Wong,2004)。尤其是在新一代信息网络技术的物联网时代,在各个传统行业的应用可实现传统产品、增值服务与新技术的结合,能够在传统行业现有的技术性能和功能上开拓新的领域,从而实现传统制造行业向智能化的转型升级。

二、闭环产品服务系统的价值环节

产品和服务在价值链上被生产、创造、使用和处置,如图1.1所示。生产者责任延伸制(EPR)下,制造商的产品责任范围从研发设计延伸到最终回收再制造的全过程。闭环产品服务链系统涉及产品制造、服务提供、产品运营、回收再制造等活动行为,应立足客户需求视角,确定企业利润新的增长区,培育产品全生命周期内、考虑环境与资源约束的核心能力,需要规划各项活动的行为主体角色及其相互关系,因此亟待重新分析和界定产品价值链、服务利润链和环境价值链。

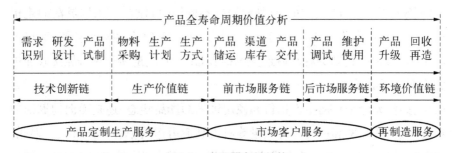

图1.1 产品服务链结构

(一)生产价值链

Michael Porter(1985)在《竞争优势》一书中将"价值链"(Value Chain)定义为"从原材料的选取到最终产品送至消费者手中的一系列价值创造的活动过程"。

以价值链为分析工具,将企业活动分解成与战略相关的"进货物流→生产制造→发货物流→营销活动→售后服务"5项主体活动和"采购、技术开发、人力资源管理、企业基础工作"4项辅助活动。竞争对手的价值链之间的差异是竞争优势的关键来源,价值链理论分析仅局限于制造业传统销售模式下的价值链环节。

(二) 服务利润链

价值链理论分析的是制造业传统模式下的价值链环节,但随着服务经济时代的到来,信息和服务越来越受到重视,基于价值链理论的"服务利润链"(Service Profit Chain)应运而生。

随着服务经济时代的到来,信息和服务越来越受到重视,"服务利润链"理论应运而生。服务利润链理论认为企业竞争优势不再局限于产品本身,应该从以产品实体为重心转移到为顾客提供价值的多少(Heskett,2002);企业利润的增长来源于忠诚的客户,而客户的满意度导致客户忠诚,因此,要赢得高价值的客户,就要提供满意的顾客服务(Heskett,2008)。

(三) 环境价值链

产品对资源和环境的影响涉及从设计、制造、包装、运输、使用到报废处理的全生命周期的闭环物流过程。随着消费者环保意识日益增强,企业为赢得竞争优势,就必须重构自己的"环境价值链"(Environmental Value Chain)。

产品全生命周期过程的一系列经济效益和环境效益的价值创造活动组成环境价值链(Rose,2000;谢家平等,2003)。环境价值链以减少产品全生命周期环境影响为目标,通过产品设计过程进行全生命周期的环境价值链分析,提高产品环境价值(Paloviita,2008;谢家平,2008)。环境价值链分析改变了传统价值链的成本观念,将环境作为一种成本纳入价值分析之中。

由此可见,未来的产品服务系统必将整合价值链、服务利润链和环境价值链(梁玲和谢家平,2014),即以闭环产品服务链(CL-PSC)为运营基础,兼顾产品价值、服务盈利和环境成本的综合优势。由于参与主体关系复杂,价值增值性是各参与主体合作、协同的黏合剂(Porter,2014),以价值链理论为分析工具,产品创新价值网络、运营创新价值网络、服务创新价值网络和环境价值网络都可以成为价值增值环节,亟待关注产品服务系统的价值网络构架,分析增值动因与增值路径。通过对产品服务系统内部运作机制的深入研究,为企业提供新的商业模式。

三、闭环产品服务系统的价值网络

Brandenburger and Nalebuff(1996)认为,合作与竞争是企业成功不可或缺的两个侧面,一心专注于竞争会导致企业忽略商业关系的发展变化,进而失去扩大市场、创新利润模式的机会。其提出的价值网模型强调两方面:一是互补者被加入了企业、顾客、供应商和竞争者的产业链,互补者指为顾客提供补充产品或服务,或者从供应商处购买资源的企业;二是强调竞争和合作的双重性,企业间的价值分配关系由竞争决定,而供应链的价值创造则是由合作决定。

传统的价值链是一种价值转换的过程,如图1.2所示。

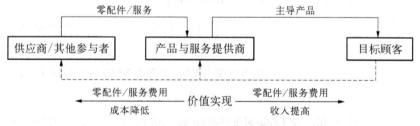

图1.2 传统价值链价值转换

传统价值链的价值交换行为大都按质论价,高品质产品或服务必须要求顾客支付高价格,顾客的支付构成了企业收入的基本来源。然而随着信息技术和物联网经济的推动,产品/服务价格与价值日益呈现背离倾向,顾客越来越能够以较低的价格甚至免费享受高质量产品/服务,顾客价值创造/传递过程与企业价值实现过程逐步分离,也就是说,即使企业向顾客提供了满足其需求的优质产品或服务,也无法直接从中实现收入。顾客价值创造与企业价值实现之间并不存在天然的线性关系,顾客价值的提高并不意味着企业价值的必然实现。如图1.3所示。

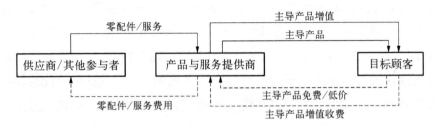

图 1.3　产品服务系统价值转换

产品服务链的价值增值是把主导产品以免费或者低价的方式提供给目标顾客,获取市场份额。主导产品并不是企业价值的来源,企业价值来自针对特定目标顾客所提供主导产品的增值所带来的收入。例如佳能复印机把打印机免费提供给顾客使用,产品免费,但是针对相应的数据管理和客户复印墨盒等则采取收费的模式。

四、闭环产品服务系统的关键问题

国内外对产品服务系统的研究还处在起步阶段,未形成系统的理论体系,并且与实际应用之间还有较大差距,亟待设计契约实现协调。

(一) 产品服务系统主体关系结构

目前闭环产品服务系统的研究主要停留在理论层面,企业实践也是集中在销售、回收再造等产品生命周期的某一阶段,缺乏系统性的方法来提高竞争优势和配置系统资源,亟待对典型商业模式的契约理论框架进行研究。未来的PSS必将整合价值链、服务利润链和环境价值链,兼顾产品价值、服务盈利和环境成本的综合优势。因此需要从提供商效益视角,以价值链理论为分析工具,既要实现正向供应链的价值增值,更应关注逆向供应链的价值创造,实现价值分析的经济性和生态性相统一。实证研究产品服务系统利益相关者的关系结构及影响产品和服务需求增值的动因。通过对闭环产品服务系统内部运作机制的深入研究,为企业提供新的价值增值模式。

(二)产品与服务的关系结构模式

现有文献解决产品相关的服务文献都是案例和理论研究,没有就具体服务方法和途径进行优化和策略分析,Opresnik and Taisch(2015)认为产品由于差异化减少而使用功能的复杂,产品服务捆绑策略会向服务商品化发展,因为顾客的期望会随着时间增长,制造商的产品替代速度可能与其不能达到同步,那么服务化可以视作一种商品替代产品技术更新,使制造商维持其竞争优势。

另一方面,以往产品服务系统理论相关研究主要在逆向供应链的再制造环节,但再制造只是一个产品的功能,而不是直接将产品的功能提高,因此回收+再制造已经不适合大型设备的后市场服务,更需要的是"服务+再制造"。比如产品服务最早商业模式应用是19世纪60年代初,Cyrus McComick公司研制出一种收割机,但由于功能复杂,很少有人购买,于是他们成立了一个服务性组织,提供收割机功能使用技能的服务。产品服务导向的租赁以产品实体的租赁为主要盈利点,但在产品实体租赁的同时,企业也提供配套的相应服务,并使服务与产品紧密配合,既延长了产品使用寿命、提高了资源的利用效率,也为客户节约了交易成本,从而提高了企业的竞争力。需要运用经济学分析并结合动态规划等方法,分析基于闭环产品服务系统契约优化配置;通过对闭环产品服务系统的经济效益和环境效益的增值性分析,为企业提供从传统销售模式向产品/服务模式转型的路径。

第三节 服务时代的商业模式创新

一、创新的基本内涵

关于创新的最早的研究是从制造业相关领域开始的,熊彼特(Schumpeter,1939)从经济变革角度定义创新,将创新分为五种类型:新品开发、流程创新、供应源创新、新市场开发、新商务模式。不同学者在不同领域里研究了组织变革、流程再造、市场开发、产品创新。20世纪80年代以后,创新模式突出了创新过程的互动性特征,Hjalager(2002)将创新界定为产品创新、工艺创新、管理创新、物流创新和制度创新5大类。Rogers(1983)认为,创新可以是一个想法,可以是一种实践,一个过程,而不仅仅是一种产品。Potiter等(2005)认为,创新是创造一个新的以客户为导向的价值,服务对象可以是所有利益相关者——顾客、员工、股东,甚至是企业外的合作伙伴等。随后产品创新被定义为全新的产品或服务的创造与商业化,工艺创新表现在生产过程中采用新技术使创新发生显著改善(Stanko et al.,2015),服务创新则通过供应商与客户接触交流、互动知识和技能,使得产品改进得以实现(Hipp and Group,2005)。

在经济全球化、信息化背景下,企业单凭自身的力量和资源难以快速地响应市场并占领市场。随后,研究学者提出了开放式创新,跨越不同行业的组织边界和技术边界,客户、供应商、竞争对手和跨行业的企业甚至是大学都是创新理念和技术的来源(Girotra et al.,2013),这使得创新的参与主体越来越多,更利于创新的可持续性。开放式创新模式(Breidbach et al.,2013)主要集中在互动的过程,通过它的知识和技术,可以很容易地向外流动,并跨越企业边界。开放式创新的理念使得发明和创新不一定要转化为新的产品,可以是新的服务和新的经营模式(Chesbrough and Crowther,2006;Elmquist et al.,2009,2010)。因此企业需要整合资源,打破企业边界利用外部资源共同应对市场的变化。

传统制造业的创新途径主要是通过产品创新和技术创新两种方式。产品创新属于封闭式创新(Chesbrough,2003b;2006a),制造商专注于产品和渠道的创新;技术创新属于突破性创新,但这一创新是否能符合市场需求是未知的,具有很大的风险性。

二、商业模式的变革

Amit and Zott(2001)认为商业模式包括交易内容(活动体系)、交易结构(活动间的联系)和交易治理(活动主体间的关系治理)三个要素。

Casadesus-Masanell 和 Ricart(2010)也赞同这个观点,认为商业模式是由诸多相互依赖的活动所构成的活动体系,比如价值链活动、顾客选择、产品或服务选择。Chesbrough(2006)认为商业模式包括价值链、价值网络、赢利模式等 6 要素。Johnson 等(2008)提出商业模式包括顾客价值主张、核心活动、核心资源、赢利模式 4 要素。Osterwalder(2009)认为商业模式包括价值主张、关键活动、核心资源和重要伙伴等 9 要素。

(一)商业模式创新

文献中关于商业模式概念的认识至今仍未取得一致认识,界定商业模式的术语是五花八门。比如 Osterwalder 等(2002)认为商业模式是一种架构(architecture),Osterwalder(2005)认为是一种概念性工具或模型(Tool or model),Teece(2010)则认为商业模式是一种逻辑(logic)。不过,Zott 等(2011)基于对现有文献的深度分析,观察到商业模式定义向主题一致的收敛趋势,他们对近年来企业商业模式的理论、发展现状和未来可研究的方向进行了全面的梳理和剖析,认为企业的商业模式目前正在成为一个新的分析单元,商业模式开始强调系统性、整体性的运作,企业的组织活动在商业模式概念中扮演着重要角色;而商业模式的作用在于让企业实现价值创造和价值获取。

Linder(2000)用实证的方法对商业模式的类型、内在逻辑进行了研究,并分析了商业模式的识别、开发、实现和创新等过程;Zumpe(2007)建立了一个商业模式分析框架,其中包含商业模式的信息获取、达成、实施三个交易阶段。Sosna 等(2010)对商业模式如何创新实施提出了四个步骤:设计、测试、发展改进和调试、学习。Sosna(2010)认为如果企业的权力中心非常分散,商业模式创新的实施会受到阻力。Hamel(2000)认为一个好的商业模式必须能够实现企业利润最大化的目标,因此企业创造利润的潜力可以作为商业模式创新评估标准之一。Morris 等(2003)则认为,商业模式与企业可持续发展的匹配性是商业模式评估的关键,其匹配评估包括了内部匹配性和外部匹配性两种。Hayes 和 Finnegan(2005)从五个方面对商业模式进行了评估:包括创新、经济控制、功能整合、供应/价值链整合和投入来源。

Osterwalder 和 Yves(2010)的研究表明，1998—2007 年间，在成功晋级《财富》世界 500 强的 27 家企业中，有 11 家认为它们成功的关键在于商业模式创新。Casadesus-Masanell 和 Rlcart(2011)所做的调研中，70%的公司在进行商业模式创新，98%的企业在修正现有的商业模式。欧晓华和余亚莉(2013)，王鑫鑫和王宗军(2009)以及王水莲和常联伟(2014)从不同方面对商业模式创新的文献进行了梳理。研究者对于商业模式创新给出了不同的定义。Magretta(2002)从价值链的角度出发，认为对企业原有价值链的调整或对价值链中所包含要素的创新都属于商业模式创新。Tucker(2001)认为站在客户立场，通过各种想象力的发挥让事情变得更完美的过程即是商业模式创新。对于商业模式创新的必要性，Amit 和 Zott(2001)发现商业模式创新所创造出的价值超过企业之间合作创造出的价值。Mitchell 和 Coles(2003)认为商业模式创新是企业获得核心竞争力的根本。由于商业模式创新首先表现为组织战略的生成与调整，因此战略分析的框架被应用到早期的研究中。Petrovic 等(2001)认为战略分析本身就是商业模式创新的逻辑起点与重要组成部分。Yip(2004)指出，战略与商业模式紧密相连，影响着企业经营活动进而决定其市场竞争优势。对于商业模式创新的分类，Giesen 等(2007)把它分为三类：产业模式创新、收入模式创新和企业模式创新。

关于商业模式的创新动力，物联网作为一种技术创新，带动了一个新的产业，即物联网产业的商业模式创新。岳中刚和吴昌耀(2013)把在物联网技术下的商业模式创新类型分为：平台或通道型(以中国移动推出的出租车定位系统业务为例)、合作型(以中国电信推出的网络视频监控业务为例)、自营型(法国电信运营商 Orange 开设国际物联网业务中心)和定制型(Orange 将物联网系统分成很多应用模块，以此为基础提供定制化业务)模式。

(二) 客户价值主张

客户价值主张是商业模式中十分重要的一个概念，特别是在互联网、物联网下，客户需求是第一位的，但学者对其定义有不同的观点。Kambil 等

(1997)将价值主张描述为产品或者服务满足客户需求或提供增值服务的独特价值驱动因素。Porter(1998)将价值主张定义为供应商是用什么满足客户需求或提供增值服务的独特价值驱动因素。Bagchi 和 Tulskie(2000)将价值主张理解为企业将产品或服务提供给客户时所呈现和被感知的优点。Alexander(2005)在综合分析了各种概念共性的基础上,提出了一个包含九个要素的商业模式参考模型,其要素之一就是价值主张,他认为价值主张确认了公司对消费者的实用意义。Anderson 等(2006)定义价值主张是指那些能够为客户、伙伴或者内部员工创造价值并最终为企业带来显著价值增值的要素形态或其组合。但所有这些文献,都没有讨论如何用数学模型来描述客户价值主张。

目前对商业模式性能/定量分析方面的研究还几乎是个空白。按照学科的一般发展规律,现在必须从科学的高度(特别是运用数学等科学理论、方法与工具)来研究商业模式的性能分析。我们发现,在商业模式的现有定义中,如著名的商业模式九要素模型(Osterwalder,2005)、四要素模型(Christensen 等,2008)、交易结构模型(Zott and Amit,2007;魏炜等,2009)等,供应链是商业模式中十分重要的部分(企业与其上下游企业一起为客户提供产品或服务)。商业模式的其余部分属于企业的内部管理。因此,我们认为供应链在商业模式中起着骨架的作用。至今,商业模式的分析基本上以定性为主,而供应链管理的研究则以定量为主,学术界已经有十分成熟的理论、方法与工具。所以,借用供应链管理的理论、方法与工具来研究商业模式的性能分析,是一件水到渠成的事情。当然也要注意,对商业模式中的关键资源、关键流程、客户价值主张、赢利模式等,在供应链管理的已有研究中涉及较少、甚至没有涉及。所以要扩展供应链管理的现有研究,将商业模式中的这些内容包括进来。我们在这方面做了尝试,在 Jin 等(2015)中,运用供应链管理的方法研究中国家电零售业的商业模式及其变化,很好地解释了这个市场在过去十几年中的发展与变化。

(三) 物联网下的商业模式

物联网的兴起对供应链产生了重要的影响,对价值创造和价值获取也起了根本性的变化。物联网下,供应商和服务商与制造商一起参与创新,这里的创新更多是服务的创新,最终会导致商业模式的创新。虽然一些学者认为商业模式在构建过程中容易被竞争对手模仿,但由于商业模式在实施初期阶段效果较不明显,其设计过程也需要反复地推敲和调整,因此在实际操作过程中的被模仿概率其实很低(Inauen et al.,2012),因而也说明了对物联网下商业模式创新进一步探索的必要性。

传统的销售模式下,客户价值以单一产品为导向,产品仅仅是附加必要的维护,因此会随着需求的变化而逐渐被淘汰。物联网下的商业模式实现了产品的在线升级和迭代更新,物理实体不会发生变化,而是通过连接到产品的智能软件不断升级,从而改善用户的体验,对产品进行实时更新。而且在物联网环境中,本来单一的产品可以通过物联网与周围其他产品感应,进行协同,产生新的功能,从而实现产品升级。Glova等(2014)提出在物联网下商业模式创新的可行性分析,同时提出了对多个企业之间的价值创造和传递进行建模的方法。可见客户价值主张是企业转型升级的驱动因素,在物联网应用平台下,制造企业亟待转变商业模式,以创新客户价值为起点,通过服务创新的实施过程来实现客户价值增值。

物联网的出现让产品服务系统整合价值链、服务利润链和环境价值链,在物联网环境下形成了更为复杂的价值网络关系,由此以物联网为平台协助了工业4.0落地生根,但如何让智能工厂中的每个环节无缝链接则需要一个统一的标准。因此,工业4.0下的智能工厂可持续发展的关键是建立工业4.0的标准,实现供应链管理智能化才能让每个环节的企业间顺利合作。这一标准更是工业4.0相关核心产业竞争实力的制高点,因此需要研究智能工厂每个环节标准化的指标和可参考的架构。

物联网下商业模式的演化与创新路径更多体现在分工协作和利益协调等方面,因此物联网背景下的产业组织边界更加开放,创新活动的不同环节被打散到不同的产业组织中,使得跨界合作的商业模式在创新过程中越来越重要,它促使了价值链上各个参与主体的企业实现了价值共创,供应链上各结点企业在联盟中既竞争又合作,实现了多赢。随着物联网和工业4.0的发展日趋成熟和应用技术的逐步推广,价值链上的各参与主体如何建立产业间联盟并实现价值共创是研究关键。如何在物联网和工业 4.0 下实现产业组织间既竞争又合作继而实现共赢；如何从产业链整体和诸多参与主体（政府、制造企业、平台提供商、运营服务商）的价值网络的角度分析物联网下制造业及其所属产业链的价值共创；利益分配机制如何设计是我们在物联网情境下亟待研究和解决的问题。

第四节　产品与服务融合创新获利

传统的创新是从生产制造过程的角度出发，而未涉及服务领域。近些年，相关研究学者一直在试图界定服务创新，以区分产品创新。Potitter 等（2005）认为，创新是创造一个新的以客户为导向的价值，服务对象可以是所有利益相关者——顾客、员工、股东，甚至是企业外的合作伙伴等。随后产品创新被定义为全新的产品或服务的创造与商业化，工艺创新表现在生产过程中采用新技术使创新发生显著改善（Stanko et al.，2015），服务创新则通过供应商与客户接触交流、互动知识和技能，使得产品改进得以实现（Hipp and Group，2005）。

一、产品创新获利

（一）产品创新的合作动因

Caves（1983）提出合作创新有利于增进彼此的信息交流，建立相对稳定信任的基础，在一定程度上减少投机行为出现的概率，同时也降低了交易成本。Cairnarca（1992）从产业技术生命周期视角研究跨组织技术创新动因，对产业生命周期不同阶段的合作动因及合作形式进行了分析。Sakakibara（1997）通过对日本近 400 家参与合作创新的企业进行调查，证实了企业进行合作创新的最主要动机是"对互补性技术知识的获取"。党兴华等（2006）提出根据组织在价值链中的地位来区分跨组织创新合作方式；并阐明组织资源的合作创造功能，以及社会资本对企业技术创新合作的促动作用；并从产业技术生命周期与企业资源两个视角，探索跨组织技术创新合作的动因。

目前文献主要对企业组织或参与创新合作的动机进行分析，多从成本、风险的分担和弥补自身技术不足方面进行论证，缺乏对企业在市场中地位、单次合作或多次合作、企业界面管理能力、企业领导者行为偏好等因素从多角度对创新合作的动因进行考察。

(二) 合作创新的协调机制

合作创新是企业、高校和科研机构等创新主体在政府、科技中介、金融机构等第三方组织协同下，以优势互补和利益共享为原则，按照一定的机制形成合作联盟，开展新技术研究、开发与应用，形成科研-产品-市场的良性循环。Banerjee(2001)研究了上游企业和众多下游企业之间形成研发合作联盟的协调问题。Bhaskaran等(2009)研究了新产品合作开发过程中，收入和成本共享机制，主要比较了收入共享和成本共享对企业之间协调的作用。马家喜等(2014)以动态博弈与委托-代理等理论工具，建立三阶段动态博弈模型，分别得出了短期合作关系下集中控制、短期合作关系下分散控制、长期合作关系下集中控制、长期合作关系下分散控制四种不同情形的子博弈完美纳什均衡解。但目前研究多以企业或学研为主导，而没有关注技术转化服务——而这正是以客户需求为主导，忽略了客户价值导向对产学研创新合作价值网络演进的影响。借助物联网实现智能化和互联化的企业，有望实现产学研的"无缝"对接，消除双方之间的信息不对称性。

二、服务创新获利

产品服务系统的核心思想在于对传统获利机理的改变。传统的创新驱动因素来自产品，而服务创新的驱动因素来自商业模式的创新获利。传统的商业模式是以资源观为基础的产品主导逻辑，而产品服务系统则是基于能力观为基础的产品+服务、以服务为主导的逻辑(赵馨智等，2014)。区别于产品创新容易被模仿，可持续性的服务创新是很难被模仿的(Hipp and Group, 2005; Chesbrough, 2010; Amit and Zott, 2012)，因为服务创新会导致商业模式嬗变，竞争对手又难以识别，被模仿概率很低(Inauen et al., 2012)，因而物联网下商业模式创新的设计方法极其重要。

(一) 服务创新的界定

服务最早界定为"非生产性的劳动",通过交流来实现价值共创,并以顾客需求为驱动因素(Spohner and Maglio, 2006)。服务的创新是可以创造价值的(Smith, 1904),Bastiat(1979)认为服务通过交流来实现价值共创,服务系统可以通过建模来解决可变需求下的随机特性。随着对服务的进一步认识,管理领域的相关研究者认为,服务应打破与产品捆绑的限制独立存在,并且服务具有无形的特质(Shostack, 1977)。March(1991)发现最优的学习曲线是环境变化率的函数,这一函数关系的建立让学者们开始研究服务创新如何影响企业活动。Chase(1981)运用客户关系理论(Customer-contact Theory)研究了如何通过提高服务效率对客户数量和类型产生影响。随后,B2C和B2B的服务创新理念让服务价值链受到关注。Spohner and Maglio(2006)认为服务的价值创造是以顾客需求为驱动因素,制造商正尝试基于服务创新提升竞争力和盈利能力。

从前人的研究可以看到,服务从最早非生产性的劳动到成为可以为企业创造价值的活动,再到以顾客为导向的服务创新,服务已经成为一种系统实体,成为一种资源,适应不断变化的外界环境,让企业从以产品为导向过渡到以客户为导向,而B2C和B2B的出现又让产品服务系统构成一个网络。

制造商尝试基于服务的创新提升竞争力和盈利能力,这是一种渐进式创新——通过定制化和个性化的服务增强消费者对产品的忠诚度,为顾客提出的特殊要求而做出改变(Vries, 2006;Gallouj and Weinstein, 1997);同时也是一种开放式创新——通过增加整条供应链盈利能力吸引供应商和服务提供商参与到创新环节,使得传统的企业边界弱化(Breidbach et al., 2013)。制造商可以出售一种产品也可以出售产品的功能而不是产品本身,更可以将服务看作产品进行出售。制造商对产品全生命周期负责,比如使用中的维护、使用后的回收再制造,实现产品的价值增值(Meier et al., 2010)。这种创新甚至可以是由供应商和客户共同完成的(Gallouj and Savona, 2009),因此是一种以客户价值为导向的创新。

服务创新还可以独立于产品,服务商也可以独立于制造商,从而成为服务创新的一个新的获利模式。比如,对于很多用户来说,Facebook 和微信都提供了一个新的改进方式来保持连接和管理与朋友的关系。其相对较高的利用价值,吸引了众多用户,而更多的用户加入并参与创新,使得其客户使用价值通过不断的服务创新进一步增值。然而,尽管众多学者分析了服务创新的优点,但通过服务创新获取价值的具体方法仍然没有明确定论(Osterwalder et al.,2005;Teece,2010;Zott and Amit,2010)。

Johnson and Mena(2008)通过实证得出信息共享的供应链成员通过提供服务系统,能使得顾客服务化战略成为整条供应链的优势。PSS 系统改变了制造商的商业模式,从客户随机购买产品到给客户提供服务以维持客户关系,而 PSS 系统运作的过程中同样也需要改造、创新和机制设计。

(二) 服务创新的特征

公司的商业模式是产品和服务创新的重要媒介,并创造了公司及其利益相关者价值的重要来源。商业模式是企业的战略实现(Vidal and Mitchell,2013),它的创新涉及了多个系统或者模块的改变,不仅仅是产品或者工艺的创新,更涉及改变客户价值主张、价值创造和价值获取(Markides,2006;Velu and Stiles,2013)。随着企业开发新产品和服务,商业模式不断嬗变,重新调整他们的运营系统和流程,以支持新的产品或服务(Spieth et al.,2014)。因此,商业模式的创新是一个复杂的设计决策过程(Girotra et al.,2013)。

同样的产品通过不同的服务创新可以实现不同的商业模式创新。如戴尔的订货式生产、Zara 的响应型供应链、丰田的看板系统,都不涉及新的技术创新,但却是新的商业模式创新,为企业创造了新的盈利点(Girotra et al.,2013)。产品/服务系统体现出不同于传统商业模式的鲜明特征。

1. 产品与服务的整合

以产品为载体,通过提供综合性的服务,实现客户所需的解决方案(Velamuri,2013)。根据产品所有权属不同,提供服务形式各异,如基于产品的维护与客户培训服务、基于功能的租赁与共享服务、基于效果的产品全面管理服务(Brannstrom,2001)。产品与服务的整合模式往往是竞争对手难以模仿的,给企业带来了差异化的竞争优势(Chesbrough,2011)。

2. 服务的价值增值

PSS不但给企业带来经济价值的增加,又可以促进环境效益的提升。一方面,服务本身能够带来比产品销售更高的利润和稳定的收入,促进有形产品的销售(Brax and Jonsson,2009);此外,PSS后市场服务中的维护、改装和回收以及培训服务覆盖了产品的全生命周期,可有效减少资源的损耗和浪费、提高产品的利用效率、延长产品的使用时间,既降低了客户在产品生命周期内的投资成本,又减少了对环境的影响,提升了社会价值。

可见,产品服务系统的出现,实现了从"产品基础"经济向"服务基础"经济的转换,企业更重视满足客户个性化的需求而非实现大规模、大批量的产品生产(Kwang et al.,2012),既实现了资源节约,又能从基于服务创新的差异化竞争优势中获利。这在当前的国际经济环境下,无论对企业还是宏观经济而言,都是一种非常值得借鉴的可持续的发展战略。基于市场驱动的服务创新已经在有关国家及企业层面进行了有益的尝试。日本已经在考虑如何在物联网环境下对其庞大的工业生产体系进行变革,以寻求更有效的服务运营模式,使其依旧能够保持较强的竞争力(Yoshiki,2014)。生产流程较为复杂的美国化工企业也在考虑在物联网环境下如何更加有效地配置全球的生产与服务资源,以期更加准确地预测并把握生产过程当中的不确定性问题(Squirea,2014)。在工业4.0时代,机器与机器之间的信息交流通信已成为可能。企业可以进行预测式生产,同时处理传感器所收集到的数据使其成为有用的生产信息,以进一步提高生产效率(Lee,2013,2015),全球的生产网络可以进行有效的整合以使整体生产成本最小化(Schuh,2014);制造型企业可进行分布式生产,生产决策更加分散化和服务定制化(Bi et al.,2014)。

(三)服务创新的障碍

产品服务系统在实现过程中也存在一定的障碍。

第一,产品与服务的配置问题。客户需求的多样化决定了企业需要实现以客户化定制为导向的产品交付服务形式,因此研究如何实现以客户为导向的柔性化产品服务配置是 PSS 有效运作的重要前提。与传统的从产品设计理念进行配置研究相比,PSS 必须把顾客使用产品的使用特性、使用感知、价值认知作为配置的影响要素,并且充分理解客户的柔性需求,在产品与服务的融合规划基础上,通过客户与企业之间不断互动来实现。

第二,信息传递的有效性。产品信息采集与传递是产品服务过程的实施依据,也为建立牢固的客户关系提供了数据保障(刘宇熹和谢家平,2015)。但在目前的 PSS 运营环境下,信息传递存在效率不高的情况:一是客户本身由于技术能力的限制,使得在与企业的双向交互中无法保证信息的准确性;二是由于企业运营成本及服务能力的约束,使得一定程度上企业无法对客户信息做到即时、有效的反馈。这两个方面都导致了现行 PSS 中信息传递的有效性不高。

三、制造业服务化

在全球化的市场中,为了能够应对挑战,很多制造企业都在产品中集成更多的服务,在工业化发达的国家已经开始重点发展适应市场需求的传统制造业的升级转型,被学者们认为是有形产品+无形服务的产品服务系统在新背景下应用趋势,即是制造业服务化(Servicizing),或者是经济服务化(Tertiarization)。受到这一趋势的影响,很多制造商改变了他们的商业模式,从销售产品为重点转向了提供解决方案为重点,服务已经成为制造企业除了产品销售外的另一个价值增值环节。

Gronroos(1999)认为当服务竞争成为企业产品销售的一个关键性因素时,那么服务就是企业的产品,其商业模式就是服务业务。Opresnik and Marco(2015)讨论了再制造作为一个价值链的服务环节如何实现价值增值,由产品提供服务和面向服务的制造,从最初的顾客服务到现在的生产性服务,生产性服务在产品最终销售中发挥着越来越重要的作用,在美国,65%~75%的员工在制造行业参与服务型岗位(Gao et al.,2011),服务与制造的整合改变了产品的制造模式和销售模式,在供应链上,各结点企业加强合作，为提高创新效率而增加的生产性服务，新品的制造模式被称为面向服务的制造，产品和服务的集成意味着不改变产品的外观，而是增加产品的使用功能，比如给手机安装 GPS 定位系统。

制造业服务化可以增加企业的竞争优势，增加价值链的获利环节，对使用者来说，通过服务延长了产品的使用寿命，实现了效用最大化，产品只能发挥企业的基础竞争优势，而后市场服务成为一个重要额外利润来源，发挥着区别于其他企业、具有企业自身特色的竞争优势。

第五节　闭环产品服务链关系契约

随着企业开发新产品和服务，商业模式不断嬗变，重新调整企业的运营系统和流程，以支持新的产品或服务（Spieth et al.，2014）。而当服务竞争成为产品销售的关键性因素时，其商业模式就是服务业务，同样的产品通过不同的服务创新可以实现不同的商业模式创新（Girotra et al.，2013），如戴尔的订货式生产、Zara 的响应型供应链、丰田的看板系统，都不涉及新的技术创新，但却是新的商业模式创新，为企业创造了新的盈利点。闭环产品服务系统（PSS）实践指导为企业带来商业机会，但各种商业模式需要契约协调（Tan et al.，2006）；界定参与方的责任从而减少实施风险。供应链绩效如何达到最优是很多学者关注的问题，因为从经济学角度而言，企业的决策行为往往是仅达到自己最佳利益，但有时候从供应链角度出发，企业的决策行为可能影响上下游合作伙伴的利益，因此现代供应链管理下的企业之间的契约已经不是简单的通过谈判形成的价格合同，而是实现供应链协调的关键影响因素。Roy and Cheruvu 通过案例研究，认为识别竞争强度、需求类型的复杂性、需求的紧急性，量化价格、成本和服务期限等因素，有助于选择合适的契约类型。但是由于产品服务风险和需求不确定性影响，传统正向供应链契约难以适应，需要讨论契约结构演化过程，引入逆向供应链协调机制，通过契约设计激励机制，从而实现供应链利润模式的优化。

一、关系契约的界定

从文献来看,关系契约(Relational Contracts)的定义主要从法学和经济学两个角度来阐述:

美国法学家 Macneil(1978)最早提出关系契约,他认为每项交易都嵌入在复杂的关系之中,因此需要从交易所包含的关系的实质性要素出发才能正确理解交易;契约行为各方面临重复交易,当事人一般不会事先对契约的内容条款进行具体详尽的规定,而仅仅是确定基本的目标和原则,具体交易条款根据日后交易实际情况再行确定;契约反映的是契约方之间对未来的交换关系,是以信任为主的合作关系。

在此之后,经济学家开始关注关系契约理论,主要有以下观点:Baker(2002)等人认为,关系契约指的是契约签订的双方包括第三方也无法证实的商定内容以一种非正式的协议达成,与正式契约需要依赖法院作为第三方不同,关系契约的执行是取决于合作双方对合作可能带来的未来预期价值增值来维系的。Spidel 等(2002)认为关系契约具有三大特征:第一,时间耐久性,关系契约交易持续时间长;第二,交易关系随时间而调整,双方分享盈利,共同分担市场风险;第三,交易条款的具体内容难以事先被完整而清楚地定义,具体条款依据日后交易情况进行具体约定。Martin Brown(2004)通过实验研究,证实在缺乏第三方监督的情况下,关系契约可以得到执行。Wang(2008)认为在市场不完善的时候关系契约是一种有效的治理结构,但是当市场完善时关系契约应该让位于正式契约。

产品服务系统由于涉及企业、消费者以及各种社会力量(Vogtlander et al.,2002),并从产品全生命周期视角考虑企业运营和服务提供(Manzini,2003),企业与消费者通过实体产品和无形服务发生经济利益往来,各行为主体的资源禀赋、最优目标、行为规则都不尽相同,甚至相互冲突。目前,关系契约研究多关注于正向供应链过程,而闭环产品服务系统的契约优化更为复杂,涉及诸多分散决策主体,其契约类型、运用方向、适用情景与传统供应链契约也必然有较大差异。通过闭环产品服务系统的关系契约机制设计,以期为 PSS 实践做出更有效的环境性和经济性分析。

二、供应链关系契约

供应链契约最初的目的是为了解决需求不确定性对供应链产生的波动影响从而导致供应链上各主体的利润损失。供应链协调专注研究收益共享的作用和价值,Ha and Tong(2008)注重研究什么样的条件下集中性供应链更好,而什么样条件下分散式供应链能发挥更好的性能。Gurnani 等(2007)建立了一个双边垄断型供应链,研究了基于产品定价决策的产品质量和销售努力对供应链的影响;Taylor(2002)研究了制造商通过销售返点契约如何刺激零售商的努力程度;Chen(2011)在逆向供应链下研究了退货策略对零售商努力的影响以及对渠道协调的影响;Kaya(2011)在两级供应链下研究了不同努力和定价决策对供应链利润的影响,并通过契约的不同效果的对比,找到了最好一组契约设计方案。而基于努力程度设计的收益共享契约,Cachon and Lariiere(2005)和 Dana and Spier(2005)均有研究,并认为收益共享契约对零售商的努力激励效果更优于销售返点契约和数量柔性契约。随后,Chauhan and Proth(2005)基于收益共享契约研究了制造商和零售商的一个合作伙伴关系的基础模型,并提出了一种结合供应链利润最大化的优化方法。Yu 等(2009)分析了供应商管理库存等制造商主导下与多个零售商的合作契约设计,得出了通过合作努力是可以实现供应链上超额利润的。

通过对契约的不同研究可以发现,每个契约都有自己的特点,例如,回购契约适用于市场需求不确定,收益共享契约适用于闭环供应链下正/逆向供应链的利润分配机制设计。

Macneil(1980)提到,契约设计必须要达到能够调动起各个成员行动的目的,才能实现契约设计的意义,因此供应链契约的关键是定价,一个是对不确定性的利润进行分配和共享,这就是设计供应链契约的意义所在。供应链契约设计的目的是提高供应链效率,实现渠道协调。从库存理论出发的供应链设计,大部分是针对需求不确定性的因素如何实现购买量的柔性化(Cachon,2003;Zhao et al.,2014;Roy et al.,2015)。契约最初的研究显示了供应链内部对价格不确定因素的重视程度。因此,对于现代的供应链契约,学者们赋予了更多的设计价值所在。Cheng(2016)讨论了契约如何柔性化设计的理念,从供应链角度讨论如何使用和设计一个结构化的契约,以及探讨了什么是有价值的契约,如何运用契约调动供应链上各结点企业实现价值共创。De and Roselli(2012)发现,供应链上的主导方往往会通过契约机制设计改变自身利益的办法影响上下游合作伙伴的策略。Cheng(2016)通过对结构性契约的各固定参数和可变参数的组成分析,认为能够最大限度提高供应链总利润并可以任意分配供应链利润,以及能够通过补偿机制激励渠道努力投入的供应链成员,这样一个契约是有价值的契约。

通过契约实现供应链协调的契约设计方面已有广泛的研究,订货量、定价策略、产品间相互作用、创新激励等。在闭环供应链中,正向供应链中的冲突可以通过逆向供应链的契约设计实现协调,收益共享契约在逆向供应链中能够达到较好的协调效果(Cachon and Lariviere,2005)。一个最主要的原因是收益共享契约能够缓解双边际效应,从而实现较低的价格以及需求的增加和更多的利润。然而收益共享契约的设计比较复杂,每条供应链因自身不同的行业特点,影响利润的参数也不同,如果契约的设计不能起到有效提升供应链效率的目的,那么就失去了设计的意义。

三、闭环供应链契约

20世纪90年代以来,随着生产和消费的持续累加,环境和资源消耗达到一定程度之后,全球已经进入"高成本时代",土地成本、能源成本、环境成本等都趋于高涨。全球环境问题也日益严重,主要是由于经济发展中资源消耗速度超出了自然环境再生能力,而废弃物的产生速度却大于自然界的自净和恢复速度。因此,经济迅速增长与资源短缺、环境污染之间的矛盾日益突出。21世纪成为环境保护、产业升级、保持社会经济可持续发展的时代,追求更少资源消耗、更低环境污染已经成为世界范围内各国企业共同追求的经济发展目标,闭环供应链研究逐步兴起。初期关注再造处理技术和处理流程;接着关注逆向供应链协调;进而立足产品全生命周期视角,考虑闭环组织模式的最优契约策略。从企业的角度来看,随着廉价资源越来越难获取,对有可再生材料的旧品进行回收再制造的企业行为,逐渐成为企业在满足市场需求同时又能降低生产成本的可行之路,并终将成为未来市场竞争的主流模式。

(一)逆向供应链决策

闭环供应链的回收涵盖商业返回、维修返回、租期返回、废旧返回等情况。回收再制造成本的节约有利于提升产品销量从而满足需求的增加(Debo et al.,2005);因此应依据再制造成本节约,优化新产品与再制品的产量决策(Ferrer et al.,2006)。由于回收品质量的不同将导致再制造成本的变化,应引入回收品质量降级率来研究闭环供应链成员利润变化(黄祖庆等,2006)。

再制造通过高级形式的循环利用直接实现资源的节约减量化,通过实施再制造企业可以最大限度地利用旧品中隐含的资源,缓解资源消耗与产品生产需求之间的矛盾,并有效降低报废产品对环境的负面影响程度。因此再制造已经成为制造企业提升竞争力、实现可持续发展的有效手段之一。很多制造商发现了再制品具有更高的取代度并视之为降低成本的契机。与此同时,企业通过再制造降低成本从而为消费者提供更便宜的品牌产品,从而使消费者具有更高的品牌忠诚度(Atasu and Van,2008),而非部分人认为的再制造只是为环境做公益。然而,众多再制造企业目前面临的困境是:旧品的回收是再制造系统各环节的起点,又是最难控制的环节之一,主要表现为旧品回收数量不确定,旧品回收不足则难以形成再制造生产的规模效应,旧品回收的时间、数量、质量等也存在较大的不确定性(Aras et al.,2011);同时,由于消费者对再制品的认知并不像对原生新品那么熟悉,这使得再制品的市场需求具有波动性和随机性。

关于旧品回收机制的研究。Zhou 和 Yu(2011)指出旧品的获取是企业再制造活动成功与否的核心问题。在传统销售模式下,拥有产权的用户并不一定会主动返回产品。与环境效益相比,客户更在意的是回收的直接经济补偿(Zhao et al.,2010)。因此在实际应用中,企业往往通过旧品补贴或者以旧换新的方式进行。Kwak 和 Kim(2013)认为在激烈竞争的市场中,由于技术更新导致的产品老化淘汰越来越频繁,应对对策就是采取基于零件更新更换的再制造措施,企业为了控制产品回收的数量和质量,采取回购的方式回收废旧产品。

(二) 逆向供应链法规

欧洲国家提出的生产者责任制,要求制造企业在产品使用结束后必须回收产品(Lifset et al.,2013)。美国也有类似的废品回收法规或者在产品销售时就向消费者或者制造商收取环境处置费,这些收费用来补贴进行产品回收处理的相关部门(Souza,2013)。Raz 等(2013)用产品的能源消耗程度来代表环境绩效,并且提出制造阶段和使用阶段都应该考虑环境影响的绩效。

为了经济社会可持续发展,各国立法规定制造企业的产品回收责任。美国在 20 世纪 90 年代,对旧家电处理制定强制性条例;日本 2001 年实施《家用电器再生利用法》;欧盟 2000 年和 2002 年分别颁布《报废汽车规定》和《报废电气电子设备规定》;我国政府 2004 年制定《废旧家电回收处理管理条例》,2008 年制定《汽车零部件再制造试点管理办法》,并通过《循环经济促进法》。为了有效益和效率地提高旧件回收率,以解决实现再制造的规模经济瓶颈,亟待变革传统单一的产品销售模式。21 世纪的企业越来越认识到客户购买的不仅是产品实体本身,而是产品使用所提供的效用价值。传统基于销售的一元商业模式正朝着基于租赁的多元产品服务系统发展。即考虑所有权不转移的情况下,引入基于产品实体和产品效用的租赁模式,为企业提供低碳化的增值模式并解决产品回收的瓶颈。

四、产品服务捆绑契约

产品服务捆绑策略(Bundling Strategy)以往是作为一种促销手段被营销领域讨论,但从盈利模式变革视角来看,制造商为了提高竞争优势,已经将产品和服务进行捆绑优化(Marceau and Martinez,2002),使得制造业和服务业领域由交叉式过渡到了捆绑式,服务增值推动了分工细化和专业深化的制造业、服务业的进一步融合,产品和后市场服务的不同捆绑组合定价对制造商在新型市场渗透中起至关重要的影响,从而影响到制造商和零售商的契约关系(Cullen,2007)。

（一）服务供应链的提出

在美国，65%～75%的员工在制造行业参与服务型岗位（Gao et al., 2011），服务与制造的整合改变了产品的制造模式和销售模式。Finne 和 Holmstrom（2013）认为基于性能的解决方案是制造业与服务业融合的一大趋势。服务型供应链应运而生，而 Kostas 等（2014）认为努力在服务型供应链中起到关键作用，制造企业利用服务型供应链实现价值增值。让制造业在供应链中担任多角色，既是产品的生产者也是服务的提供者。

Oflac 等（2012）认为服务供应链的绩效取决于多个供应链参与者的努力程度。结合契约协调，服务型供应链能够融合生产、交付、服务等多方面运营管理，并在其相互作用下协同进步。服务型供应链的嵌入设计，影响涉及用户、服务提供企业、服务和生产交付的相互作用，对原供应链协调有着重要影响。并且，服务性能对供应链影响潜移默化，服务型供应链环境下服务的性能一定程度上依赖于服务提供商投入的努力程度。

寿涌毅等（2016）通过案例分析发现当企业由于服务化战略重构相应价值链时，不同的商业模式可共享高价值链环节以提高资源利用率，以期实现产品和服务组合的持续改善。根据产品所有权属不同，提供服务形式各异，如基于产品的维护与客户培训服务、基于功能的租赁与共享服务、基于效果的产品全面管理服务，给企业带来了差异化的竞争优势（Chesbrough, 2011）。制造业服务化可以增加企业的竞争优势，促进供应链上下游企业合作，提高供应链整体生产效率（黄培清等，2005），增加价值链的获利环节，对使用者来说，通过服务延长了产品的使用寿命，实现了效用最大化（谢家平等，2015），制造业正经历由产品提供服务到面向服务的制造转型，亟待关注产品与服务的配置问题（Opresnik and Marco, 2015）。Roy 和 Cheruvu（2012）认为通过识别竞争强度、需求类型的复杂性，量化价格、成本和服务期限等因素，有助于选择合适的服务契约类型。

（二）典型的捆绑契约形式

捆绑（Bundle）一词最早出现在营销领域，相关的研究表明捆绑销售产品能够刺激需求，与此同时企业也能够提高受消费者低关注度产品的利润率(Chu and Wang,2015)。另一方面,最早在欧洲、加拿大、美国等国家关于运输、能源、水利等基础设施的采购,采购方会选择产品与售后服务捆绑方案最佳的供应商以解决后续设备运维问题的后顾之忧。Li 等(2015)研究发现企业会在竞争激烈的情况下考虑产品和市场服务捆绑或拆分的战略选择,并且客户对服务的需求会促使制造商对产品和服务同时改进,同时也认为未来研究可以探讨产品所有权与产品服务捆绑决策的最佳组合。可见,前人研究主要涉及前市场服务和产品售价的捆绑。捆绑契约有不同的类型:纯捆绑契约和混合捆绑契约。纯捆绑契约是指将产品与服务当作一个整体进行销售,消费者不能单独购买捆绑产品中任一部分产品或服务;混合捆绑契约是指除了销售捆绑产品与服务,也单独销售捆绑产品或服务中的各个部分。不同的捆绑契约模式下给原料/设备提供商和制造商带来的策略选择是不同的。

1. 产品销售契约设计

面对设备市场需求具有不确定性的特点,相关研究问题常采用扩展报童模型进行优化决策。经典报童模型针对需求不确定性的单周期订货决策,通常假设供应商没有产能限制,供应提前期为0。很多学者进行了拓展研究,涉及单周期-多周期、一对一——对多、需求不确定-供给与需求均不确定、给定批发价-价格的数量折扣、风险中性-风险偏好等报童情景(Qin et al.,2011)。例如,对于不确定性需求,在受市场同等价格、销售努力投入、初始存货量决策的影响基础上,加上或乘以一个随机变量,以期望利润最大化为前提来决策订货量(Qin et al.,2011)。Kaya(2011)在两级供应链下研究了不同销售努力和定价决策对供应链利润的影响,并通过设计契约的不同效果的对比,找到了最好一组契约设计方案。而基于销售努力程度进行契约设计,Cachon 和 Lariiere(2005)认为收益共享契约对零售商的努力激励效果更优于销售返点契约和数量柔性契约。随后,Chauhan 和 Proth(2005)基于收益共享契约研究了制造商和零售商合作伙伴关系的一个基础模型,并提出了一种合作下供应链利润最大化的优化方法。Yu 等(2009)分析了制造商主导下与多个零售商的合作契约设计,得出了通过合作努力销售是可以实现供应链上的超额利润的结论。但他们的研究仅限于需求不确定性和前市场销售渠道服务努力。

对于制造商供给不确定的问题，相关研究主要关注由于上游供应商的原材料供给能力或质量问题造成供给不确定性，如Güler等（2009）针对单周期的多零件供应商-单一装配商结构，探讨分散式装配系统供应链的契约协调问题，但供应商产量的不确定性特征在于订购数量的随机比例；He和Zhao（2012）也针对单周期情形，将传统二级供应链研究拓展到原料供应商、制造商和零售商的三级供需不确定性供应链，并用斯塔克尔伯格博弈方法进行供应链协调机制的研究。此外，Zhao和Wu（2011）针对单一农产品生产商-单一零售商的生鲜农产品供应链协调，考虑产出和需求扰动服从均匀分布情形下的单周期收益共享契约优化，探讨零售商的售价和生产商的农资投入的最优决策。

Chen and Wang（2016）研究了手机销售渠道的服务组合对市场需求的影响，认为提供优质服务的能力和优化服务价格是实现供应链协调和帕累托改进的有效途径。姚树俊等（2016）研究了制造商与服务商可以通过设计具有激励作用的契约，让供应链各成员偏离个体最优方案而选择整体最优，实现供应链协调并收益最大化。Liang等（2017）研究了市场需求不确定下产品服务组合的商业创新模式在风机设备后市场服务中的应用。研究发现风场发电的利润是否达到最优，不仅和风场自身的运维努力成本投入息息相关，风机设备制造商的努力成本投入的参与也会影响到供应链的利润是否能达到最优，从而证明了组合契约是能够实现供应链成员共赢的结论。

以往销售契约的研究大多集中在产品销售或者零件供给物流不确定性契约决策方面，对于服务也主要涉及供应链前市场的销售服务努力，而对后市场服务供应链契约的设计研究不足，尤其是后市场服务收费决策优化问题。面对大型设备需求不确定和维护效率不确定，亟待探究前市场的产品定价和后市场的服务收费，进行前市场销售和后市场服务的独立定价决策和组合定价契约优化研究。

2. 产品租赁契约优化

基于产品性能的解决方案是制造业与服务业融合的一大趋势（Finne and Holmstrom, 2013），服务型供应链应运而生，制造企业利用服务型供应链实现价值增值。服务供应链的绩效取决于供应链参与者的努力程度,服务效能一定程度上依赖于服务提供商投入的努力程度(Altug,2016)。如果要让制造商在供应链中担任多角色,既是产品的生产者也是服务的提供者,服务努力在服务型供应链中需要起到关键作用(Kostas et al.,2014),这就需要探讨产品服务捆绑契约决策。

有关企业如何通过租赁获取盈利的研究最早出现在大型生产设备的相关文献中。但由于租赁可能产生较高的服务运营成本,因此传统制造行业并不倾向于使用设备租赁方案(Waldman,2003)。Akan(2011)研究了一个从事租赁和再制造的垄断企业,其企业利润包含租赁和销售收益,优化了企业的库存和价格决策。Agrawal(2012)对比了产品销售和产品租赁两种商业模式给企业带来的利润收益和环境效益。研究发现在产品租赁情况下,企业对从产品服务投入的努力程度不仅会对其租赁产品的质量和使用寿命产生影响,而且还会影响设备使用方的满意度。Robotis(2012)研究了租赁价格和租赁期限问题,研究发现如果一些设备中的部件再制品和新品可以完全替代,那么设备租赁会比销售为企业实现更多的成本节约。Shi 和 Min(2014)构造了一个实物期权模型,研究了产品租赁的租期问题,研究认为产品租赁的租期存在一个成本阈值,到了这一临界点企业应当终止租赁回收产品进行再制造。刘宇熹和谢家平(2016)针对再制造企业和产品用户组成的产品租赁服务系统,以后市场阶段的服务需求量内生于企业和产品用户双方的努力付出程度,引入回收产品的成本节约体现环境效益,构建节约收益共享契约模型,认为激励双方参与渠道努力的总收益要优于传统固定服务收费的情形。学者们认为捆绑契约选择取决于市场竞争强度、需求类型的复杂性、租金定价方式、服务成本和租赁期限等因素,但他们对租赁市场的租金与后市场服务水平捆绑的量化研究不足。

前人捆绑契约研究重点在于产品销售和服务捆绑与否的战略选择以及定价策略问题,而从产品所有权并未转移的租赁契约相关研究可以看出,产品租赁的商业模式让制造企业的经营活动已经不是单纯的制造,而是以服务为导向的制造。但是前人的租赁研究均以企业自身利润最大化为研究目的,很少涉及供应链协调问题,这将引起利益冲突,不利于供应链可持续发展。在设备租赁情况下基于设备效率提升的后市场服务努力水平决策,亟待从供应链协调角度去设计租赁契约,那么不仅可以实现供应链各成员利润的增加,而且还能实现以利润为出发点的整条供应链的成本节约。

3. 产品效用共享契约机制

资源约束的日益凸显让消费者对产品所有权的态度发生了质的改变。智慧城市互联让共享经济(Sharing Economy;Peer to Peer Economy)、协同消费(Collaborative Consumption)快速增长,并给当今的社会和经济带来巨大影响(Cheng,2016)。这一商业模式被定义为"分享未得到充分利用的产品和服务",共享经济也将改变智慧城市的交通、酒店、景点的商业模式。经济学者认为导致协同消费现象是产品效用驱动的作用,人们通过这种共享方式试图实现产品效用最大化,充分利用了产品的使用价值,而导致对产品所有权的购买需求减少(Parks et al.,2013)。管理学者认为协同消费让单个用户也产生了合作的动机。作为单个用户而言,不同情境下不同的共享动机会产生不同的需求,从供应链视角来看,协同方式可以实现单体的价值增值,并有利于供应链协调(Deutsch,2011)。

近几年来,一些学者也认为产品使用方和服务提供方共同参与协调激励机制设计,能够降低渠道成本和运营成本,提高供应链协调效率,实现帕累托改进。Jiang 和 Tian(2016)首次探讨了消费者协同消费(产品共享)行为的理论建模,揭示其内在效应与作用机理,寻求协同消费(产品共享)市场的内生均衡。关于协同消费的产品共享策略,制造商与协同消费市场之间存在质量、偏好、使用情况的信息不对称,亟待探讨协同消费的非对称信息问题(Jiang and Tian,2016)。产品效用共享不但涉及服务供应链上下游的收益共享契约,也涉及服务供应链的补贴合同,以实现其供应链协调。例如,Ma 等(2013)认为零售商营销努力和制造商质量努力都会影响到市场需求,设计了一个利用渠道成本分担来实现供应链协调的收益共享契约;Xie 等(2017)利用收益共享契约解决线上/线下双渠道冲突问题,设计了广告投入成本分摊和产品回收激励机制;Liang 等(2017)利用收益共享契约解决了设备后市场维护的成本节约问题,发电商和设备商分别利用正向渠道发电收益和逆向渠道运维收益的分成来激励对方,以期实现供应链协调前提下的自身利润最大化;朱庆华等(2014)基于政府补贴汽车零部件再制造商情境,讨论了新品与再制品制造商之间的博弈行为,研究认为补贴机制能够提高企业绿色制造下的利润率;Chen和Wang(2016)认为设计一个补贴机制更利于电信运营商和手机制造商的最优产量和最优零售价格以及最优的服务价格的决策,但尚未见非对称信息下协同消费的多期契约优化的相关研究。

(1)收益共享契约。在渠道收益共享契约中,为分担需求变动的市场风险,零售商要分享给供应商一定比例的销售利润,以弥补其产品生产机会成本(Cachon and Lariviere, 2005)。但零件供应商和产品制造企业以收益共享实现双方共同利润最大化与物料消耗最小化的目标并非都能同时达到均衡,需进一步地沟通与协商(Corbett and DeCroix, 2001)。Dana和Spier(2001)梳理了收益共享合同在不同行业的应用,认为通过收益共享合同能够有效减小牛鞭效应,实现供应链整体协调。需求方以预先设置的利润分成比例将收益的一部分转移给供应商作为风险补偿,可以实现供应链整体的利润优化(Gerchak and Wang, 2004)。但收益分成比例应立足供应链整体协调视角,寻求最优批发价、零售价和分成比例决策(陈菊红等,2008)。此外,客户对产品质量、服务质量和价格都很敏感,可引入质量担保条款,实现风险共担(Xiao et al., 2011)。

(2)期权激励契约。Barnes等(2002)研究了两期供应链系统期权模型,供应商通过期权合同在第二期根据市场变化采取更灵活的生产策略,即使呈线性的期权价格同样能实现渠道协调。郭琼等(2005)分析供应商与分销商通过期权合同采取相应的价格策略,分销商帮供应商承担部分市场风险,供应商得到相应风险补偿,双方收益实现优化。林欣怡等(2010)比较了逆向供应链中期权机制与报童模型下的回收定价问题,得到期权机制能实现整体最优决策,实现制造商与零售商之间利益分配的帕累托最优状态。

智慧城市中生产效率和资源利用率亟待大幅提升,有必要探究大型设备后市场运营的价值增值机理,并进一步探究价值增值后各参与主体的利益共享和服务创新获利的分配模式。从供应链协调视角如何使用和设计一个结构化的柔性契约(Cheng, 2016),以利于运用契约调动供应链上各结点企业实现价值共创,并对不同契约形式进行协调优化,解决众多利益主体下的效益最佳问题,这是后市场服务有效推进所面临的难点问题。涉及企业、客户及各种社会力量,并从产品全生命周期考虑企业运营和服务提供(Manzini,2003),企业与客户通过产品实体和无形服务发生经济利益往来,因此产品服务系统的契约优化更为复杂,与传统供应链契约也必然有较大差异。租赁契约协调优化是该领域亟待解决的问题。归纳起来,国内外对产品服务系统的研究还尚未形成系统的理论体系,并且与实际应用之间还有较大差距。

第2章

产品后市场服务链的价值增值模式

企业经历了价格、质量、品种、时间、信誉等竞争要素的变革。在新的竞争环境下,企业需要去构建新的竞争优势。Mont 等(2002)对产品服务系统的研究提供了基于环保要素竞争的新的商业模式。产品服务系统提供更加复杂的更高层次的解决方案以满足顾客货币的、非货币的、情感的诉求。因此对产品服务系统的顾客感知价值的研究,驱动着对产品服务系统提供物以及运作方式的研究,是产品服务系统研究的出发点。刘宇熹、谢家平等(2013)把产品服务系统分为了销售型、租赁型和效用型。本章对立足产品服务系统的顾客感知价值,对产品后市场服务的价值增值模式进行研究。

第一节 产品后市场服务链增值影响因素思辨

价值链与服务利润链、供应链相互影响,为企业提供新的商业模式。对于企业的最终产品而言,企业的任何经营行为都有可能产生增值或者风险。基于价值链的价值增值活动可以将产品服务链的范畴从供应链的核心企业向前追溯到供应商,向后延伸到使用者。由此形成价值链的企业之间、企业与上下游之间的各种联系,产生相互依赖关系,进而影响供应链的绩效。所以,协调管理供应链中节点企业之间的关系,提高各节点企业的效率,优化分工协作和物流过程,把供应链组织成为低成本、高利润、高效率的供应链才能取得最大的价值增值效用。

供应链上各节点企业的一系列活动所产生的增值过程,贯穿于产品的产品设计、制造和租售、使用和维护等全生命周期过程,价值增值也从传统的"前市场服务链"扩展至"后市场服务链"(如图 2.1 所示)。

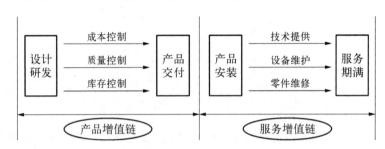

图 2.1　基于产品服务链导向的产品市场价值增值环节分析

不同的所有权结构下,增值的模式也有所不同:产品通过销售实现所有权的转移,是侧重于生产价值的增值;如果是以租赁模式或效用模式实现使用权而非产品所有权的转移,则是后市场服务的机制增值。因此寻找产品市场的价值创造和服务增值的协调机理,为产品市场的价值增值的契约选择和设计找到现实依据和实现条件。

一、产品服务感知价值的含义

(一) 产品服务感知价值得失说

Zeithaml(1988)认为产品服务感知价值是基于所得(Benefits)与所失(Sacrifices)的感知对产品效用所做的总体评价。在这里,感知利得是指在产品购买和使用中产品的物理属性、服务属性、可获得的技术支持等;Anderson(1993)认为感知利失则包括购买者在采购时所面临的全部成本,如购买价格、获得成本、运输、安装、订购、维护修理以及维护与供应商的关系所耗费的精力和时间等。

(二) 产品服务感知价值多要素说

Sheth 等(1991)则提出如果把产品服务感知价值仅仅认为是质量和价

格之间的权衡就过于简单化了,其实任何产品或服务所提供的价值都包括功能性价值、社会性价值、情感性价值、认知价值和情景价值。Flint 等(2002)则认为感知价值是客户对产品的某些属性、属性的性能以及在具体情形中有助于(或有碍于)达到其目标和意图的产品使用结果的感知偏好与评价。杨晓燕(2006)把绿色价值加入产品服务感知价值中,构建了产品服务感知价值的新维度。

(三)产品服务感知价值综合评价

Lapierre(1997)研究了 B2B 服务市场的基础,认为产品服务感知价值是分阶段的,在交易阶段,感知价值包括技术质量、功能质量、关系要素以及品牌形象;在使用阶段,感知价值包括财务价值、社会价值、运营价值和战略价值。白长虹(2001)研究了不同产品类别或服务的感知价值。苗瑞(2013)采用得失矩阵,把产品收益和服务收益分别作为产品服务系统的"得",把货币型和非货币型付出作为产品服务系统的"失"对产品服务系统的感知价值进行了研究。综上所述,对产品服务系统感知价值研究集中在纯物理产品的质量或者服务的感知价值测量,没有把产品和服务作为一个整体去研究产品服务系统的感知价值测量。

二、产品后市场服务需求因素

制造业服务化是制造企业与服务企业融合发展的新型商业模式,是制造企业从以产品为中心向以提供服务为中心的一个商业模式的变革。对传统制造商而言,向服务化过渡意味着从产品设计到采购、生产再到销售、服务的产品全生命周期中每个环节都需要考虑。

传统制造业的获利途径主要是通过产品创新和技术创新两种方式。制造商专注于产品和渠道的这种创新方式属于封闭式创新(Chesbrough,2003b,2006a),这一创新是否能符合市场需求是未知的,具有很大的风险性。因此一部分制造商尝试基于服务的创新提升竞争力和盈利能力,这是一种渐进式创新——通过定制化和个性化的服务增强消费者对产品的忠诚度,为顾客提出的特殊要求而做出改变(Vries,2006;Gallouj and

Weinstein,1997);同时也是一种开放式创新——通过增加整条供应链盈利能力吸引供应商和服务提供商参与到创新环节,使得传统的企业边界弱化(Breidbach et al.,2013)。因此这种创新甚至可以是由供应商和客户共同完成的(Gallouj and Savona,2009),具体地讲,就是制造商可以出售一种产品也可以出售产品的功能而不是产品本身,更可以将服务看作产品进行出售。这种商业模式被称为产品服务系统(PSS)。在 PSS 下,一个制造商对产品的整个使用阶段负责,比如使用中的维护,并为顾客提供使用阶段以外更多的服务,比如使用后的废旧回收,这种服务创新被称为产品的价值增值(Meier et al.,2010)。这种商业模式创新所产生的收益会吸引供应链上的更多成员参与进来,比如供应商和服务商,打破了传统的企业边界。在竞争愈加剧烈的市场环境下,这样的商业模式增强了整条供应链的盈利能力。

(一)用户客户服务需求

服务最早界定为"非生产性的劳动",Bastiat(1979)认为服务通过交流来实现价值共创,Chase(1981)运用客户关系理论(Customer-contact Theory)研究了如何通过提高服务效率对客户数量和类型产生影响。Spohner and Maglio(2006)认为服务的价值创造是以顾客需求为驱动因素。Johnson and Mena(2008)通过实证得出信息共享的供应链成员通过提供服务系统,能使得顾客服务化战略成为整条供应链的优势。PSS 系统改变了制造商的商业模式,从客户随机的购买产品到给客户提供服务以维持客户关系,但是,产品服务系统在实现过程中也存在一定的障碍:一是产品与服务的配置问题,制造商必须将用户的感知度和客户价值作为服务配置的影响因素,并且充分理解用户的柔性需求。二是信息传递的有效性,产品信息采集与传递是产品服务过程的实施依据,也为建立牢固的客户关系提供了数据保障(刘宇熹,谢家平,2015)。

(二)用户客户价值主张

服务创新应当与产品服务系统相互嵌入依存(Edvardsson et al.,2013)。传统商业模式的重点在技术更新和价格折扣,而新的商业模式则通过新增的后市场服务环节来实现价值增值链延长。因此识别客户价值导向的制造业服务体系就是要摒弃"创新就是科技产品发明"的传统观点,提供增值的后市场环节的服务平台从而提供客户满意度。而对满意度的评价体系主要强调品牌形象、产品品质、产品价格、服务品质以及客户忠诚度等。

第二节 产品后市场服务链增值因素关系分析

一、策略因素关系假设

(一) 客户服务需求与客户满意表现

对产品制造商来说,用户作为客户,不仅有购买需求还有服务需求。仅从产品角度的技术进步已经不能满足用户目前的运营需求,产品这种大型设备长达15~20年运营周期,更需要的是维护和如何提升产品运营效率的后市场服务需求。如果制造商能够满足用户的服务需求,那么将提升用户的客户满意度,而这一结果不仅增加了用户的产品运营收益,也能增加制造商的服务收益,从而增强了整条供应链的盈利能力。

但是,即便产品制造企业通过服务化转型拓展价值创造的空间,但是在新的后市场服务市场上,仍旧要面临市场竞争。寻找到新的业务增长模式只是服务化转型的第一步,要想构筑起较为持久的竞争优势,还需要通过满足客户需求,提高客户满意度来实现。Yee等(2011)认为顾客满意度是衡量高接触服务型产业服务品质的重要指标,通过实地调查顾客满意度来分析服务利润链的影响因素。目前,后市场服务研究比较成熟的领域为汽车产业,对于产品产业链以往的研究多集中于定性分析,张旭梅等(2012)从产品产业链的结构和服务需求出发,分析产品产业推广现代制造服务的动因,提出产品产业进行现代制造服务的三种商务模式以及实现方式。赵振宇等(2014)利用实证分析及统计学方法,识别出影响产品产业链发展的主要因素,并建立主要影响因素的解释结构模型。目前相关的研究尚未形成一套完整的理论体系,尚有待研究。

因此在产品企业提供服务的过程中，不仅可以降低用户的运营成本和提高产品运营效率，而且还可以有效提高用户的满意感。设备制造企业不仅仅是直接面向产品实施服务，还需要与用户客户之间建立起有效的关联，这种面向产品的维护服务和面向客户的关联共同影响客户对产品制造企业的满意表现。设备制造企业所提供的运营维护服务越完善、与用户客户的关联越紧密，表明其满足用户的服务需求程度水平越高，进而会导致较高的用户客户满意表现。基于上述分析，我们提出本书的第一个假设：

假设1：产品制造商满足客户服务需求的程度正向影响客户满意表现。

（二）客户满意表现与企业绩效

Heskettetal 的服务利润链模型指出顾客需求、顾客满意度、顾客忠诚度、企业绩效之间正相关，当客户对服务的满意水平较高的话，会提高其对服务的重复购买率以及对服务提供方的忠诚度。据统计，顾客忠诚度的提高会从不同层面影响企业的绩效。比如顾客忠诚度每提高5%，就会使企业的财务绩效上升25%～85%；顾客忠诚度同样也对企业市场占有率等非财务绩效有积极影响。对于产品产业，用户选择提供运营维护服务渠道的标准就来自其对所获得服务的评价。产品供应企业具有较高的技术水平，有能力也有动力满足用户定制化需求的后市场服务，相较于其他渠道更容易给用户客户带来较高的满意度，而较高的满意度会使得用户更愿意持续购买产品或运营维护服务，并与产品提供企业建立起有效的联系，通过供应链上下游的协同降低运营成本，提高产品运营效率。因而，产品企业在提供后市场服务上的优势使其会给用户带来较高的满意度，进而实现自身产品销售与服务盈利能力的提升。基于以上分析，提出本书的第二个假设：

假设2：顾客满意表现正向影响企业绩效。

根据关系营销理论，满意度来自感知绩效与期望的差异程度，因此企业可以通过提供顾客满意的服务和产品，提供增值产品和服务，提供信息通道和交流平台从而提高客户满意度。Zeithaml and Bitner(2000)满意度的评价体系很广泛，理论强调顾客满意评价体系受品牌形象、知觉价值、顾客满意度、顾客忠诚度、服务品质、产品品质、价格、情境因素与个人因素所影响。

(三) 客户满意表现的中介作用

前文分析中,产品提供企业通过提供后市场服务,满足用户的定制化服务需求,给用户带来较高的满意度水平;而用户满意水平越高,就会越相信产品提供企业,不仅持续地购买相关产品和服务,还会与产品提供企业建立有效的关联,这些方面都会帮助产品制造企业提高企业绩效,因为可以推断用户的满意表现是用户后市场服务需求与产品制造企业绩效之间中介变量。这一点在很多文献中都有相似的结论,比如陈明亮等(2009)、叶玉婷(2015)等都将满意度作为中介变量,探讨相应因素与企业绩效之间的关系。因此,本书提出第三个假设。

假设3:顾客满意在客户后市场服务需求与企业绩效的关系中存在中介效应。

根据前文理论分析,本书构建后市场业务增值动因研究框架,具体见图2.2。顾客服务需求正向影响顾客满意表现,顾客满意表现正向影响企业绩效,顾客满意表现在顾客服务需求和企业绩效的关系中存在中介效应。

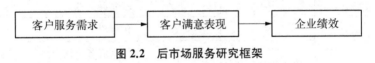

图2.2 后市场服务研究框架

基于前文对产品后市场增值动因的分析,本书的问卷量表由客户服务需求、客户表现、企业绩效三个部分组成。根据卡诺(1998)、Heskettetal(1997)的研究,本书将顾客服务需求通过顾客基本需求、顾客特殊需求、顾客魅力需求、顾客价格需求以及顾客质量需求五个维度来表示,其中每个维度所涉及的题项按照产品产业及产品场客户实际所需服务情况进行设定,五个维度共包括17个问题;根据Zeithaml and Bitner(2000)的研究将顾客满意表现分为顾客满意度和顾客忠诚度两个维度共8个问题;将企业绩效分为财务绩效和非财务绩效两个维度共4个问题。

(四) 测量量表

测量标准是李克特五点尺度(Likert scale),数字从1~5,数字愈大表示其重要性/参与性/满意度程度愈高,分数分别为 1、2、3、4、5,具体内容见表 2-1。

表 2-1 量表变量汇总

观测内容	潜变量	观测变量	观测变量说明
客户服务需求	顾客基本需求	Q1	五年质量保证服务
		Q2	运维重要性
		Q3	上门安装调试
	顾客特殊需求	Q4	巡检服务
		Q5	电话投诉和跟踪服务
		Q6	为客户提供个性化的服务
		Q7	为客户提供人员培训
	顾客魅力需求	Q8	闭环管理
		Q9	共赢模式
		Q10	维修及时性
		Q11	运维倾向性
		Q12	维修倾向性
		Q13	延保服务
	服务价格需求	Q14	技术服务价格合理
		Q15	维修服务价格合理
	服务质量需求	Q16	保证到场服务时间
		Q17	服务规范化
客户表现	顾客满意度	Q18	整体服务质量
		Q19	品牌形象
		Q20	维修及时性
		Q21	维修质量
	顾客忠诚度	Q22	再购买频率
		Q23	和顾客关系持久性
		Q24	顾客对双方关系的投入程度
		Q25	向其他人宣传或推荐的可能性

(续表)

观测内容	潜变量	观测变量	观测变量说明
企业绩效	财务绩效	Q26	盈利能力
		Q27	销售增长
	非财务绩效	Q28	与同行的竞争能力
		Q29	发展预期

(五) 控制变量

同时以 7 项社会信息属性变量作为模型的控制变量,以控制其他因素对客户服务需求、客户表现及企业绩效三者之间关系的影响。具体内容见表 2-2。

表 2-2 社会信息属性汇总

控制变量	内容
教育程度	从"大学以下"到"硕士及以上"
年龄	从"30 岁以下"到"41~51 岁"
职位	从"中层管理者以下"到"高层管理者"
企业寿命	从 0 到 15 年以上
企业规模	从 101 人以下到超过 200 人
企业年销售额	从 1 000 万元到 5 000 万元以上
企业装机容量	从"5 万千瓦以下"到"5 万千瓦以上"

二、数据收集及样本特征

由于产品后市场服务能力和服务满意度的隐形性,本书采取系统抽样法,通过面向新疆、内蒙古地区 30 多家产品相关企业进行问卷调查、企业走访相结合的方式收取数据。我国的陆上风能资源非常丰富,其中"三北"(西北、华北、东北)地区的风能资源储量达到了全国风能可利用储量的 79%,而基于低温和沙尘暴的影响,绝大多数的用户都建在了新疆和内蒙古的相关区域，这两个区域是我国风能发电大区。因此，本书的问卷调研对象选取新疆和内蒙古的产品相关企业，具有较大的代表性，能够很好地反映我国整体产品行业的特征；此外，相关产品企业既包括用户，也包括产品制造商，通过对产品供应链上下游同时进行问卷调查，可以提高所需数据的完整性和准确性。

数据收集所面向的对象尽可能包括相关企业各个层面的人员，既有中高层管理者，也有中层以下的管理者或普通员工，多层次人员的参与可以帮助获得较为全面客观的评判；同时在相应企业的选择上本书也对企业规模、销售额等方面做了一定的限制。调研对象的基本情况如表 2-3 所示。本次调研以在线调研与现场座谈两种方式进行了数据获取，共发放问卷 550 份，回收 308 份有效问卷。

表 2-3 调研对象的基本情况

信息属性	选项	例数	构成比（%）
教育背景	大学以下	77	25
	大学	175	56.8
	硕士及以上	56	18.2
年龄	30 岁以下	162	52.6
	31～40 岁	141	45.8
	41～50 岁	5	1.6
职位	中层管理者以下	180	58.4
	中层管理者	119	38.6
	高层管理者	9	2.9
企业寿命	0～5 年	59	19.2
	6～10 年	126	40.9
	11～15 年	123	39.9
企业规模	101～150 人	119	38.6
	151～200 人	67	21.8
	200 人以上	122	39.6

(续表)

信息属性	选项	例数	构成比(%)
年销售额	1 000 万元～5 000 万元	66	21.4
	5 000 万元以上	242	78.6
产品场装机容量	5 万千瓦以下	240	77.9
	5 万千瓦以上	68	22.1
合计		308	100

三、策略因素关系验证

(一) 量表的信度检验

多数文献一般采用内部一致性的方法来检验量表的信度,主要是通过计算克朗巴哈系数(Cronbach's α),观测 Cronbach α 系数的取值来进行判断,一般情况下 Cronbach α 系数取值介于 0～1,如果 Cronbach α 系数小于等于 0.6,则认为内部一致信度不符合要求;Cronbach α 系数在 0.7～0.8 说明量表具有相当信度,Cronbach α 系数大于 0.8 表示量表信度非常好。

表 2-4、表 2-5、表 2-6 是量表所涉及所有变量的信度检验结果。可以看出所有变量的 Cronbach α 系数均高于 0.7,其中后市场客户服务需求的 Cronbach α 系数达到 0.906,顾客表现的 Cronbach α 系数达到 0.854,企业业绩的 Cronbach α 系数达到 0.874,不同维度的潜变量的 Cronbach α 系数也都在 0.7 以上,表示量表的信度较好。从均值来看,量表的总体均值在 4 左右,各观测变量和潜变量的均值大多在 3.60 以上。

表 2-4 后市场顾客服务需求量表内部一致性检验及描述性分析

潜变量	观测变量	观测变量说明	平均值	标准差	Cronbach α 系数	潜变量平均值
顾客基本需求	Q1	五年质量保证服务	4.06	0.91	0.805	4.21
	Q2	运维重要性	3.99	0.99		
	Q3	上门安装调试	4.25	0.97		

(续表)

潜变量	观测变量	观测变量说明	平均值	标准差	Cronbach α系数	潜变量平均值
顾客特殊需求	Q4	巡检服务	4.07	0.95	0.813	4.23
	Q5	电话投诉和跟踪服务	4.16	0.94		
	Q6	为客户提供个性化的服务	4.09	0.85		
	Q7	为客户提供人员培训	4.21	0.90		
顾客魅力需求	Q8	闭环管理	4.15	0.92	0.843	4.18
	Q9	共赢模式	4.03	0.88		
	Q10	维修及时性	4.22	0.87		
	Q11	运维倾向性	4.13	0.90		
	Q12	维修倾向性	4.06	0.94		
	Q13	延保服务	4.04	1.00		
服务价格需求	Q14	技术服务价格合理	4.19	0.83	0.817	4.13
	Q15	维修服务价格合理	3.90	0.94		
服务质量需求	Q16	保证到场服务时间	4.30	0.83	0.729	4.29
	Q17	服务规范化	4.18	0.94		
合 计					0.906	4.20

表 2-5 顾客满意表现量表内部一致性检验及描述性分析

潜变量	观测变量	观测变量说明	平均值	标准差	Cronbach α系数	潜变量平均值
顾客满意度	Q18	整体服务质量	3.68	0.94	0.840	3.78
	Q19	公司品牌形象	3.78	0.90		
	Q20	维修质量	3.77	0.83		
	Q21	维修及时性	3.72	0.92		
顾客忠诚度	Q22	顾客再购买频率	3.77	0.86	0.75	3.99
	Q23	和顾客关系持久性	3.90	0.79		
	Q24	顾客对双方关系的投入程度	3.83	0.81		
	Q25	向其他人宣传或推荐的可能性	4.01	0.80		
合 计					0.854	3.89

表 2-6　企业业绩量表内部一致性检验及描述性分析

潜变量	观测变量	观测变量说明	平均值	标准差	Cronbach α 系数	潜变量平均值
财务绩效	Q26	盈利能力	3.56	1.05	0.886	3.52
	Q27	销售增长	3.51	1.00		
非财务绩效	Q28	与同行的竞争能力	3.63	0.91	0.843	3.80
	Q29	发展预期	3.68	0.92		
合　计					0.874	3.66

（二）量表的效度检验

量表的效度检验包括内容效度和结构效度两个方面。内容效度主要是指对所选研究内容和范围的适当程度，由于本研究所有的分析都是立足于中国产品产业的基本情况和发展要求以及前人关于产品产业相关文献研究的基础上所形成的，因此具有较好的内容效度。结构效度目的在于检验变量与各因子之间的关系以及测量结果与假设模型的拟合程度，一般文献中都是采用验证性因子分析进行检验，采用 χ^2/df、GFI、SRMR、RMSEA 作为绝对适配指标。其中 χ^2/df 的取值必须小于 3；GFI 其值介于 0~1，其值须大于 0.9，但 Bagozzi(1983)指出，GFI 以 0.9 以上为拟合度标准，或许过于苛刻，只要接近 0.8，即达到可接受的标准。RMSEA 其值必须小于 0.08 (Huand Bentler, 1999)，其值越小越好，研究指出超过 0.1 是不好，0.05~0.08 是合理，小于 0.05 是最佳。相对适配指标则采用 AGFI、CFI 以及 IFI，此三个指标之值介于 0~1，其值需大于 0.9，模型方可接受，但 Bagozzi(1983)指出 AGFI 只要接近 0.8，亦可达到可接受的标准。简效适配指标则是采用 PNFI，以及 PGFI，其值都需大于 0.5。

本书运用 AMOS7.0 统计软件对各变量的衡量模型进行验证性因子分析，所得到的各拟合指标的结果如表 2-7 所示。

从表 2-7 可以看出，本书所涉及的后市场客户服务需求、客户满意表现以及企业绩效这三个变量的不同拟合指标均达到了较为满意的水平，表明量表具有良好的结构效度。

表 2-7　各变量衡量模型的拟合结果

变量	测量项数	χ^2/df	GFI	SRMR	RMSEA	IFI	AGFI
客户服务需求	17	1.646	0.906	0.958	0.049	0.959	0.880
客户满意表现	8	1.646	0.906	0.958	0.049	0.959	0.880
企业绩效	4	0.609	0.995	0.996	0.001	0.998	0.954

(三) 实证分析模型路径系数的拟合结果

运用 AMOS7.0 统计软件，分析后市场顾客服务需求与顾客满意表现量表及企业业绩关系，结果如图 2.3 所示：

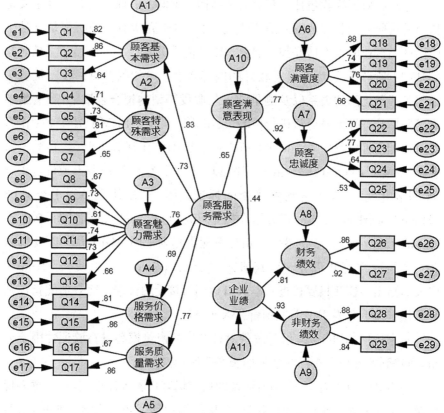

图 2.3　结构方程模型路径

采用最大似然法对各路径系数进行检验,结果见表 2-8。各路径系数均有统计学意义($P<0.001$)。

表 2-8　实证分析模型路径系数检验

			非标准化路径系数	S.E.	C.R.	P	标准化路径系数
顾客满意表现	←	后市场顾客服务需求	0.448	0.055	8.218	<0.001	0.653
企业业绩	←	顾客满意表现	0.674	0.110	6.152	<0.001	0.442
顾客基本需求	←	后市场顾客服务需求	1				0.826
顾客魅力需求	←	后市场顾客服务需求	0.690	0.074	9.281	<0.001	0.755
服务质量需求	←	后市场顾客服务需求	0.608	0.076	8.011	<0.001	0.769
服务价格需求	←	后市场顾客服务需求	0.661	0.076	8.719	<0.001	0.692
顾客特殊需求	←	后市场顾客服务需求	0.714	0.079	8.991	<0.001	0.734
顾客满意度	←	顾客满意表现	1				0.770
顾客忠诚度	←	顾客满意表现	1				0.918
财务绩效	←	企业业绩	1				0.812
非财务绩效	←	企业业绩	1				0.933
Q1	←	顾客基本需求	0.871	0.057	15.279	<0.001	0.818
Q2	←	顾客基本需求	1				0.857
Q3	←	顾客基本需求	0.724	0.063	11.504	<0.001	0.637
Q4	←	顾客特殊需求	0.993	0.088	11.326	<0.001	0.711
Q5	←	顾客特殊需求	1				0.729
Q6	←	顾客特殊需求	1.016	0.080	12.631	<0.001	0.814
Q7	←	顾客特殊需求	0.859	0.083	10.39	<0.001	0.649

(续表)

			非标准化路径系数	S.E.	C.R.	P	标准化路径系数
Q8	←	顾客魅力需求	0.965	0.087	11.026	<0.001	0.675
Q9	←	顾客魅力需求	1				0.730
Q10	←	顾客魅力需求	0.829	0.083	10.005	<0.001	0.612
Q11	←	顾客魅力需求	1.042	0.086	12.080	<0.001	0.741
Q12	←	顾客魅力需求	1.067	0.090	11.878	<0.001	0.728
Q13	←	顾客魅力需求	1.024	0.095	10.748	<0.001	0.657
Q14	←	服务价格需求	1				0.810
Q15	←	服务价格需求	1.196	0.103	11.664	<0.001	0.858
Q16	←	服务质量需求	1				0.671
Q17	←	服务质量需求	1.460	0.151	9.674	<0.001	0.861
Q18	←	顾客满意度	1.307	0.083	15.800	<0.001	0.876
Q19	←	顾客满意度	1.066	0.080	13.324	<0.001	0.743
Q20	←	顾客满意度	1				0.759
Q21	←	顾客满意度	0.972	0.083	11.670	<0.001	0.662
Q22	←	顾客忠诚度	1.149	0.107	10.726	<0.001	0.699
Q23	←	顾客忠诚度	1.162	0.100	11.654	<0.001	0.770
Q24	←	顾客忠诚度	1				0.642
Q25	←	顾客忠诚度	0.811	0.097	8.353	<0.001	0.535
Q26	←	财务绩效	1				0.861
Q27	←	财务绩效	1				0.925
Q28	←	非财务绩效	1				0.876
Q29	←	非财务绩效	1				0.838

由表 2-9 模型的拟合结果可知,模型的各拟合指标符合范围要求,模型的拟合结果较好。

表 2-9 实证分析模型的拟合结果

指标	参考标准	模型拟合值
χ^2/df	<3	2.146
GFI	>0.90	0.903
CFI	>0.90	0.928
RMSEA	<0.08	0.051
IFI	>0.90	0.919
AGFI	>0.80	0.890
PGFI	>0.50	0.735
PNFI	>0.50	0.725

综上所述,H1(顾客服务需求正向影响顾客满意表现)和 H2(顾客满意表现正向影响企业绩效)两个假设均成立。

四、策略因素关系结论

(一) 顾客服务需求对满意表现的影响

从表 2-4 可知,在后市场服务顾客需求中,用户对于后市场服务的 5 个维度都体现出较高的关注程度(问卷结果显示均值为 4.20,接近于最高水平)。其中,服务价格需求的关注程度最低,服务质量需求的关注程度最高,这表明无论是产品制造商还是用户,对于后市场服务更侧重于服务提供的质量,认为较好的服务质量是保证产品供应链创造更多价值的基础。而这一体现,也为产品制造商在提供后市场服务的过程中施行服务分级提供了理论支持。除此以外,被调查者对顾客基本需求、顾客特殊需求与顾客魅力需求也同样有较高的期望。服务量表的总体均值为 4.20,这说明,受调查者整体上同意提供后市场服务能够实现企业的价值增值。

根据表 2-4 可知,顾客服务需求与顾客满意表现显著正相关。这也验证了本书之前的假设,产品制造商在满足用户后市场服务基本需求基础上,通过实现特殊需求以及魅力需求,提供差异化的服务以实现服务价值,用户会产生较高的客户满意度,并提升用户对产品制造商的忠诚度。

(二)顾客满意表现对企业绩效的影响

从表 2-5 可知,被调查者对于后市场服务的满意度总体均值为 3.78,顾客忠诚度总体均值为 3.99,均低于对后市场服务需求的显示水平。这表明相较于用户对后市场服务较高的需求程度,产品制造商在提供服务的过程中并没有完全达到用户的要求,因此用户对于后市场服务的满意度并没有达到较高水平。尽管如此,用户对产品制造商的忠诚度要高于对服务的满意度,这也间接表明用户认为通过自身以外——比如产品制造商——获取后市场服务要比构建自己的运维服务技术队伍更合适。

表 2-5 显示出顾客满意表现对企业绩效显著正相关。高度满意的顾客会对企业产生高的忠诚度,当顾客具有较高的忠诚度时,他们会重复购买企业同样的产品或服务。显然,设备制造商对用户提供的后市场服务使得用户对其有了较高的忠诚度,用户更容易接受产品制造商的新产品或服务,设备制造商在为用户提供有价值的产品以及服务改进信息和措施的同时,也可实现企业自身业绩的提升。

(三)潜变量与测量项目的关系分析

由表 2-8 可知,在顾客基本需求中,产品场客户最重视的是 $Q2$ 运维重要性,其余依次为 $Q1$ 五年质量保证服务,$Q3$ 上门安装服务。对于产品场客户而言,对于运维重要性的关注程度往往会极大程度上影响设备运行状态,由于产品场运行环境和设备故障排除的复杂性,产品场客户往往期望风叶制造商能提供更长的质保期。

在顾客特殊需求中,产品场客户最需要的是 $Q6$ 为客户提供个性化的服务,其他分别是 $Q5$ 电话投诉和跟踪服务,$Q4$ 巡检服务,$Q7$ 为客户提供人员培训。从数据分析可以看出,对于产品场客户而言,具备一定的运维能力,其关注点比较集中在如何快速有效地解决设备故障以及风叶服务商是否可以提供区别于产品场日常工作的服务。个性化而又具有针对性的服务可以有效提高服务价值,提高顾客满意度。

在顾客魅力需求中,产品场客户最需要的是 $Q12$ 维修倾向性,其他分别是 $Q11$ 运维倾向性,$Q13$ 延保服务,$Q9$ 共赢模式,$Q9$ 闭环管理,$Q10$ 维修及时性。顾客比较倾向通过风叶制造企业提供维修和运营维护服务,这对于风叶制造企业有利,顾客对于共赢模式和闭环管理的模式的接受受到产品场自身商务条款如付款条件的限制。

在顾客价格需求中,产品场客户最关心的是 Q15 维修服务价格的合理性,然后是 Q14 技术服务价格的合理性。

在顾客质量需求中,产品场客户最关心的是 Q17 服务规范化,然后是 Q16 保证到场服务时间。

了解用户对后市场服务的需求情况,对于产品制造商后市场服务业务战略的制定,具有非常重要的意义。产品制造商了解到后市场服务同样可以给自身带来额外的利润,因此这也促使其转变之前基于产品销售的商业模式,转向基于"产品+服务"的新型商业模式。而充分了解用户对后市场服务的需求特征,为实现"产品+服务"的商业模式奠定了基础。产品制造商可以从企业外部基于政策导向、产业环境、顾客需求、合作伙伴、竞争对手等因素考虑,从企业内部基于产品特征、自身服务能力等进行有效的资源配置,实现服务价值与企业绩效的最大化。

第三节 物联网下后市场服务链增值模式嬗变

一、物联网对传统商业模式的影响机制

物联网的价值创造、价值传递、价值实现彻底改变了企业的生产行为,不仅仅是手机或家电产品的智能化,甚至汽车、产品等也可以智能化;也改变了顾客的消费习惯,新一代的消费习惯更偏好于智能化体验,对创新的需求甚至比企业的创新进程更快速。物联网这一创新元素的加入,所获取的大数据和传统数据相结合,使得产能规划和需求预测更加精准,为业务管理人员实现即时的运营分析洞察力,以便即时决策并采取应对行动,从而提升运营效率和客户满意度。物联网已经改变了传统商业生态环境,颠覆传统商业模式,促成物联网商业模式的生成和演变。如表 2-10 所示。

表 2-10 物联网下的商业模式与传统商业模式特征比较

商业模式的关键要素	传统商业模式特征	基于物联网的商业模式特征
客户细分	历史订单数据 粗放模糊定位	当期实时数据 精准精确定位
客户关系	拉动需求 客户倾诉	实时和紧急需求 主动掌握
价值主张	单一产品 随时间而过时	迭代更新 多产品协同
分销渠道	层层分销 渠道协调	直面客户 服务网络
收入途径	消费经济 产品销售	共享经济 重复性收益
成本结构	物理实体 知识产权与品牌	精准的服务 信息的协同分析
关键资源	生产设备 产品设计	实时信息 产品服务系统设计
关键伙伴	可靠供应商 低成本制造商	信息平台提供商 快速反应制造/服务商
关键活动	市场开发 设计工艺	定制化生产 个性化服务

(一) 物联网对传统价值链的影响

物联网的兴起对供应链产生了重要的影响,使价值创造和价值获取也发生了根本性的变化。迈克尔·波特(1985)提出了"价值链"理论,认为竞争优势的关键来源在于竞争对手之间的价值链差异,但这一传统的价值链理论分析框架仅局限于制造企业内部的生产价值链环节。随着服务经济时代的到来,"服务利润链"理论应运而生。该理论认为企业竞争优势不再局限于产品本身,应该从以产品实体为重心转移到为顾客提供价值的多少,将价值链理论拓展至企业市场服务领域。企业为了发展,应该锁定高价值客户的忠诚,为此就要提供满意的客户服务。21 世纪,环境因素越来越受到重视,产品对资源和环境的影响涉及全生命周期的闭环物流过程,因此应重构企业的"环境价值链"。在产品全生命周期过程,企业从事的一系列具有经济效益或环境效益的价值创造活动组成环境价值链。产品服务系统整合价值链、服务利润链和环境价值链,在物联网环境下形成了更为复杂的价值网络关系。

比如以小米为代表的去渠道化智能互联产品改变了传统的价值链关系,拉近了与终端客户的关系。虽然手机的物理部件逐渐标准化,减少了种类数量,但与此同时,包括软件 App、传感器、互联设备等新的供应商的崛起改变了手机产品的传统价值网络。再比如通用电气(GE),它本应将发动机直接提供给波音飞机制造公司即可,而波音公司生产飞机产成品再销售给用户(比如东方航空公司)。在这种传统的价值链下,通用、波音和东航是串行关系。但在物联网下,GE 在飞机的发动机上试用了传感技术,利用传感器得到用户的使用数据,建立飞机飞行故障模型,从而为用户提供后市场增值服务,比如通过预防性检测实现早期预警,探寻飞机上已有的或即将发生的故障,降低航空发动机的维修成本(与传统事故维修相比,预防性点修节省成本高达 18%);并调节安全高效的飞行状态,提高发动机的效率,而 GE 可以与东航共享通过这项增值服务获取的成本节约收益。这样该价值链上的三个结点企业就由传统的串联关系变成了三角形网络结构。基于物联网新增的这条价值链使得 GE 与东航的价值网络更加复杂,起着十分重要的作用。

(二) 物联网对传统产品创新的影响

物联网的核心是智能互联产品,它包含了产品的物理部件、智能部件和连接部件。智能部件可以拓展物理部件的使用效能和提升其实用价值;连接部件则能进一步强化智能部件的功能和价值,并且能够使得产品部分功能和价值脱离物理部件而存在。物联网环境下面向客户主导的产品创新合作将形成一个复杂的协同创新模式与机制,各参与主体的组织边界将会被打破,积极利用其外部资源、整合自身的优势资源开展协同创新、知识共享、风险共担、利益分享的多元主体互动的新产品网络创新模式,有异于传统企业进行独立产品创新。在物联网环境下进行的产品创新能使创新要素实现突变,可以从孤立、分散与封闭的状态向集聚、融合与开放的方向转变,通过创新合作网络实现企业间技术、资源的共享,打破联合创新主体之间的机制壁垒,搭建创新主体间实现要素共享的协作创新平台。因此,物联网渗透传统产品后形成的智能互联产品与传统产品相比较而言,在使用功能、适用范围和管理环节都发生了质的改变。

(1) 物联网下的互联产品具有智能、互联的全新功能,能够对产品的使用、运行状态和外部环境进行检测。其监测数据不仅对产品今后设计创新提供数据,还可以通过使用情况对使用客户进行分类,实现市场进一步细分,而售后服务更是需要通过数据监测实现更准确地诊断故障以提高修复率。

(2) 物联网下传统产品实现互联的深度和广度。由最初的产品智能化到智能产品之间的相互连接,实现了产品互联的广度,比如小米手机最初只能与人相连,随后实现与汽车智能硬件相连,此时人、手机和汽车扩宽了互联的广度;随后相互连接的智能产品组成了一个产品系统,最终形成了一个生态系统,实现了产品互联的深度,比如新能源汽车要运行顺畅需要充电桩和维修站,小米手机可以与其各自连接,那么就实现了新能源汽车通过小米手机实现了后市场服务。随着小米开发移动互联网服务生态链和云服务生态链等,不断扩宽和延长的服务链便形成了一个智能生态系统。

(3) 物联网下企业竞争优势依然是运营效益——通过物联网获得比竞争对手更高的产品实用价值和更低的运营成本。因此智能互联产品的各个管理环节将与传统产品完全不同:产品实现智能互联需要量身定制的配套软件产品;工业 4.0 时代的到来使得互联产品的生产过程更加智能化,减少了人工干预;智能互联产品的售后服务从传统产品的检测维修转向了预防性服务,并能实现远程维护,这一创新最终是为了减少售后服务的需求,因为从预防性维护过程中获得的数据会让今后的产品设计越来越完善。

(三) 物联网应用下的产品/服务价值网络分析

Humphrey 等(2001)指出价值链是静态的,每个环节都会有价值链升级的商业模式创新、技术创新、产品创新和服务创新。基于物联网的产品/服务创新增值机理在于突破传统价值链的纵向竞争和静态思维,促使各个物联网应用层参与主体按照资源配置最优的原则相互耦合和动态互动,通过识别各个价值网络增值路径的过程,实现由"点""线"到"网"的协同效应。对物联网情境下的价值链进行分析可以更好地沟通企业上下游之间的关系,使得价值链利润驱动因素在满足一定客户服务水平的条件下,让整个供应链系统有效地运作,实现客户信息、订货信息、库存信息高效互通,因此产品服务系统增值动因与内部运作机制亟待重新界定,如图 2.4 所示。

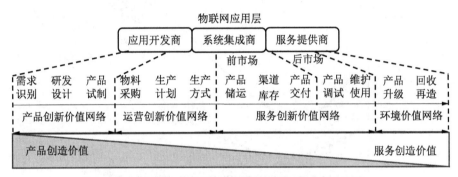

图 2.4 基于物联网应用层的产品服务价值网络分析

(1) 产品创新价值网络。产品创新价值网络主要依托于需求识别与研发测试,准确识别客户需求,提供对应的产品/服务以获取市场份额、增加价值。基于物联网的动态跟踪信息,企业能够通过产品运行状态的大数据分析,识别客户行为,重新探索产品创新价值网络路径。

(2) 运营创新价值网络。一方面,企业与供应商紧密合作、协同共享,实现快速、精益采购;另一方面,企业实施智能化制造与个性化定制,基于物联网的网络化制造组织方式,能够通过运营创新实现新的价值增值。

(3) 服务创新价值网络。企业通过物联网能够智能感知客户实时需求,主动提供精准的后市场服务,从而实现服务价值增值。

(4) 环境创新价值网络。基于物联网,回收再制造有可能突破回收质量信息不对称的瓶颈,实现智能再制造的环境价值。

二、物联网下商业模式演化的新特征

传统商业模式的价值增值曲线是"微笑曲线",利润环节主要在研发和销售,而物联网下面向客户的商业模式的价值增值曲线演变成了"对勾曲线"。新的商业模式通过大规模定制和柔性化生产实现了生产制造环节的价值增值;并且研发和销售环节通过物联网获得了更多的价值增值空间。与此同时,后段的价值增值链延长,新增的后市场服务和回收再制造环节加快了利润获取速率(如图2.5所示)。

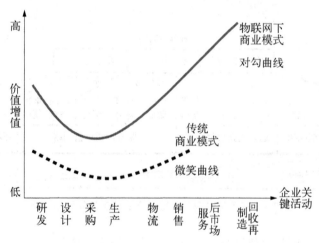

图2.5 物联网下商业模式与传统商业模式的价值创造比较

（一）物联网下大规模定制

随着技术进步和市场的变化,消费者的个性化需求越来越高,差异性的产品开始成为客户关注的重点。大规模定制生产方式顺应时代的需求,走上历史舞台。大规模定制的基本思想是运用大数据、新材料、柔性制造等新技术,把定制产品的生产问题转化为批量生产,为定制化需求提供低成本的产品。因此,大规模定制需要产品架构和制造流程的重构。而大规模定制依靠的柔性化生产系统不在于产品的模块化设计的柔性,而在于生产系统本身具有智能的柔性,不仅能够自动适应生产需求从而实现个性化产品的批量生产;还能够通过智能生产系统自动调节产能。物联网下这种柔性生产系统通过对消费者需求的把握和大规模定制提高了生产制造环节的价值增值能力,使得制造在价值链的地位显著提高。不论德国的工业4.0,还是美国"工业互联网",或者中国的"制造2025"都突出了制造在价值链中地位的提升。如果说在21世纪前15年的创新成果是阿里巴巴、腾讯等基于互联网的价值传递的创新;那么在21世纪接下来15年的创新成果将会围绕基于物联网柔性制造的创新,这是物联网下价值创造的创新。例如,红领西装体验店可以提供量体服务,随后将数据输入系统,总厂利用物联网大数据系统代替传统的手工打版,每天生产2 800套西服,而一套西服的制作仅需1周时间,既实现了规模化又兼容了定制化。

(二) 物联网对"微笑曲线"的改变

传统产品生产的一般模式是"产品研发→工艺设计→产品试制→批量制造"。产品创新主要依靠研发中心的产品研发,制造仅仅是实现产品创新的角色。因此传统商业模式下,价值链的技术环节包括产品研发和工艺设计等环节,利润空间最大;生产环节利润小;销售环节是价值实现增值的关键环节。这就是传统的"微笑曲线"——利润空间在两头,采购和生产环节基本无利润创新突破。因此传统商业模式下,企业只能通过前段研发和设计的创新降低采购和生产的成本空间,后段则是通过销售环节产生利润,而后市场服务增值和回收再制造业务的价值环节并未涉及,如图2.5所示的"微笑曲线"。物联网下不但价值共创的增值环节增加(后市场服务和回收再制造服务),而且同一价值环节的增值空间扩大,形成图2.5所示的"对勾曲线"。

随着物联网和智能制造技术的应用,传统企业将面临生产决策、运营理念、合作关系和组织执行力的嬗变。物联网大数据的预见性分析,能够发现机遇和暗礁,实现望远镜的看见功能(描述发生了什么,预警将会发生什么);问题-症结的根源性分析,弥补传统流程和经验识别的不足,诊断探源实现放大镜的功效(揭示为什么会发生,指导应该发生什么才是最优)。生产决策将从以加工制造为中心,转向以数据驱动为中心;运营理念将以产品成本和质量为中心,转向以客户价值共创为中心;合作关系将从以物流供应链的"物流、信息流、资金流"三流整合为中心,转向客户体验和后市场服务的闭环生态链;组织执行力将从以科层级别为中心的上传下达式决策执行模式,转向一线员工自主决策式的授权决策执行模式。在当今的信息社会时代,信息交流效率即时,客户需求呈现多样化和个性化特征,以产定销的运营模式已经没有出路,客户资产才是企业商业机会的核心,识别关键客户,挖掘客户需求,以柔性生产和大规模定制来缩短生产周期,实现即时交付,才是企业核心竞争力的体现。因此,传统线性的"研发、试制、制造"创新过程将会变成一体化共同参与的过程,制造直接成为创新的一部分。"产品研发+代工生产"的传统商业模式已经不利于企业核心竞争力的提升,企业需要通过发展智能制造技术来提升其核心竞争力。这种情况下制造所取得的价值增值会更加凸显,制造在整个价值创造环节中价值增值得到显著提升。产品研发和创新变成消费者参与的研发和创新,消费需求催生创新制造平台。制造和服务的价值增值能力在物联网下快速提升,这样传统商业模式价值增值的"微笑曲线"变成了物联网商业模式下价值增值的"对勾曲线"。图2.5中,两端明显上扬的曲线特征说明"对勾曲线"研发和销售环节的利润空间远远大于传统"微笑曲线"同环节利润增值空间。比如GE就正在用后市场精确服务的行动证明一家传统行业巨头如何通过物联网大数据分析,将原有实体资源优势转化为基于数据分析的后市场服务资源优势,这样不仅扩大了研发和销售环节的利润空间,而且也新增了后市场服务环节的利润。

(三)物联网下"对勾曲线"的创新

物联网情境下的供应链上下游企业能够更高效地沟通订货信息和库存信息,客户信息通过物联网反馈,企业可以以较低的成本获得消费者使用偏好数据,也使得企业更快速和清晰地了解客户的消费习惯和产品使用周期。通过这些使用偏好数据的分析,企业可以通过产品+服务的捆绑形式,为消费者提供更好的产品体验和个性化升级。物联网下企业通过服务所创造的价值增值比传统商业模式更加明显,后市场服务和回收再制造的增值幅度也明显大于传统商业模式的增值幅度。因此物联网情境下的商业模式的价值增值曲线从产品销售以后的阶段延长形成了"对勾曲线",使得创新服务不仅仅是企业节约成本的途径,而是成为一个企业竞争的决定性因素。不仅如此,物联网下制造商基于客户价值视角的创新,能够更好地实现供应链协同,实现产品快速升级。除此以外,物联网的出现,也影响了产品分销渠道、收入途径、成本结构、关键资源、关键伙伴和企业的关键活动。这些改变使得企业不仅为顾客提供了更好的产品和服务,也通过产品/服务在物联网情境下快速的创新而获得更多的利益。

三、物联网在制造业领域的应用启示

欧盟是世界范围内最早对物联网应用发展关注的区域性组织,率先系统性地提出物联网发展与管理规划,并制定了较为完善的物联网激励政策体系。日本也规划推进物联网在智能交通、远程医疗、远程教育和环境监测等社会服务领域的应用实践。在中国,广州温氏集团将物联网应用到农产品行业中,通过"养殖农户一卡通"的信息管理系统,对各地养殖户和加工工厂进行实时监控,实现了"公司＋农户"的新型商业模式。而上海的来伊份集团,同样对包括供应商的整个生产供应流程进行了实时监控,以确保产出品的安全可靠性。

新能源方面,随着中国产品装机容量的快速增长导致设备后市场服务严重滞后,影响了用户的产品运营效率,制约了中国风力发电的可持续发展,2015年开始,随着物联网和互联网的思维模式逐步融入制造企业,产品运维服务作为一个战略新兴产业,已经开始探索利用物联网平台实现产品运维数字化、智能化,以期提高行业竞争力。金风科技旗下的子公司天源科创已经开创性地设计了用户全生命周期资产管理系统的数字化信息管理平台,随后将引入备件物流网信息平台和用户监控预警平台,上线后的用户全生命周期在场管理系统即可实现从用户接货、吊装、调试以及到质保维护和质保外运维的管理,覆盖产品长达20~25年的生命周期。物联网时代的商业模式变革已经渗入到新能源领域,开启产品后市场服务的新时代。

物联网的跨越式发展促使多个不同领域的企业交叉合作,这会使得

某个行业获取突破性技术，推进物联网下的商业模式创新。从国内外物联网的商业模式和运营管理实践中可以看到，研究物联网应用，可以帮助、指导物联网下的传统企业更好地发展。商业模式和运营管理对企业来说是十分重要的，一个企业可以没有战略但不能没有商业模式。物联网的兴起会影响传统企业的转型，实质上是传统商业模式的转型。而这一过程中，很少有企业能够完全靠自己的能力来为顾客提供创新的产品和服务，必须通过供应链和价值网络上的其他企业来实现新的服务价值增值。因此，需要在物联网新环境下，探讨企业如何通过物联网与商业模式的领域交叉为顾客提供新的服务创新，从而实现价值增值以获取新的利润空间。

第四节　产品后市场服务链商业模式机理分析

一、产品后市场服务商业模式组成要素

对于产品服务系统的研究需要基于对产品服务系统商业模式的理解基础之上，确定商业模式的组成要素是商业计划和帮助企业理解和描述其商业逻辑的第一步。商业模式在学术界和商界应用较多的是由 Osterwalder (2005) 所提出的商业模式画布。商业模式画布是一个描述、分析和设计商业模式的工具。商业模式画布把描述商业模式要素分为四大类九个要素。四大类包括客户、提供物、基础设施和财务实现力；九大要素包括客户细分、客户关系、价值主张、分销渠道、关键资源、关键伙伴、关键活动、成本结构以及收入流等。基于对商业模式画布的理解和扩展，笔者认为对产品服务系统商业模式的描述应该包含客户层面、提供物层面、资源层面以及财务层面四个层面，如图 2.6 所示。

其中，资源层面是产品服务系统的内部能力，提供物层面是产品服务系统往外部需求转化的媒介，客户层面是产品服务的外部服务对象，财务层面是企业实现盈利目标。

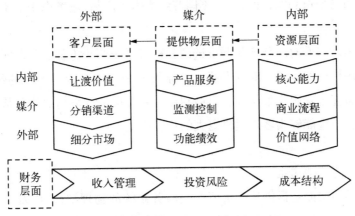

图 2.6　产品服务系统商业模式构成要素

（一）客户层面

客户层面是商业模式的拉动点,需要设计针对细分市场的让渡价值,而且这种让渡价值能够通过分销渠道被客户感知。客户层面要知道产品服务系统的让渡价值如何,通过分销渠道把让渡价值提供给特定的细分市场。

客户层面的研究主要集中在客户对产品服务系统的认知价值以及产品服务系统能够给客户提供的让渡价值层面进行研究。不同于传统产品销售的模式,产品服务系统中客户需要知道更多产品服务系统能够带来的结果和功能。首先,客户让渡价值是客户决定购买或者不购买产品服务系统的关键。客户需要衡量真实成本(包含货币化成本和非货币化成本)与获得的收益。其次客户的让渡价值提供了信任的中介,为企业和客户直接建立长期的关系奠定基础。Kimita 等(2009)建立了客户价值衡量模型以利于持续的服务设计,客户对环境和可持续发展的诉求,也被加入了客户价值的衡量体系。Hara(2009)从生命周期方面优化了功能型方案,其把客户获得的价值扩展到了产品服务系统的全生命周期。Tan(2011)构建了一个产品服务系统客户价值衡量的体系,在其体系中把客户的价值分为经济价值、功能价值和情感价值。

为了给客户传递价值,需要在提供商和客户之间进行一些关系契约的研究。赵永耀等(2010)的研究表明节约共享契约的渠道利润总是大于按量销售契约的渠道利润;针对具有不同节约潜力的产品,应考虑采取不同的政策引导。

在客户层面对闭环产品服务链的分析着眼于两个方面:一方面研究者着眼于用指标的方式从时间和指标的累加两个层面来衡量客户的价值;另一方面研究者着眼于如何在提供商和使用者直接进行契约的优化从而使得产品服务系统能够为客户提供更大的让渡价值。

(二)提供物层面

提供物层面是提供让渡价值产品服务系统的物理结构,以及产品服务系统的功能应该如何和外部系统对接。提供物层面产品服务系统组成内容是内部系统,产品服务系统通过提供物的功能作为媒介对外部系统产生作用。

提供物层面关注的是提供物整个生命周期中的要素和活动,包括产品生命周期中的配件以及服务等。在提供物层面的研究主要集中在对提供物的配置,也就是对产品和服务的配置。如图 2.7 所示。

图 2.7　产品服务系统提供物的组成

Morelli(2003)建立了一个产品服务系统的设计框架,考虑了主要的功能和需求,然后把功能和需求与产品和服务的要素进行关联。Aurich 等(2006)研究了在全生命周期情况下产品服务系统设计流程。Shimomura(2009)的团队对产品服务系统设计的研究做出了实质性的贡献,在他们的研究中,流程模型、范围模型、情景模型被采用。

提供物层面着眼于产品和服务的组合的设计,以满足顾客的需求。

(三)资源层面

资源层面关注企业的核心竞争力是什么,如何通过流程组织起不同企业,从而组成价值网络,从而实现价值让渡。资源层面是把产品服务系统参与者的核心能力通过流程进行整合，从而形成产品服务系统提供商的价值网络。价值网络是产品服务系统资源的外部能力，核心能力是产品服务系统资源的内部修炼，流程是产品服务系统资源内部能力往外部网络价值转化的媒介。

资源层面主要关注产品服务系统资源的组织和运营。它包括建立产品服务系统交付的有效组织方式并且识别和选择必要的合作伙伴，已成功实现产品服务系统的交付。Moss Kanter(1999)认为产品服务系统需要不同专业以及相应资源伙伴的协同。Ericson等(2005)认为产品服务系统的上下游企业需要构建一个延伸的企业从而提供产品服务系统。Nergard等(2006)为产品服务系统上下游企业的协同设计了一套软件系统。Alonso-Rasgado和Thompson(2006)指出在产品服务系统的开发流程中，客户也需要参与其中，因此产品服务系统的协同不能够单纯的是扩展企业的协同，也需要是整条资源的协同。Herring和Milosevic(2001)指出产品服务链的契约应该是定义参与方的责任从而减少相应的风险。由于产品服务链中风险和不确定性的影响，传统的很多契约已经不再适合产品服务链。Roy和Cheruvu(2009)根据文献和案例的研究归纳出了6类不同契约类型，通过归纳他们认为通过对价格竞争、价格分析、成本分析、需求的类型和复杂度、需求的紧急性、服务的期限等因素的识别能够在很大程度上帮助企业选择合适的契约类型。Wu(2011)考虑了在加入再制造的情况下，产品服务系统应该最优化系统中库存的策略。

在资源组织层面对产品服务系统的研究主要集中于三个方面：一是企业内部组织如何进行转化从而适应产品服务系统的运作需求；二是产品服务系统如何进行库存优化以及运作网络（地点）进行优化，从而实现产品服务系统最优效率；三是产品服务系统资源各参与商应该如何进行协调，通过契约优化使整条产品服务系统资源获得最大价值。

(四) 财务层面

财务层面主要分析产品服务系统的收入流如何，解剖产品服务系统的成本结构，明确产品服务系统的投资和风险控制要素。财务层面需要分析产品服务系统的成本结构,成本通过投资和风险管理,转化为产品服务系统的收入。

财务层面的研究主要着眼于对产品服务系统的成本以及风险(不确定性)进行研究,来度量和分析产品服务系统的成本,同时预测产品服务系统的收入,进而计算产品服务系统的投资回报率。在产品服务系统中,业务流程从简单的提供备件和产品转化到提供整个产品生命周期的关怀包。这些需要综合分析设计成本、制造成本、运营成本和废弃处理成本。这就是产品的全生命周期成本。因此 Garvey(1996)所提出的成本细分结构理论可以被广泛采用。Datta(2006)提出计算维修和服务的成本。但是这些方法独立地来看待服务,没有把产品或者再制造考虑到成本的核算中。Durugbo 等(2010)认为产品服务系统成本的测算需要输入诸如工作分解结构,假设清单、客户需求、历史数据以及专家判断等。但是由于输入数据的不确定性、不完备性以不具有代表性等问题,使得产品服务系统的成本测算异常困难。Arena 等(2006)有效地把不确定性考虑到服务系统成本测算中,其把工作分解结构所对应的不确定等级进行排序,并且计算每个工作分解的不确定性所对应的成本。针对产品服务系统成本测算的方法,Roy(2009)给出了一个产品服务系统成本测算方法的总结,其根据信息获得充分程度,提出了专家估测、同行类比、参数模型以及仿真模拟四种不同的产品服务系统测算方法。

在财务层面对产品服务系统的研究主要集中于两个方面:一个方面是对产品服务系统的成本进行测算主要是获得必要的数据,从而对产品服务系统的不确定性进行计算,然后测算产品服务系统的成本;另外一个方面是对产品服务系统的收入进行预测,进而对产品服务系统的投资收益率进行分析。目前产品服务系统在财务方面的研究主要集中于成本的测算,投资回报率的分析的研究文献较少。

二、产品后市场服务商业模式要素分析

针对 Tukker(2004)等人提出的产品服务系统分类,通过对其每种类别商业模式构成要素的分析,得到如表 2-11 所示的每个产品服务系统类型所

对应的商业模式要素。从中可以看到，三种类型的产品服务系统的商业模式具有明显的区别。每种产品服务系统都针对不同细分市场，同时又为细分市场提供不同的让渡价值。为了满足细分市场需求，企业内部能力需求以及流程都需要有相应的特点。

表 2-11 三类产品服务系统的商业模式构成要素

层面	描述要素	产品导向的产品服务系统	使用导向的产品服务系统	结果导向的产品服务系统
客户层面	细分市场	想要或者必须拥有产品所有权的客户	想要初始投资较低并且接受不拥有产品所有权的客户	偏好不拥有实际产品，并且注重产品使用效果的客户
	分销网络	不直接面对客户，具有详细产品服务系统说明书	交易可以快速地进行并且容易管理，例如通过租赁合同可以很快地完成交易。客户省去了购买资产所需要的复杂的决策过程	直接与最终客户接触。需要建立信任以及所需要的知识和经验。客户关系非常重要，更长的合同以及与客户紧密的交互
	让渡价值	通过附加于产品之上的服务，提高产品的效率或者延长产品的寿命，从而为客户提供让渡价值	通过提供产品的使用功能，为客户创造价值，并且把产品的生命周期额外能力用于其他客户，通过提高单位能力的产出，为客户提供让渡价值	通过提供最终的结果，由所提供的结果所得的收益减去顾客所付出的成本，为顾客提供让渡价值
提供物层面	产品服务	产品是系统的核心，产品销售并且伴随额外的服务。客户拥有产品的产权	产品的所有权属于提供商。客户购买产品的使用权，提供功能性能力给客户	提供功能性结果。例如提供温湿度环境
	控制监测	使用状态监控与控制系统	使用情况监控以及报警系统以及物联网技术	实施环境监控以及自动调节系统
	功能绩效	产品的性能，产品质量，服务水平	服务及时性和服务可靠性	服务的质量与结果稳定性

(续表)

层面	描述要素	产品导向的产品服务系统	使用导向的产品服务系统	结果导向的产品服务系统
资源层面	核心能力	核心资源是物料、信息和能源。公司的核心能力是对物料和人力的有效利用。技术以及雇员是公司关键资本	具有产品知识的人力资源是公司的核心资源。公司的核心能力是提供富有价值的功能给客户	需要密集的信息和知识。公司具有整合人员、物料以提供良好结果的能力
	商业流程	大规模制造,产品和供应开发非常重要,决策集中化	需要具有服务管理能力;服务应该在哪些点得到满足,并且达到什么程度	如何根据功能需要设计产品和服务,以及如何提取顾客要求
	价值网络	服务的外包,需要有效的激励和系统控制,与合作基本信息的共享	与服务供应商的长期协作;与合作伙伴的信息共享包括需求预测、技术培训以及客户的反馈	需要有效的组织外包的活动,从而达到与合作伙伴之间的合作和战略性一体化
财务层面	成本结构	传统的生产成本以及额外服务物料和人员成本	对资本的需求很高,包含服务成本、维修成本以及高库存资金成本、再制造成本等	风险以及系统不确定性成本(需要负责所有的成本风险),需要确定全生命周期成本
	投资风险	投资较低,风险较少	投资较高,风险适中	投资很高,风险很高
	收入管理	收入来自产品销售价格以及客户需要的保证产品更有效运行的服务	收入来自可获得性(租金)。同一个产品可以被不同的用户所使用,导致整个系统的低成本	收入基于提供的使用效果,例如飞行的里程或者保持某个温度的时间

对产品服务系统的研究首先需要了解产品服务系统的商业模式。产品服务系统的商业模式分为四个层面:客户层面、提供物层面、资源层面和财务层面。对产品服务系统的未来研究也需要从四个层面来展开。

(1)客户层面,需要量化客户的让渡价值,量化客户对产品服务系统的价值认知度；同时研究通过定价和分享契约等形式来最大化客户和供应商的价值。

（2）提供物层面，需要进一步识别产品服务系统可以采用的形式，结合物联网和移动互联网开发出更多产品服务系统形式。

（3）资源层面，需要进一步研究产品服务系统资源的组成方式，以及资源各成员的协调和激励机制；同时要在物联网的技术下，优化资源的运作模式，包括库存优化、布点网络优化和服务水平优化，从而更有效率地运作产品服务系统。

（4）财务层面，需要基于随机理论，对产品服务系统成本水平进行更有效的度量，对产品服务系统的不确定因素做进一步的分析；同时需要构建准确的模型测算产品服务系统收入，进而测算产品服务系统的投资回报率。

三、产品后市场服务商业模式契约组织

（一）后市场自主服务模式

产品（服务）单独销售是指单独销售产品或服务，消费者可以选择只购买产品，也可以选择购买产品后再支付服务费用，但产品和服务价格独立，不存在相互影响。捆绑销售是指将产品（服务）当作一个整体进行销售，消费者不能单独购买捆绑产品中任一部分产品（服务），但可以选择不同的产品和服务组合，不同的捆绑契约模式下给提供商带来的策略选择是不同的。

1. 产品制造商主导的后市场自主服务模式

用户将产品的维修服务交给产品制造商，与一般的销售模式不同，产品制造商既要出售产品还要出售服务，即产品＋服务的销售模式。在正向渠道，制造商将产品以一定的批发价格和订货数量卖给产品租售商，获取产品销售利润；在逆向渠道，制造商以一定的服务价格和服务种类为用户提供产品运维服务，获取维护服务收益（如图2.8所示）。

如图2.8所示，这种渠道模式适用于产品制造商产品市场占有率较高的情况，制造商由于熟悉自己产品的各项技术和功能，能够提供较为精准的服务。这种服务模式，制造商的销售渠道和服务渠道相互独立，制造商一般会成立一个专门的运维子公司，进行专业的产品运维服务。当服务运维具

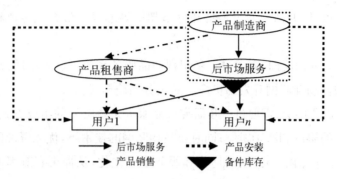

图 2.8　产品制造商主导的后市场自主服务模式

有一定规模时,制造商的服务也会面向其他品牌的产品,后市场维护收益将作为制造商核心收益之一独立于产品销售收益。

2. 产品租售商主导的后市场自主服务模式

产品租售商主导的后市场自主服务模式下,产品租售商从制造商那里购买了产品后,只对每个用户进行日常营运管理,产品维修交给产品制造商(如图 2.9 所示)。

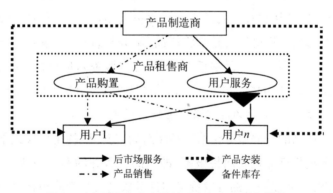

图 2.9　产品租售商主导的后市场自主服务模式

如图 2.9 所示,在这种渠道服务模式下,产品制造商的服务收益取决于其服务质量,如果服务质量不能够使产品租售商满意,那么制造商不会拿到产品租售商的全部用户服务订单。而另一方面,产品制造商较高的服务质量能够提高客户的满意度,增加对其品牌的忠诚度,稳定制造商品牌的市场占有率。产品运营是主导的后市场服务模式下,制造商逆向渠道的服务努力投入将决定其正向渠道的产品订货批量。

(二) 后市场服务外包模式

1. 专业化后市场服务组织

产品制造商将产品卖给产品租售商后,一方面由于产品市场占有率不高或者产品类型比较小众化,服务很难实现规模化,使得制造商的渠道投入很难收回成本;另一方面产品制造商不具备建立专门运维服务的实力,但在用户有运维需求的情况下,考虑到产品缺乏配套后市场服务可能影响到今后的销售,那么产品制造商会选择将产品的后市场服务外包给专业的第三方服务运维商(如图 2.10 所示)。

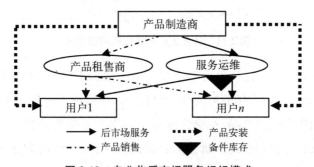

图 2.10　专业化后市场服务组织模式

如图 2.10 所示,产品制造商将产品卖给产品租售商后,承诺产品的运维服务,但制造商自己不做服务渠道的投入,而是将服务外包给服务运维商,服务运维商将根据每个用户的实际情况为其提供产品运维服务。制造商将服务外包给第三方这种模式相对于产品和服务独立模式而言,制造商不用考虑渠道资金投入规模问题,降低了单一企业在后市场服务过程中高固定投入,反而将产品渠道作为服务渠道的优势,这样销售渠道更加稳定,服务渠道的需求也相应固定。

2. 社会化后市场服务组织

考虑到我国产品后市场服务需求大,而且产品属于大型设备,因此后市场服务渠道的投入成本也很大,很难有大型的商业化企业不计成本地进行前期渠道投入。借鉴许多发达国家解决社会问题的实践经验,本节引入社会企业参与到产品后市场服务是弥补供需不足的新型企业形式(如图2.11所示)。社会企业能够利用非营利性组织的资金帮助,通过商业模式创新进行更多的产品/服务创新,提高产品/服务的质量和响应速度,以满足不同的社会需求。

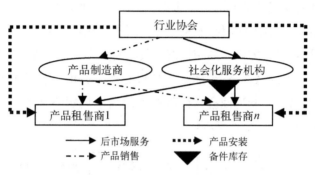

图 2.11 社会化后市场服务组织模式

如图 2.11 所示,社会化后市场服务组织模式下,行业相关组织可以参与投资,成立产品后市场服务的社会化机构。在这种渠道模式下,产品制造商为产品租售商提供产品,社会化服务机构为产品租售商提供产品运维服务。由于社会企业不以经济价值为目的的特殊性,在政府和相关行业组织的扶持下,具备一定运营能力,因此在提供社会价值方面更有效率,能够更快满足中国产品后市场服务的迫切需求。

从长远发展来看,产品制造商若要走向制造业服务化,实现企业升级转型,则不仅制造产品,还要参与用户的运维后市场服务;从单一的设备制造商转变为用户投资参与者以及用户运维的管理者和提供者,进入后市场服务附加值的更高领域。这不仅能够从提供产品的正常运行保养服务中获取销售以外的额外利润,还有利于定期回收需更新换代的产品;不仅满足了用户的服务需求,也有利于实现其再制造的规模效应,降低了回收再制造成本,进一步提升获利空间。

第 3 章

产品服务市场中厂商定价策略分析

第一节 产品服务市场与厂商定价逻辑

近年来,随着消费市场竞争的加剧,制造业的前市场利润不断缩减,利润相对较高的后市场服务越发受到重视。

一、后市场的锁定效应和客户群效应

越来越多的企业尝试将业务延伸至产品后市场服务,形成产品服务系统(Bates et al., 2013)。后市场服务指消费者在已购商品的后续使用过程中所需的服务,依托于前市场耐用性商品,并与之呈互补性,涉及部件替换、升级、维护等(Carlton and Waldman, 2010)。在经济发达的欧洲和美国,后市场服务已经成为解决就业问题与提供总附加价值的重要途径(Bikfalvi et al., 2013)。即便在经济相对落后的亚洲,自 2000 年起,后市场服务产生的 GDP 比重仍在超过 75% 的国家持续上升(Asian Development Bank, 2017)。在我国,已有超过 30% 的企业尝试将业务延伸至产品后市场服务(Li et al., 2015)。最近几年,产品服务系统更是与大数据和工业 4.0 相结合,产生了多种新兴的商业模式,如 GE 航空推出的"Power By Hour"长期飞机引擎的维护服务合约,在出售飞机引擎的同时与客户签订服务合约,并通过大数据按飞行时长收取费用。

然而，后市场服务存在锁定效应和客户群效应。锁定效应（Lock-in effect）指消费者在后市场中更倾向于选择由原始的一级市场供应商提供的服务或产品的现象。客户群效应（Installed base）指消费者在后市场中的需求依赖于前市场的销量的现象。

由于锁定效应和客户群效应，运营后市场的复杂性远超前市场中简单的产品制造与销售。为了在后市场中取得成功，合理地制定价格组合策略至关重要（Cohen et al.，2006），为此，首先需要研究前市场产品价格与后市场服务价格之间的联系。Carlton and Waldman（2010）考虑了客户转换选择成本，构建了竞争的前市场和垄断的后市场模型，分析了前市场产品定价与后市场服务定价之间的相互影响。Emch（2003）在消费者异质性的假设下，研究了垄断市场和寡头市场中前市场与后市场中的定价问题。他认为后市场中普遍存在的溢价现象是由消费者异质性引起的。Miao（2010）则研究短视消费者对前市场与后市场中价格的影响。以上研究的重点在于前后市场间价格的联系，以及后市场中可能存在的溢价问题的原因。也有学者从企业利润最大化的角度进行后市场的定价研究。沈铁松和熊中楷（2010）在制造商对后市场中的增值服务有多种可能的承诺的前提下研究了后市场中的服务定价问题。然而，他们的研究没有考虑前市场中的价格决策。Ferrer 等（2010）利用消费者选择模型和动态规划研究后市场中质量差异化的捆绑定价。韩小鹏等（2015）在企业资源有限的前提下研究了后市场服务差异化问题。Liang et al.（2017）在前市场产品捆绑的前提下，考虑了后市场供应链中的协调问题。他们的研究仅考虑了后市场中的客户群效应，而忽略了后市场中的锁定效应。

二、研究后市场厂商定价的主要动机

本章试图回答以下三个问题：（1）导致后市场中溢价现象的原因是什么？（2）厂商面对复杂的后市场机制，其最优的定价方案是什么？（3）面对短视的消费者，除了进行合理定价以外，厂商是否可以通过教育消费者（如广告宣传等）提高后市场中的效率？因此，基于产品服务后市场的特征和二次型的消费者效用函数，本章考虑了消费者短视程度的差异性并建立了垄断厂商与消费者之间的博弈模型。

本章的研究贡献在于发现了:(1)当消费者在前市场中的需求量受到市场价格影响时,消费者的短视行为而非消费者的异质性导致后市场溢价效应,并影响后市场中服务的价格。(2)厂商的数量-价格菜单合约定价策略,在后市场实施优于在前市场实施,且在消费者短视程度较高或客户群效应较弱时,在后市场中采用数量-价格菜单合约定价可以提升厂商的利润。(3)当市场中消费者的短视程度存在差异性时,面对不同市场规模、价格弹性、客户群效应和消费者短视性组合的复杂市场环境,仿真结果表明在后市场中采用数量-价格菜单合约差异化定价的厂商的绩效是最优的。(4)厂商是否有意愿通过宣传教育以有效规避消费者的短视行为,依赖于厂商自身的定价策略,直接进行差异化定价或在前市场中采用数量-价格菜单合约差异化定价策略的厂商有动机通过宣传教育来引导消费者规避其短视行为,而在后市场中采用数量-价格菜单合约差异化定价策略的厂商则要考虑宣传教育的具体引导效果。

第二节　面向理性消费者的厂商定价决策

一、消费者的效用函数

为了保证效用函数的存在,效用函数需要满足完备性、自反性、传递性、连续性和强单调性五个特征(马斯-克莱尔等,2014)。特别地,对于厌恶风险的消费者,效用函数为凹函数,常见的效用函数有二次型效用函数和幂效用函数(马斯-克莱尔等,2014)。其中,二次型效用函数对应线性的需求函数,对于一个效用函数为 $U(q) = Aq - \gamma q^2$ 的消费者,其效用最大化的解为 $q^* = A/2\gamma - p/2\gamma$。本章假设消费者在前市场中的效用 $U(q_1)$ 符合二次型效用函数的特征,即:

$$U_1(q_1) = Aq_1 - \gamma q_1^2 - p_1 q_1$$

其中，p_1 为前市场中的产品价格，q_1 为消费者在前市场中的产品购买量，γ 为消费者对于前市场产品的数量敏感系数，A 是一个与前市场中潜在需求相关的系数。不失一般性，$A>0$，$\gamma>0$。为了保证效用函数的单调性，有 $q_1 \leqslant A/2\gamma$。

由于客户群效应，消费者在后市场中的服务需求与前市场的购买量相关。具体而言，消费者在后市场中的潜在需求应为前市场消费量的一个函数，通常两者成正比关系。厂商提供统一的服务水平，并按照服务次数收费。该商业模式常见于所提供服务的水平难以测量的情景，如金风科技提供标准化风电设备维护时，依据维护的设备台数收取服务费。综上所述，消费者在后市场中的效用 $U(q_2)$ 可以表示为：

$$U_2(q_2) = \lambda q_1 q_2 - \theta q_2^2 - p_2 q_2$$

其中，p_2 为后市场中的服务价格，q_2 为消费者在后市场中的服务消费量，θ 为消费者对于后市场服务的数量敏感系数，λ 衡量客户群效应的程度，p_1 为前市场产品的价格。不失一般性，$\lambda>0$，$\theta>0$。为了保证效用函数的单调性，有 $q_2 \leqslant \lambda q_1/2\theta$。

理性的消费者在购买前市场产品时，会综合考虑其在前市场和后市场中所获得的效用。因此，理性消费者的综合效用为：

$$U = Aq_1 - \gamma q_1^2 + \lambda q_1 q_2 - \theta q_2^2 - p_1 q_1 - p_2 q_2$$

二、厂商的定价决策

Emch(2003)在研究后市场价格时，假设消费者在前市场中的需求量不受市场价格影响，消费者仅选择购买或不购买，若选择购买则成为后市场中的潜在消费群体。本章放松了这一限制，针对更一般的情况进行建模。由于厂商以利润最大化为目标，因此，厂商所面对的决策问题为：

$$\max_{p_1,p_2} \pi = p_1 q_1(p_1, p_2) + p_2 q_2(p_1, p_2) \tag{3-1}$$

$$\text{s.t.} \max_{q_1,q_2} U = Aq_1 - \gamma q_1^2 + \lambda q_1 q_2 - \theta q_2^2 - p_1 q_1 - p_2 q_2 \tag{3-2}$$

博弈模型根据逆向求解，先由式(3-2)可得：

【定理 3-1】 当且仅当 $\lambda < 2\sqrt{\theta\gamma}$ 时,产品服务系统中理性消费者的效用最大化问题存在最优解,且其最优解为:

$$\begin{cases} q_1^* = \dfrac{2\theta A - 2\theta p_1 - \lambda p_2}{4\theta\gamma - \lambda^2} \\ q_2^* = \dfrac{\lambda A - \lambda p_1 - 2\gamma p_2}{4\theta\gamma - \lambda^2} \end{cases}$$

将定理 3-1 的结果再代入式(3-1),有:

$$\max_{p_1, p_2} \pi = \frac{1}{4\theta\gamma - \lambda^2}(-2\theta p_1^2 - 2\lambda p_1 p_2 - 2\gamma p_2^2 + 2\theta A p_1 + \lambda A p_2) \tag{3-3}$$

由式(3-3)一阶偏导和二阶偏导可得:

【定理 3-2】 厂商的利润最大化问题存在最优解,且其最优解为:

$$\begin{cases} p_1^* = \dfrac{A}{2} \\ p_2^* = 0 \end{cases}$$

以上定理说明,即使理性的消费者在前市场中的需求量受到厂商所制定的价格的影响,厂商仍然以等于边际成本的价格在后市场中提供服务,并通过高额的前市场定价攫取消费者的剩余。这与 Emch(2003)所得到的结论一致。然而,本章研究的情况中,厂商不能再依靠前市场的收费获得所有消费者剩余,因此,消费者的异质性并不能影响厂商在后市场中的定价策略。

事实上,对于在参数 γ、θ、λ 中存在差异的消费者群体,厂商在前市场与后市场中的定价策略并不受影响,而对于在参数 A 中存在差异的消费者群体,厂商在前市场中的定价则应调整为 $p_1^* = EA/2$,其中 EA 为参数 A 的期望。

第三节 面向短视消费者的厂商定价决策

定理 3-2 表明,当消费者在前市场与后市场中的需求均受到厂商的定价策略影响时,即使面对异质化的消费者,厂商仍然没有动机在后市场中溢价收费。然而,在实际的商业活动中,后市场服务溢价的现象普遍存在。如1992年引发各界讨论的柯达案,柯达通过拒绝向第三方服务商提供零配件的方式垄断了自己生产的影印机的服务后市场,并在后市场中以高价盈利。Miao(2010)为了解释这一现象,引入了短视消费者的概念,认为市场中存在着一部分短视的消费者,他们仅关注当期的前市场效用,而不考虑未来的后市场效用。本节内容讨论短视消费对本章模型的影响。

一、消费者短视性的刻画

相对于未来在后市场中获得效用,短视的消费者更重视当期在前市场中的效用,Calzada 和 Valletti(2012)引入贴现率 δ 描述消费者短视性,本章借鉴其成果,认为消费者在后市场中获得的效用将以 δ 贴现,即:

$$U_2(q_2) = \delta(\lambda q_1 q_2 - \theta q_2^2 - p_2 q_2)$$

式中,$0 \leqslant \delta \leqslant 1$,也就是说,相对于在未来产品后市场服务中获得的效用,消费者更愿意在前市场中立即获得效用。当 $\delta=0$ 时,消费者完全不考虑后市场中所获得的效用,这对应了 Miao(2010)模型中的完全短视消费者,而当 $\delta=1$ 时,消费者充分考虑了前市场和后市场中所获得的效用,对应了本章第二节中的理性消费者。在现实生活中,消费者是有限理智的,既不会完全短视,也不会充分考虑未来在后市场中的效用。本节下面的模型适用于这一情景。

二、厂商的定价决策

厂商仍以利润最大化为目标。将定理3-2的结果带入厂商的利润函数,有:

$$\max_{p_1, p_2} \pi = p_1 q_1(p_1, p_2) + p_2 q_2(p_1, p_2) \tag{3-4}$$

$$\text{s.t.} \max_{q_1, q_2} U = Aq_1 - \gamma q_1^2 - p_1 q_1 + \delta(\lambda q_1 q_2 - \theta q_2^2 - p_2 q_2) \tag{3-5}$$

同样根据逆序求解,先由式(3-5)的一阶偏导和二阶偏导可得:

【定理 3-3】 当且仅当 $\lambda < 2\sqrt{\theta\gamma/\delta}$，短视消费者的效用最大化问题存在最优解，且最优解为：

$$\begin{cases} q_1^* = \dfrac{2\theta A - 2\theta p_1 - \delta\lambda p_2}{4\theta\gamma - \delta\lambda^2} \\ q_2^* = \dfrac{\lambda A - \lambda p_1 - 2\gamma p_2}{4\theta\gamma - \delta\lambda^2} \end{cases}$$

对比上式，有：

【推论 3-1】 消费者短视程度的提高降低了后市场中的需求。消费者的短视程度对前市场需求的影响取决于厂商制定的价格，消费者短视程度的上升将提高前市场中的需求，当且仅当：

$$p_1 < A - \frac{2\lambda^2 p_2}{\gamma^2}$$

反之则反。

短视消费者的存在使得后市场中的需求降低，这是因为消费者在后市场中获得的效用降低，因此消费者将减少在后市场中的消费。然而，消费者并不一定因此而增加前市场消费，如果前市场中的价格过高，消费者将同时减少前市场和后市场的消费，导致前后市场的需求量同时降低。

将定理 3-3 的结果代入式 (3-4)，有：

$$\pi = \frac{1}{4\theta\gamma - \delta\lambda^2}(-2\theta p_1^2 - \lambda p_1 p_2 - \delta\lambda p_1 p_2 - 2\gamma p_2^2 + 2\theta A p_1 + \lambda A p_2) \tag{3-6}$$

由逆序求解可得：

【定理 3-4】 厂商在面对短视消费者时的问题存在最优解，且其最优解为：

$$\begin{cases} p_1^* = \dfrac{(8\theta\gamma - (1+\delta)^2\lambda^2)A}{16\theta\gamma - (1+\delta)^2\lambda^2} \\ p_2^* = \dfrac{2(1-\delta)\theta\lambda A}{16\theta\gamma - (1+\delta)^2\lambda^2} \end{cases}$$

注意到当消费者具有短视性时,前市场中的产品价格降低,而厂商在后市场中提供服务收取的价格高于其边际成本,后市场中出现溢价现象。Miao(2010)的研究表明,寡头市场中短视消费者的出现会导致后市场中溢价现象的产生,而定理 3-4 表明,即使是垄断市场,消费者的短视行为仍然会使得厂商有动机以大于边际成本的价格提供服务,从而导致后市场的溢价现象。

第四节 数量-价格菜单合约下厂商的定价组合选择

通过定理 3-4 还可以求出面对短视消费者时厂商的最优利润和此时的消费者效用:

$$\pi_{mf} = \frac{2\theta A^2}{16\theta\gamma - (1+\delta)^2 \lambda^2} \tag{3-7}$$

$$U_{mf} = \frac{4(16\theta\gamma + (\delta^3 + 2\delta^2 - 3\delta)\lambda^2)\theta^2 \gamma A^2}{(4\theta\gamma - \delta\lambda^2)(16\theta\gamma - (1+\delta)^2\lambda^2)^2} \tag{3-8}$$

易知 $U_{mf} > 0$,此时,消费者获得一个正的效用,厂商并不能通过第三节中的定价机制获得全部消费者的剩余。为了提高利润,厂商可以使用数量-价格菜单合约的定价模式,在前市场或后市场进行批量销售,提高消费者在前市场或后市场的消费量,并通过产品服务组合价格获取消费者的全部剩余。

一、厂商在前市场中采用数量-价格菜单合约

厂商在前市场中采用数量-价格菜单合约,这一销售策略常见于大型设备,如为轨道交通换乘、高层居民住宅提供的电梯等。此时,厂商在前市场中制定数量-价格组合,并在后市场中制定统一的服务价格,他所面对的问题可以表示为:

$$\max_{p_1, q_1, p_2} \pi = p_1 q_1 + p_2 q_2$$

$$\text{s.t.} \begin{cases} q_2 = \underset{q_2}{\operatorname{argmax}} \, Aq_1 - \gamma q_1^2 - p_1 q_1 + \delta(\lambda q_1 q_2 - \theta q_2^2 - p_2 q_2) \\ U = \underset{q_2}{\max} \, Aq_1 - \gamma q_1^2 - p_1 q_1 + \delta(\lambda q_1 q_2 - \theta q_2^2 - p_2 q_2) \geqslant 0 \end{cases}$$

厂商与消费者之间构成了一个厂商领导的斯塔克尔伯格博弈。消费者在观察到厂商的定价后选择是否购买前市场产品并选择在后市场中的服务购买量。上式中的第二个约束为个体理性约束，以保证消费者购买产品获得非零的效用，因而有意愿选择购买。

利用逆序求解可以得出：

【定理 3-5】 当且仅当 $\lambda < 2\sqrt{\theta\gamma/\delta}$，厂商在前市场中采用数量-价格菜单合约时存在最优解，最优解如下：

$$\begin{cases} p_1^* = \dfrac{(4(2-\delta)\theta\gamma + \delta\lambda^2)A}{8(2-\delta^2)\theta\gamma} \\ p_2^* = \dfrac{(1-\delta)\lambda A}{2(2-\delta)\gamma} \\ q_1^* = \dfrac{A}{2\gamma} \end{cases}$$

对比定理 3-5 与定理 3-3、定理 3-4 的结果可知，厂商在前市场中采用数量-价格菜单合约时，会选择提高前市场中的产品销售量，以提高后市场中的客户基数，充分利用后市场中的客户群效应。此时，厂商通过前市场的售价获取消费者的全部效用。

二、厂商在后市场中采用数量-价格菜单合约

厂商也可以在后市场中采用数量-价格菜单合约，最常见的例子是移动通信运营商，如中国移动、中国联通等。移动通信运营商常常以较低的价格售卖甚至免费赠送手机，而要求消费者连续使用一段时间的通信服务，在这些合约中，通常还有每月最低消费要求。使用这一销售策略的厂商所面对的问题可以表示为：

$$\max_{p_1, p_2, q_2} \pi = p_1 q_1 + p_2 q_2$$

$$\text{s.t.} \begin{cases} q_1 = \underset{q_1}{\operatorname{argmax}} \, A q_1 - \gamma q_1^2 - p_1 q_1 + \delta(\lambda q_1 q_2 - \theta q_2^2 - p_2 q_2) \\ U = \max_{q_1} A q_1 - \gamma q_1^2 - p_1 q_1 + \delta(\lambda q_1 q_2 - \theta q_2^2 - p_2 q_2) \geqslant 0 \end{cases}$$

【定理 3-6】 厂商在后市场中采用数量-价格菜单合约时存在最优解为：

$$\begin{cases} p_1^* = \dfrac{\delta^2 \lambda^2 A}{4\theta\gamma} \\ p_2^* = \dfrac{4\gamma\theta - \delta^3 \lambda^2 A}{4\delta^2 \gamma \lambda} \\ q_2^* = \dfrac{\delta \lambda A}{4\theta\gamma} \end{cases}$$

由定理 3-6 还可以计算出消费者在该厂商策略下的前市场产品消费量：$q_1^* = A/2\gamma$。对比定理 3-5 的结论可知，尽管厂商不能直接确定消费者在前市场的产品消费量，但为了充分利用后市场的客户群效应，厂商仍然以极低的价格在前市场中销售产品，以获得在后市场中的客户基数。不同的是，在这一策略下，厂商通过后市场中的服务价格获得消费者的全部效用。

第五节　厂商的策略选择

通过定理 3-5 和定理 3-6，还可以计算出厂商在各销售策略下的最大利润：

$$\pi_{ff} = \frac{(4(2-\delta)\theta\gamma + \lambda^2)A^2}{(2-\delta)16\delta\theta\gamma^2} \tag{3-9}$$

$$\pi_{af} = \frac{(\delta^3 \lambda^2 + 4\theta\gamma)A^2}{16\delta\theta\gamma^2} \tag{3-10}$$

【推论 3-2】 厂商在后市场中采用数量-价格菜单合约优于在前市场中采用数量-价格菜单合约。特别地，当 $\delta = 1$ 时，厂商使用两种策略的利润相等。虽然使用两种定价策略的厂商都会直接地或间接地设法使消费者在前市场中购买尽可能多的产品,然而,两种策略下的消费者在后市场中的行为不同。当厂商在前市场中采用数量-价格组合策略时,消费者在后市场中自主选择消费的服务量。由于消费者仅关注自己的效用而非整个系统的效率,此时消费者的选择并不是最有效率的。Carlton 和 Waldman(2010)观察到了这一现象,并认为由于竞争市场的零利润条件,垄断的后市场厂商反而可以提高市场的效率。类似地,在本节中,由于厂商可以通过后市场的收费获取消费者所有的利润,因此,当厂商可以通过后市场的数量-价格菜单合约控制消费者在后市场的行为时,厂商会选择使整个系统最有效率(同时也使自己的利润最大化)的服务量。

【推论 3-3】厂商在后市场中采用数量-价格菜单合约能够提高利润,当且仅当:

$$32\theta^2\gamma^2 - (\delta^3\lambda^2 + 4\theta\gamma)(16\theta\gamma - (1+\delta)^2\lambda^2) < 0$$

图 3.1 显示了厂商在后市场中采用数量-价格菜单合约能够提高利润的区域。

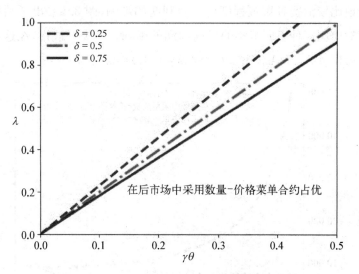

图 3.1　厂商在后市场中采用数量-价格菜单合约时的等利润线

图 3.1 中分别绘出了消费者不同短视程度时两种策略的等利润线。可以看出,如果消费者对(前市场或后市场中)产品服务数量的敏感系数相对

较大,即消费者的需求为刚性时,厂商在后市场中采用数量-价格菜单合约更有效率。这是因为刚性需求的消费者对价格并不敏感,因此当厂商仅通过定价调整消费者的购买量时效率较低,而在后市场中采用数量-价格菜单合约的厂商可以直接控制消费者在后市场中的购买量,因此效率较高。

从图3.1中还可以看出,当后市场中的客户群效应较低时,厂商在后市场中采用数量-价格菜单合约效率较高。这是因为客户群效应较低时,厂商无法通过单纯的定价刺激消费者的需求,因此在后市场中采用数量-价格菜单合约的厂商的优势更加明显。

此外,图3.1显示对于短视程度更高的消费者,厂商更应该在后市场中采用数量-价格菜单合约。这是因为短视的消费者不关注后市场中的效用,因而会减少后市场中的消费量,而后市场中的数量-价格菜单合约可以令厂商直接控制消费者在后市场中的消费的服务量,消除了消费者短视性的不利影响。

由推论3-3可知,面对消费者短视程度同质化的市场,当消费者的短视程度提高时,厂商在后市场中进行数量-价格组合定价的优势提高。为了更清楚地比较消费者短视程度对厂商利润的影响,图3.2绘出了消费者短视程度对使用三种不同策略的厂商利润的影响。不失一般性,在这一算例中我们假设 $\mu=0.5, A=100, \theta=0.4, \lambda=0.8, \gamma=0.5$。

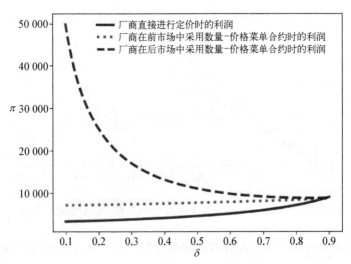

图3.2 消费者短视程度对使用三种不同策略的厂商利润的影响

由图 3.2 可知，当消费者的短视程度降低时，三种策略下厂商的利润逐渐缩小，直接制定前后市场价格和在前市场中进行数量-价格菜单合约差异化定价的厂商利润上升，而在后市场中进行数量-价格菜单合约差异化定价的厂商利润下降。这是因为当消费者的短视程度下降时，消费者所获得的效用更多，因此愿意购买更多的产品，厂商直接制定前后市场价格时可以卖出更多产品，因而利润上升；同时，对于在前市场中采用产品数量-价格菜单合约差异化定价策略的厂商，消费者短视程度的下降使得消费者愿意消费更多的后市场服务，因而利润上升。然而，对于在后市场中进行数量-价格菜单合约差异化定价的厂商，其在后市场中的销量是可以控制的，而当消费者短视程度下降时，消费者在前市场中的消费量减少，因此降低了厂商的利润。

第六节 消费者短视程度异质性的讨论

在现实中，消费者的类型并不是单一的，消费者异质性的现象普遍存在。本节研究消费者异质性对厂商策略选择的影响。假设存在两种消费者，他们的远视程度分别为 δ_L 和 δ_H，且 $\delta_L < \delta_H$，两种消费者所占的比例分别为 μ 和 $1-\mu$。厂商知道消费者类型的分布，但不知道消费者具体的类型。为了区分两种消费者以实现利润最大化，厂商实行差异化定价策略，即为消费者提供两种价格供消费者进行选择。消费者知道自己的类型，并选择是否购买和如果购买或接受服务时的购买或接受服务的数量以使得自己的效用最大化。根据显示原理，本节仅研究厂商给出的价格激励相容的情况。

一、直接差异化定价

厂商分别给出前市场与后市场的不同价格组合，这种定价策略对应于第三节。对于 x 类型的消费者（$x=L$ 或 H），其效用最大化可以表示为：

$$\max_{q_{1x}, q_{2x}} U = A q_{1x} - \gamma q_{1x}^2 - p_{1x} q_{1x} + \delta_x (\lambda q_{1x} q_{2x} - \theta q_{2x}^2 - p_{2x} q_{2x})$$

解得：

$$\begin{cases} q_{1x}^* = \dfrac{2\theta A - 2\theta p_{1x} - \delta\lambda p_{2x}}{4\theta\gamma - \delta_x\lambda^2} \\ q_{2x}^* = \dfrac{\lambda A - \lambda p_{1x} - 2\gamma p_{2x}}{4\theta\gamma - \delta_x\lambda^2} \end{cases} \tag{3-11}$$

此时消费者的间接效用函数为：

$$V_x(p_{1x}, p_{2x}) = \frac{1}{4\theta\gamma - \delta_x\lambda^2}(\theta A^2 - 2\theta A p_{1x} + \theta p_{1x}^2$$

$$+ \delta_x \lambda p_{1x} p_{2x} - \delta_x \lambda A p_{2x} + \delta_x \gamma p_{2x}^2) \tag{3-12}$$

厂商预见消费者的选择，在此基础上设计前后市场的价格组合（p_{1L}，p_{2L}）和（p_{1H}，p_{2H}）供消费者选择，厂商利润最大化问题可以表示为：

$$\max_{p_{1L}, p_{1H}, p_{2L}, p_{2H}} \pi$$

$$= \frac{\mu}{4\theta\gamma - \delta_L\lambda^2}(2A\theta p_{1L} - 2\theta p_{1L}^2 - \delta_L\lambda p_{2L} p_{1L} + A\lambda p_{2L} - \lambda p_{1L} p_{2L} - 2\gamma p_{2L}^2)$$

$$+ \frac{1-\mu}{4\theta\gamma - \delta_H\lambda^2}(2A\theta p_{1H} - 2\theta p_{1H}^2 - \delta_H\lambda p_{2H} p_{1H} + A\lambda p_{2H} - \lambda p_{1H} p_{2H} - 2\gamma p_{2H}^2)$$

$$\text{s.t.} \begin{cases} \dfrac{1}{4\theta\gamma - \delta_L\lambda^2}(\theta A^2 - 2\theta A p_{1L} + \theta p_{1L}^2 + \delta_L \lambda p_{1L} p_{2L} \\ \quad - \delta_L \lambda A p_{2L} + \delta_L \gamma p_{2L}^2) \geqslant 0 \tag{3-13} \\ \dfrac{1}{4\theta\gamma - \delta_H\lambda^2}(\theta A^2 - 2\theta A p_{1H} + \theta p_{1H}^2 + \delta_H \lambda p_{1H} p_{2H} \\ \quad - \delta_H \lambda A p_{2H} + \delta_H \gamma p_{2H}^2) \geqslant 0 \tag{3-14} \\ \dfrac{1}{4\theta\gamma - \delta_L\lambda^2}(\theta A^2 - 2\theta A p_{1L} + \theta p_{1L}^2 + \delta_L \lambda p_{1L} p_{2L} \\ \quad - \delta_L \lambda A p_{2L} + \delta_L \gamma p_{2L}^2) \geqslant \dfrac{1}{4\theta\gamma - \delta_L\lambda^2}(\theta A^2 - 2\theta A p_{1H} \\ \quad + \theta p_{1H}^2 + \delta_L \lambda p_{1H} p_{2H} - \delta_L \lambda A p_{2H} + \delta_L \gamma p_{2H}^2) \tag{3-15} \\ \dfrac{1}{4\theta\gamma - \delta_H\lambda^2}(\theta A^2 - 2\theta A p_{1H} + \theta p_{1H}^2 + \delta_H \lambda p_{1H} p_{2H} \\ \quad - \delta_H \lambda A p_{2H} + \delta_H \gamma p_{2H}^2) \geqslant \dfrac{1}{4\theta\gamma - \delta_H\lambda^2}(\theta A^2 - 2\theta A p_{1L} \\ \quad + \theta p_{1L}^2 + \delta_H \lambda p_{1L} p_{2L} - \delta_H \lambda A p_{2L} + \delta_H \gamma p_{2L}^2) \tag{3-16} \end{cases}$$

其中，约束(3-12)和约束(3-13)为个体理性约束，约束(3-14)和约束(3-15)为激励相容约束。

【定理 3-7】 厂商直接差异化定价时，L 型消费者获得的效用更大。

二、厂商在前市场中采用数量-价格菜单合约差异化定价

厂商也可能为前市场中的产品设定数量-价格菜单套餐合约供消费者选择，这种定价策略对应第四节第一部分。具体而言，厂商制定统一的后市场服务价格 p_2，并在前市场中提供 (p_{1L}, q_{1L}) 和 (p_{1H}, q_{1H}) 的数量-价格组合供消费者选择。对于 x 类型的消费者($x=L$ 或 H)，其效用最大化问题可以表示为：

$$\max_{q_{2x}} U = Aq_{1x} - \gamma q_{1x}^2 - p_{1x}q_{1x} + \delta_x(\lambda q_{1x}q_{2x} - \theta q_{2x}^2 - p_2 q_{2x})$$

解得：

$$q_{2x} = \frac{\lambda q_{1x} - p_{2x}}{2\theta}$$

此时消费者的间接效用函数为：

$$V_x(p_{1x}, q_{1x}, p_2) = Aq_{1x} - \gamma q_{1x}^2 - p_{1x}q_{1x} + \frac{\delta_x}{4\theta}(\lambda q_{1x} - p_2)^2 \tag{3-17}$$

则厂商的利润最大化问题可以描述为：

$$\max_{p_{1L}, p_{1H}, q_{1L}, q_{1H}, p_2} \pi = \mu\left(p_{1L}q_{1L} + \frac{p_2\lambda q_{1L} - p_2^2}{2\theta}\right) + (1-\mu)\left(p_{1H}q_{1H} + \frac{p_2\lambda q_{1H} - p_2^2}{2\theta}\right)$$

$$\text{s.t.} \begin{cases} Aq_{1L} - \gamma q_{1L}^2 - p_{1L}q_{1L} + \frac{\delta_L}{4\theta}(\lambda q_{1L} - p_2)^2 \geqslant 0 & (3\text{-}18) \\[6pt] Aq_{1H} - \gamma q_{1H}^2 - p_{1H}q_{1H} + \frac{\delta_H}{4\theta}(\lambda q_{1H} - p_2)^2 \geqslant 0 & (3\text{-}19) \\[6pt] Aq_{1L} - \gamma q_{1L}^2 - p_{1L}q_{1L} + \frac{\delta_L}{4\theta}(\lambda q_{1L} - p_2)^2 \\[3pt] \quad \geqslant Aq_{1H} - \gamma q_{1H}^2 - p_{1H}q_{1H} + \frac{\delta_L}{4\theta}(\lambda q_{1H} - p_2)^2 & (3\text{-}20) \\[6pt] Aq_{1H} - \gamma q_{1H}^2 - p_{1H}q_{1H} + \frac{\delta_H}{4\theta}(\lambda q_{1H} - p_2)^2 \\[3pt] \quad \geqslant Aq_{1L} - \gamma q_{1L}^2 - p_{1L}q_{1L} + \frac{\delta_H}{4\theta}(\lambda q_{1L} - p_2)^2 & (3\text{-}21) \end{cases}$$

其中,约束(3-17)和约束(3-18)为个体理性约束,约束(3-19)和约束(3-20)为激励相容约束。

【定理 3-8】 厂商在前市场中采用数量-价格菜单合约差异化定价:

(1) 厂商的问题可以简化为二次规划问题:

$$\max_{q_{1L}, q_{1H}, p_2} \pi = \mu \left(A q_{1L} - \gamma q_{1L}^2 + \frac{\delta_L}{4\theta} (\lambda q_{1L} - p_2)^2 + \frac{p_2 \lambda q_{1L} - p_2^2}{2\theta} \right)$$

$$+ (1-\mu) \left(q_{1H} - \gamma q_{1H}^2 + \frac{\delta_H}{4\theta} (\lambda q_{1H} - p_2)^2 \right.$$

$$\left. + \frac{p_2 \lambda q_{1H} - p_2^2}{2\theta} - \frac{\delta_H - \delta_L}{4\theta} (\lambda q_{1L} - p_2)^2 \right)$$

(2) H 型消费者获得非负的效用,而 L 型消费者获得零效用。

三、厂商在后市场中采用数量-价格菜单合约差异化定价

厂商的另一种定价策略对应第四节第二部分,即为后市场中的服务设定数量-价格组合合约套餐供消费者选择。此时,厂商制定统一的前市场产品价格 p_1,并在后市场中提供 (p_{2L}, q_{2L}) 和 (p_{2H}, q_{2H}) 的数量-价格组合供消费者选择。对于 x 类型的消费者($x = L$ 或 H),其效用最大化问题可以表示为:

$$\max_{q_{1x}} U = A q_{1x} - \gamma q_{1x}^2 - p_{1x} q_{1x} + \delta_x (\lambda q_{1x} q_{2x} - \theta q_{2x}^2 - p_2 q_{2x})$$

解得:

$$q_{1x} = \frac{A - p_1 + \delta_x \lambda q_2}{2\gamma}$$

此时消费者的间接效用函数为:

$$V_x(p_{1x}, q_{1x}, p_2) = \frac{(\delta_x \lambda q_{2x} + A - p_1)^2}{4\gamma} - \delta_x \theta q_{2x}^2 - \delta_x p_{2x} q_{2x}$$

(3-22)

则厂商的问题可以描述为:

$$\max_{p_{2L},p_{2H},q_{2L},q_{2H},p_1} \pi = \mu\left(\frac{Ap_1 - p_1^2 + \delta_L\lambda p_1 q_{2L}}{2\gamma} + p_{2L}q_{2L}\right)$$
$$+ (1-\mu)\left(\frac{Ap_1 - p_1^2 + \delta_H\lambda p_1 q_{2H}}{2\gamma} + p_{2H}q_{2H}\right)$$

$$\text{s.t.} \begin{cases} \dfrac{(\delta_L\lambda q_{2L} + A - p_1)^2}{4\gamma} - \delta_L\theta q_{2L}^2 - \delta_L p_{2L}q_{2L} \geqslant 0 & (3\text{-}23) \\[2mm] \dfrac{(\delta_H\lambda q_{2H} + A - p_1)^2}{4\gamma} - \delta_H\theta q_{2H}^2 - \delta_H p_{2H}q_{2H} \geqslant 0 & (3\text{-}24) \\[2mm] \dfrac{(\delta_L\lambda q_{2L} + A - p_1)^2}{4\gamma} - \delta_L\theta q_{2L}^2 - \delta_L p_{2L}q_{2L} \\[2mm] \geqslant \dfrac{(\delta_L\lambda q_{2H} + A - p_1)^2}{4\gamma} - \delta_L\theta q_{2H}^2 - \delta_L p_{2H}q_{2H} & (3\text{-}25) \\[2mm] \dfrac{(\delta_H\lambda q_{2H} + A - p_1)^2}{4\gamma} - \delta_H\theta q_{2H}^2 - \delta_H p_{2H}q_{2H} \\[2mm] \geqslant \dfrac{(\delta_H\lambda q_{2L} + A - p_1)^2}{4\gamma} - \delta_H\theta q_{2L}^2 - \delta_H p_{2L}q_{2L} & (3\text{-}26) \end{cases}$$

其中,约束(3-22)和约束(3-23)为个体理性约束,约束(3-24)和约束(3-25)为激励相容约束。

【引理 3-1】 厂商在后市场中采用数量-价格菜单合约差异化定价的最优策略是下面两个二次优化问题的最优解之一。

(1) 策略 1。

$$\max_{q_{2L},q_{2H},p_1} \pi = \mu\left(\frac{Ap_1 - p_1^2 + \delta_L\lambda p_1 q_{2L}}{2\gamma} + \frac{(\delta_L\lambda q_{2L} + A - p_1)^2}{4\delta_L\gamma} - \theta q_{2L}^2\right)$$
$$+ (1-\mu)\left(\begin{array}{l} \dfrac{Ap_1 - p_1^2 + \delta_H\lambda p_1 q_{2H}}{2\gamma} + \dfrac{(\delta_H\lambda q_{2H} + A - p_1)^2}{4\delta_H\gamma} - \theta q_{2H}^2 \\[2mm] - \dfrac{\delta_L(\delta_H\lambda q_{2L} + A - p_1)^2 - \delta_H(\delta_L\lambda q_{2L} + A - p_1)^2}{4\gamma\delta_L\delta_H} \end{array}\right)$$

$$\text{s.t.} \begin{cases} p_1 \geqslant A - \sqrt{\delta_L\delta_H}\lambda q_{2L} \\ q_{2L} \leqslant q_{2H} \end{cases}$$

此时,H 型消费者获得非负的效用,而 L 型消费者获得零效用。

(2) 策略 2。

$$\max_{q_{2L}, q_{2H}, p_1} \pi = \mu \left(\frac{Ap_1 - p_1^2 + \delta_L \lambda p_1 q_{2L}}{2\gamma} + \frac{(\delta_L \lambda q_{2L} + A - p_1)^2}{4\delta_L \gamma} - \theta q_{2L}^2 \right. \\ \left. - \frac{\delta_H(\delta_L \lambda q_{2H} + A - p_1)^2 - \delta_L(\delta_H \lambda q_{2H} + A - p_1)^2}{4\gamma \delta_L \delta_H} \right) \\ + (1-\mu)\left(\frac{Ap_1 - p_1^2 + \delta_H \lambda p_1 q_{2H}}{2\gamma} + \frac{(\delta_H \lambda q_{2H} + A - p_1)^2}{4\delta_H \gamma} - \theta q_{2H}^2 \right)$$

$$\text{s.t.} \begin{cases} p_1 \leqslant A - \sqrt{\delta_L \delta_H}\lambda q_{2H} \\ q_{2L} \leqslant q_{2H} \end{cases}$$

此时，L 型消费者获得非负的效用，而 H 型消费者获得零效用。

引理 3-1 揭示了在后市场中采用数量-价格菜单合约差异化定价的厂商两种具体的策略：(1) 厂商在前市场中制定高额的价格，此时，相对短视的消费者的效用为零，而相对理性的消费者获得正效用，厂商的主要目标消费群体是相对理性的消费者；(2) 厂商在前市场中制定低廉的价格，此时，相对理性的消费者的效用为零，而相对短视的消费者获得正效用，厂商的主要目标消费群体是相对短视的消费者。

【引理 3-2】 引理 3-1 中的策略(2)弱优于策略(1)。

由引理 3-1 和引理 3-2 可得：

【定理 3-9】 厂商在后市场中进行数量-价格菜单合约差异化定价时：

(1) 厂商的问题可以简化为二次规划问题：

$$\max_{q_{2L}, q_{2H}, p_1} \pi = \mu \left(\frac{Ap_1 - p_1^2 + \delta_L \lambda p_1 q_{2L}}{2\gamma} + \frac{(\delta_L \lambda q_{2L} + A - p_1)^2}{4\delta_L \gamma} - \theta q_{2L}^2 \right. \\ \left. - \frac{\delta_H(\delta_L \lambda q_{2H} + A - p_1)^2 - \delta_L(\delta_H \lambda q_{2H} + A - p_1)^2}{4\gamma \delta_L \delta_H} \right) \\ + (1-\mu)\left(\frac{Ap_1 - p_1^2 + \delta_H \lambda p_1 q_{2H}}{2\gamma} + \frac{(\delta_H \lambda q_{2H} + A - p_1)^2}{4\delta_H \gamma} - \theta q_{2H}^2 \right)$$

$$\text{s.t.} \begin{cases} p_1 \leqslant A - \sqrt{\delta_L \delta_H}\lambda q_{2H} \\ p_1 \leqslant A - \sqrt{\delta_L \delta_H}\lambda q_{2L} \end{cases}$$

（2）L 型消费者获得非负的效用，而 H 型消费者获得零效用。

四、三种差异化定价策略的比较

由于本章前述三种模型不存在解析解，或其解析解非常复杂，难以分析性质，本节将通过数值分析的形式，比较三种策略的优劣。

为了反映出厂商所面对的复杂的市场环境，在本节进行的大量数值算例中，我们假定 $A=100$，其他参数的取值的组合则由表 3-1 给出。其中有 5 170 组参数满足定理 3-3 的约束。由于厂商在后市场中进行数量-价格菜单合约差异化定价时在多数情况下能获得最高的利润，我们选取厂商在后市场中进行数量-价格菜单合约差异化定价时的利润作为参照。数值分析的主要结果由图 3.3 以盒须图的形式给出。图中左边为厂商直接进行差异化定价时的相对利润，右边为厂商在前市场中进行数量-价格菜单合约差异化定价时的相对利润。

表 3-1　数值算例中的参数取值

参　数	取　值	参　数	取　值
μ	0.1, 0.3, 0.5, 0.7, 0.9	λ	0.1, 0.3, 0.5, 0.7, 0.9
θ	0.1, 0.3, 0.5, 0.7, 0.9	δ_L	0.1, 0.3, 0.5, 0.7, 0.9
γ	0.1, 0.3, 0.5, 0.7, 0.9	δ_H	0.1, 0.3, 0.5, 0.7, 0.9

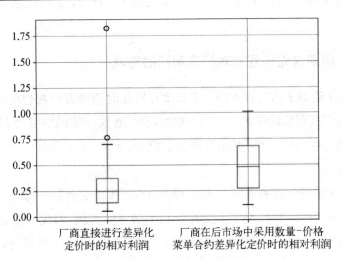

图 3.3　三种定价策略的厂商利润比较

由图 3.3 可知,厂商在前市场中采用数量-价格菜单合约差异化定价时的利润几乎总是低于在后市场中采用数量-价格菜单合约差异化定价时的利润。在大多数情况下,厂商在前市场中采用数量-价格菜单合约差异化定价的利润为在后市场中采用数量-价格菜单合约差异化定价的利润的 25%～70%。虽然在有些情况下厂商直接使用差异化定价所获得的利润高于在后市场中采用数量-价格菜单合约差异化定价的利润,在更多的情况下,厂商直接采用差异化定价所获得的利润仅为在后市场中采用数量-价格菜单合约差异化定价的利润的 15%～35%,其效率甚至不如在前市场中采用数量-价格菜单合约差异化定价。

这一结果解释了为什么在现实生活中,厂商通常更倾向于在后市场中采用数量-价格菜单合约差异化定价。除了在本章第四节中提到过的移动通信供应商以外,近来引起电子游戏厂商重视的游戏内购收费模式也是一个例子。内购收费模式首先在手机游戏中兴起,在这种收费模式下,游戏软件本身是免费的,但游戏中的一些道具或功能却向玩家收费。数量-价格组合差异化收费也在内购模式中广泛存在,游戏厂商往往会提供不同的充值组合供玩家选择,有适合休闲玩家的高性价比的充值方式,也有适合死忠玩家的高收费/高体验度的充值方式。有报告显示,在美国,76% 的 iOS 应用商店盈利来自应用内购买而非下载购买,而在亚洲,这一比例甚至超过了 90%。

五、消费者短视程度对厂商利润的影响

图 3.4 绘制了当消费者的短视程度异质化时消费者短视程度对使用不同策略的厂商利润的影响。不失一般性,我们在这一算例中假设 H 型消费者的短视程度 $\delta_H=0.9$。其他参数的取值为:$\mu=0.5, A=100, \theta=0.3, \lambda=0.9, \gamma=0.7$。

图 3.4 中的厂商利润随 L 型消费者短视程度的变化趋势与图 3.2 一致。这是因为在图 3.4 中假设了不变的 L 型消费者的比例,因此 L 型消费者短视程度的提高使得市场中的平均消费者短视程度提高,厂商利润的变动与消费者同质时相同。

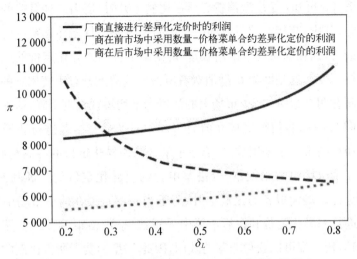

**图 3.4　消费者短视程度异质时 L 型消费者短视程度
对使用三种不同策略的厂商利润影响**

图 3.5 绘制了 L 型消费者所占比例对使用不同策略的厂商利润的影响。为了对比,我们使用了与图 3.4 中算例相同的参数取值,即 $\delta_H=0.9, \mu=0.5, A=100, \theta=0.3, \lambda=0.9, \gamma=0.7$。此外,假设 $\delta_L=0.6$。

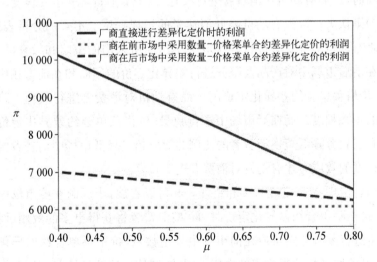

**图 3.5　消费者短视程度异质时 L 型消费者所占比例
对使用三种不同策略的厂商利润影响**

由图 3.5 可知,当 L 型消费者所占比例上升时,使用三种策略的厂商利润均下降,其中,直接在前后市场中对产品及服务进行差异化定价的厂商利润下降最快,而在前市场中采用数量-价格菜单合约差异化定价的厂商利润几乎保持不变。这是因为 L 型消费者所占比例的上升对于使用三种定价策略的厂商有两个影响:(1) 市场上的消费者平均短视程度下降,这种影响与图 3.2、图 3.4 一致,使得直接在前后市场中对产品及服务进行差异化定价的厂商和在前市场中采用数量-价格菜单合约差异化定价的厂商利润下降,而使得在后市场中采用数量-价格菜单合约差异化定价的厂商利润上升;(2) 市场上 L 型消费者的比例上升,对于当厂商直接在前后市场中对产品及服务进行差异化定价和在后市场中采用数量-价格菜单合约差异化定价时,L 型消费者都可以获得非零的效用,因此 L 型消费者所占比例的上升降低了使用这两种定价策略的厂商利润,而当厂商在前市场中采用数量-价格菜单合约差异化定价时,H 型消费者获得非零的效用,因此 L 型消费者所占比例的上升提高了厂商的利润。以上两种效应的综合作用导致了图 3.5 所示的影响。

Gabaix 和 Laibson(2006)认为如果厂商在后市场中的利润小于社会福利扭曲时,厂商有动机对消费者进行教育,以降低消费者的短视程度。Miao(2010)则认为厂商没有动机降低消费者的短视程度。本章的分析表明,厂商是否有动机对消费者进行教育取决于厂商所采用的策略和教育的方式。直接在前后市场中对产品及服务进行差异化定价的厂商和在前市场中进行数量-价格菜单合约差异化定价的厂商有动机对消费者进行教育以降低消费者的短视程度。而在后市场中进行数量-价格菜单合约差异化定价的厂商只有在教育降低短视消费者的比例的效应超过降低市场中消费者的期望短视程度的效应时才有动机对消费者进行教育。

结合定理 3-7、定理 3-8 和定理 3-9 可以看出,当厂商在前市场中采用数量-价格菜单合约差异化定价时,H 型消费者将获得更多的效用,而当厂商直接进行差异化定价或在前市场中采用数量-价格菜单合约差异化定价时,L 型消费者将获得更多的效用。因此,即使在这两种情况下厂商提供教育,消费者仍然没有动机接受教育,此时教育是无效的。

第4章

产品后市场服务链中租赁质保决策

本章研究了在单个制造商、单个租赁商以及承租商组成了闭环租赁产品服务的收益共享合同,以产品需求随时间的线性下降为前提,租赁商的服务成本随时间成幂指数函数上升为前提。用斯塔克尔伯格函数构建制造商和租赁商之间的收益共享合同模型,比较了制造商不采用收益共享和采用收益共享两种情形。研究了占主导地位的供应商如何采用收益共享合同来协调整条产品服务链,并且给出了制造商最优收益分享比例。

第一节 质保服务与租赁型产品服务链研究

一、产品租赁相关研究

产品租赁作为一种重要的商业模式,在物联网经济下越来越受到企业的重视。随着经济的发展,大到飞机,小到电动工具,企业都在采用产品租赁的模式。工业车辆租赁是一种典型的租赁型产品服务链。工业车辆租赁业与工业车辆工业发展呈正相关关系,是工业车辆产业链中的重要环节。发达国家的工业车辆租赁商都与工业车辆制造商有着十分密切的关系,它们之间或交叉促销,或互相控股参股,或工业车辆租赁商本身就具备前后关联企业的某些功能,从而形成了利益共享、风险共担的共同体。一般较为常见的合作模式是：工业车辆租赁商和工业车辆制造商签订收益共享合同，工业车辆租赁商向工业车辆制造商规模采购新车，购买的新车一般对外租赁一到两年，然后由工业车辆制造商负责，整修翻新后再进行二次租赁或者销售。这样，工业车辆制造商既可以通过租赁市场促进销售和收回部分资金，又可以通过二手市场得到不小的回报，扩大了自己的市场份额。而工业车辆租赁商通过规模购车，可以迅速扩大经营规模，同时又保证工业车辆常租常新，减少维修费用。因此，从供应链的角度来看，工业车辆租赁业的上游是工业车辆制造商，其下游是二手车市场或租赁消费者，产品经过销售、租赁、回购、翻新、再销售、废弃产品回收再利用等环节，使上、中、下三方形成一个完整的工业车辆闭环租赁产品服务链。

在耐用品租赁研究中，国内外学者主要从产业组织理论和收益管理的角度展开研究，Desai 等(2007)考虑了生产提前期和需求不确定对制造商租赁或销售策略选择的影响，研究表明：垄断厂商的价格并不必然会降低到边际成本水平，租赁并不比销售优越。Gans 和 Savin(2007)将汽车租赁消费者划分为固定和随机两类，给出了汽车租赁商针对不同类型消费者的租赁定价和能力管理策略。有些学者也从供应链管理的角度展开研究，Cachon 和 Lariviere(2005)对音像品租赁供应链的协调策略进行了比较分析，认为租赁商的收益分享是一个更有效的解决机制。Van der Veen 和 Venugoplil(2005)沿着 Cachon 和 Lariviere(2005)的思路出发，建立了一个音像品租赁供应链的收益共享模型，并证明了这种机制确实是一种可以为音像品制造商和租赁商双方带来更多收益的有效机制。上述研究分别探讨了制造商的租赁或销售策略选择、租赁商的收益管理以及音像品租赁业中的收益共享合同，而都没有涉及带有服务的租赁供应链的协调问题。

二、传统质保服务研究

在供应链管理实践中，质保服务策略已经成为供应链管理的重要内容，可以提高供应链整体的运作绩效。在现实中，质保服务可以由制造商、零售商或第三方服务供应商提供；提供质保服务必然要承担相应的成本，而这种成本必然影响其管理决策，最终影响整个供应链成员的决策和绩效水平。

现有文献中,质保服务的研究主要集中在四个方面。

1. 产品质保服务成本收益分析

于俭(2010)分析了不同产品、不同质保服务策略。从收费模式分为,免费更换与维修、收费更换与维修等;从更换策略分为,完全更换、不完全更换、最小更换。其分析了不同策略下的服务期限、服务内容、服务成本与收益等。

2. 产品质量管理与质保策略

Humurthy 等(2000)研究了从产品整个生命周期来考虑,战略质保策略的实施。Giri 等(2007)研究了在免费质保合同下,在一个非完美的生产流程中应该如何安排质量检测的时间和频率。Hsieh(2010)研究了一个由供应商和制造商组成的两阶供应链中,如何进行质量投资和质量检测。

3. 产品质保服务对顾客行为的影响

Spencer(1997)将质保服务作为产品质量的信号(质保期限越长,产品质量越高),研究质保服务期限与消费者购买行为和感知行为的关系,以及其对产品营销的影响等。

4. 质保服务与保险之间的关系

Padmanhabhan(1995)将产品质保服务作为一种经济补偿,研究了在产品发生故障时如何补偿消费者的问题。

三、基于质保供应链研究

基于质保的供应链研究最近几年才兴起。

1. 供应链内企业的质保博弈

陈祥锋(2001)通过博弈理论、委托代理理论,以及二层决策理论有机结合,把企业的决策过程化为两个层次的决策过程:供应链总效用最优化过程和供应合同谈判过程。并分别建立均衡模型和二层决策模型,通过模型的最优解,有效分析采购商和供应商在质量方面的行为动机,以及为实现全局最优化,并保证企业各自利益最优的前提下,企业合同质量担保的最优的理论决策。

Jiang(2011)研究了当消费者能感知产品质量信息时,零售商提供的售后服务如何影响制造商提供质保服务,以及质保服务管理决策问题。

2. 质保服务提供方及定价

Desai(2004)研究了供应链中最优定价决策问题,文中给出了三种情形:制造商提供质保服务、零售商提供质保服务以及两者共同提供质保服务。Chen等(2012)和Li等(2012)分别研究了供应链中由制造商提供质保服务、零售商提供质保服务情形下最优管理决策和供应链收益问题,Li等(2012)假设质保服务能够带来额外的需求从而影响需求函数。Hu(2008)和桂云苗(2012)探讨了制造商提供质保情形下的供应链协调问题,研究发现收入共享契约能够有效地实现供应链协调,同时质保成本共享契约也能够有效地实现供应链协调。

3. 不同供应链模式下的质保服务

Tsao(2012)研究了由制造商直销和零售商分销的双渠道供应链的最优质保决策及供应链收益问题。Dai等(2012)研究了供应商和制造商分别确定质保期情形,供应商和制造商组成的供应链中,产品质量与质保服务的最优决策问题。研究认为供应商制定的回购契约能有效实现供应链协调。

第二节 基于质保的租赁型产品服务链模型

一、模型主要参数

1. 单位制造成本 c_p

单位制造成本,是制造商制造用于租赁的产品所耗费的所有成本。在分析中假定制造商不具有规模效应,单位制造成本为常数。

2. 制造商给租赁商的批发成本 w

制造商把用于租赁的产品批发给租赁商的成本,该成本为决策变量之一。

3. 租赁商单位时间单位数量的租金 r

租赁商把租赁产品租赁给承租商所要求的租金。该参数为决策变量之一。

4. 单位产品的平均租期为 τ

租赁市场具有需求变动性的问题,产品投入租赁市场,每个产品被租户使用的时间具有差异,本章把产品的平均租期考虑到决策中,作为一个决策常数。

5. 质保服务成本 c_w

质保服务的成本与产品失效的频次有重要的关系,而产品失效的频次与产品使用时间具有重要的关系,在文献中,通常假设失效的频次与产品使用时间呈幂指数函数。通常如果租赁期限 τ 给定,则产品失效频次为 $k\tau^2$, k 是一个常数。产品失效后维修的成本每次都不同,本章取 γ_i(其中 $i=r$,m,分别代表制造商和租赁商)作为平均每次失效的维修成本。则质保服务成本可以表示为 $c_w = k\gamma_i\tau^2$。

6. 租赁商订购量 Q

租赁商根据市场需求向制造商订购的产品数量。

7. 租期结束后平均单位残值 v_r

租赁商在产品可租赁周期结束后,剩余的平均单位残值。

8. 租赁商未租出产品的残值 v_n

订购超量而未租赁出去产品的单位残值为 v_n。

二、模型构建

基于质保服务租赁产品服务链的结构如图 4.1 所示。

记 π_m,π_r,π_c,π_d 分别为制造商,零售商和集中式产品服务链和分散式产品服务链的期望利润。为了简化问题,本章不考虑缺货和存货成本以及资金时间成本,不失一般性。假定 $v < c_p < w < r\tau$。

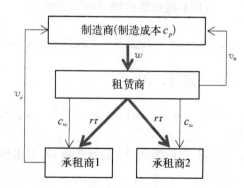

图 4.1 基于质保服务租赁产品服务链关系结构

(一) 租赁的需求函数

租赁需求与租金成线性反比例函数 $D(r) = H - \alpha r + \varepsilon$。

α 为需求对租金的敏感系数，H 为常数，ε 为服从 $[A, B]$ 某种分布的连续随机变量，其概率密度函数和分布函数分别为 $f(\cdot)$ 和 $F(\cdot)$，$F^{-1}(\cdot)$ 为 $F(\cdot)$ 的反函数。因此租赁商的订货量可以分为两部分，$Q_1 = H - \alpha r$ 为固定需求部分，$Q_2 = z$ 对应随机需求 ε 的量。

(二) 实际租赁量期望函数

令 $S = \min\{Q, D(r)\}$ 表示产品服务链中实际产品的租赁量，则实际租赁量的期望：

$$E[S] = \int_A^{Q-D(r)} (x + D(r)) f(x) \mathrm{d}x + \int_{Q-D(r)}^B Q f(x) \mathrm{d}x \quad (4-1)$$

(三) 制造商的期望利润函数

$$\pi_m(Q, r) = (w - c_p)Q - j \cdot c_w E[S] \quad (4-2)$$

其中 j 为 $(0, 1)$ 整数变量，如果由制造商来提供质保服务则 $j = 1$，否则为 0。

(四) 租赁商的期望利润函数

$$\pi_r(Q, r) = r\tau E[S] - wQ + v_n(Q - E[S]) + v_r E[S] - j \cdot c_w E[S]$$

整理得，

$$\pi_r(Q, r) = (r\tau - v_n - j \cdot c_w + v_r) E[S] - wQ + v_n Q \quad (4-3)$$

其中 j 为 $(0, 1)$ 整数变量，如果由租赁商来提供质保服务则 $j = 1$，否则为 0。

(五) 总产品服务链期望利润函数

$$\pi_c(Q, r) = (r\tau - c_w - v_n + v_r) E[S] + v_n Q - c_p Q \quad (4-4)$$

第三节 租赁型产品服务链的集中决策方式

对于租赁型产品服务链集中决策模型,对于质保服务不同提供方情景下总的利润水平,主要是由制造商和租赁商提供的单位质保服务的成本来影响。通过最优订货量,最优租赁价格,可以实现产品服务链利润的最大化,分析产品服务链的集中决策模型得到如下定理。

一、可解性定理

【定理 4-1】集中式产品服务链的期望利润函数 $\pi_c(Q,r)$ 是关于订货量 Q 和单位产品单位租期价格的 r,和平均租期 τ 的凹函数。

证明 1:令 $\xi = Q - D(r)$,则有

$$\frac{\partial \pi_c(Q,r)}{\partial Q} = (r\tau - c_w - v_n + v_r)\int_\xi^B f(x)\mathrm{d}x + v_n - c_p$$

$$\frac{\partial^2 \pi_c(Q,r)}{\partial Q^2} = -(r\tau - c_w - v_n + v_r)f(\xi)$$

作为理性租赁商,其目的是获得利润,因此 $r\tau - c_w - v_n + v_r > 0$,故而

$$\frac{\partial^2 \pi_c(Q,r)}{\partial Q^2} < 0$$

证得 $\pi_c(Q,r)$ 是关于订货量 Q 的凹函数。

证明 2:令 $\xi = Q - D(r)$,则有

$$\frac{\partial \pi_c(Q,r)}{\partial r} = \tau\int_A^\xi (x+D(r))f(x)\mathrm{d}x + \tau\int_\xi^B Qf(x)\mathrm{d}x$$

$$- \alpha(r\tau - c_w - v_n + v_r)\int_A^\xi f(x)\mathrm{d}x$$

$$\frac{\partial^2 \pi_c(Q,r)}{\partial r^2} = -\alpha\tau f(\xi) - \alpha\tau\int_A^\xi f(x)\mathrm{d}x - \alpha^2(r\tau - c_w - v_n + v_r)f(\xi)$$

故而

$$\frac{\partial^2 \pi_c(Q,r)}{\partial r^2} < 0$$

证得 $\pi_c(Q,r)$ 是关于单位产品单位租期价格的 r 的凹函数。

证明 3：令 $\xi = Q - D(r)$，则有

$$\frac{\partial \pi_c(Q,r,\tau)}{\partial \tau} = (r - 2k\gamma_i\tau)\left(\int_A^\xi (x + D(r))f(x)\mathrm{d}x + \int_\xi^B Qf(x)\mathrm{d}x\right)$$

$$\frac{\partial^2 \pi_c(Q,r,\tau)}{\partial \tau^2} = -2k\gamma_i E[S]$$

因此

$$\frac{\partial^2 \pi_c(Q,r,\tau)}{\partial \tau^2} < 0$$

证得 $\pi_c(Q,r,\tau)$ 是关于平均租期 τ 的凹函数。

二、最优订货量

由定理 4-1 可知,最优订货量一阶导数等于 0,可得：

$$(r\tau - c_w - v_n + v_r)\int_\xi^B f(x)\mathrm{d}x + v_n - c_p = 0$$

解该方程得到性质 4-1。

【性质 4-1】 对于单位产品的单位租期价格给定的情况下,集中式产品服务链的最优订货数量为

$$Q_c^* = F^{-1}\left(\frac{r\tau - c_w - c_p}{r\tau - c_w - v_n + v_r}\right) + D(r) \tag{4-5}$$

三、最优租赁时间

由定理 4-1,可知在单位产品单位租期价格给定的情况下,集中式产品服务链的最优租赁时间为:

$$(r - 2k\gamma_i\tau)\Big(\int_A^\xi (x + D(r))f(x)\mathrm{d}x + \int_\xi^B Qf(x)\mathrm{d}x\Big) = 0$$

解该方程得到:

$$\tau = \frac{r}{2k\gamma_i} \tag{4-6}$$

即有性质 4-2。

【性质 4-2】最优租赁时间与租金成正比,与单次损坏维修成本成反比。在租赁价格固定的情况下,最优租赁时间取决于单次损坏维修成本,如果制造商的维修成本低于租赁商的维修成本,则在制造商提供质保服务情况下,产品服务链上面产品的最优租赁时间越长,对整个产品服务链协调有利,反之亦然。

第四节 租赁型产品服务链的分散决策方式

在分散式决策中,占主导地位的制造商和租赁商之间的博弈是斯塔克尔伯格博弈,采用逆向求解法。给定制造商的批发价格 w 和需求函数 $D(r)$,租赁商根据其期望利润最大化原则确定最优订购量 Q_r^*,然后制造商根据租赁商的反应制定最优批发价格 w。

一、由租赁商提供质保服务的产品服务链分散决策

在租赁商提供质保服务的产品服务链模式下,制造商先确定批发价格,然后租赁商根据市场需求确定租赁价格和租赁期限。

(一)制造商期望利润函数

在租赁商提供质保服务的情形下,制造商的期望利润函数为批发价格减去制造成本乘以订购数量,函数式如下:

$$\pi_m(Q, r) = (w - c_p)Q \qquad (4-7)$$

(二) 租赁商期望利润函数

在租赁商提供质保服务的情形下,租赁商的期望利润函数为市场租赁所得减去质保成本减去批发成本加上产品回收残值,函数式如下:

$$\pi_r(Q, r) = (r\tau - v_n - c_w + v_r)E[S] - wQ + v_nQ \qquad (4-8)$$

(三) 最优订货量

由定理 4-1 可知,期望利润函数是订购量 Q 的凹函数,故其存在最优解。对租赁商期望利润函数求 Q 的一阶导数得:

$$(r\tau - c_w - v_n + v_r)\int_\xi^B f(x)\mathrm{d}x + v_n - w = 0$$

解上面的一阶函数得:

$$Q_r^* = F^{-1}\left(\frac{r\tau - c_w - w}{r\tau - c_w - v_n + v_r}\right) + D(r) \qquad (4-9)$$

二、由制造商提供质保服务的产品服务链分散决策

在制造商提供质保服务的产品服务链模式下,制造商先确定批发价格,然后租赁商根据市场需求确定租赁价格和租赁期限。

(一) 制造商期望利润函数

在制造商提供质保服务的情形下,制造商的期望利润函数为产品销售所得减去质保成本减去制造成本,函数式如下:

$$\pi_m(Q, r) = (w - c_p)Q - c_wE[S] \qquad (4-10)$$

(二) 租赁商的期望利润函数

在制造商提供质保服务的情形下,租赁商的期望利润函数为产品销售所得减去批发成本加上产品回收所得,函数式如下:

$$\pi_r(Q, r) = (r\tau - v_n + v_r)E[S] - wQ + v_n Q \qquad (4\text{-}11)$$

(三) 最优订货量

由定理 4-1 可知，期望利润函数是订购量 Q 的凹函数，故其存在最优解。对租赁商期望利润函数求 Q 的一阶导数得：

$$(r\tau - v_n + v_r)\int_\xi^B f(x)\mathrm{d}x + v_n - w = 0$$

解上面的一阶函数得：

$$Q_m^* = F^{-1}\left(\frac{r\tau - w}{r\tau - v_n + v_r}\right) + D(r) \qquad (4\text{-}12)$$

第五节 租赁产品型服务链不同契约的比较

一、制造商批发价契约

根据集中式产品服务链计算得到的结果：

$$Q_c^* = F^{-1}\left(\frac{r\tau - c_w - c_p}{r\tau - c_w - v_n + v_r}\right) + D(r) \qquad (4\text{-}13)$$

产品服务链的总利润达到最大化。

(一) 由租赁商提供质保服务的分散决策

为了使产品服务链总利润最大化则 $Q_r^* = Q_c^*$，由式(4-9)和式(4-13)可得 $w = c_p$。这时候制造商的利润为 0，租赁商的利润达到最大化，但是很明显，此时对于租赁商非常有利，而对于制造商却无利可图，因此制造商没有动机去优化产品服务链的总利润。因此分散式决策无法优化产品服务链。

(二) 由制造商提供质保服务的分散决策

为了使产品服务链总利润最大化则 $Q_m^* = Q_c^*$，由式(4-12)和式(4-13)

可知需要满足

$$\frac{r\tau - w}{r\tau - v_n + v_r} = \frac{r\tau - c_w - c_p}{r\tau - c_w - v_n + v_r}$$

也就是

$$w = \frac{(r\tau - c_w - c_p)(r\tau - v_n + v_r)}{r\tau - c_w - v_n + v_r} \tag{4-14}$$

证明得到 $w < c_p$，因此 $\pi_m(Q, r)$ 小于 0。故而制造商的利润为负数，不能够实现产品服务链的协调。

可见，在分散式产品服务链决策中，不论是采用租赁商提供质保模式还是制造商提供质保模式，如果用批发价契约都不能够实现产品服务链协调。

二、租赁收益共享契约

收益共享契约是指制造商给租赁商以一个较低的批发价格，同时获得一部分租赁商的租赁收益。假设租赁商获得租金总收入的比例为 φ。总收入包含了租赁期结束残值的收入。

（一）由租赁商提供质保服务的收益共享

在由租赁商提供质保服务的分散决策情况，并且租赁商租金收入比例为 φ 的情况下，制造商和租赁商利润期望函数分别为：

$$\pi_m(Q, r) = (w - c_p)Q + (1 - \varphi)[(r\tau - v_n + v_r)E[S] + v_n Q] \tag{4-15}$$

$$\pi_r(Q, r) = \varphi[(r\tau - v_n + v_r)E[S] + v_n Q] - wQ - c_w E[S] \tag{4-16}$$

根据定理 4-1，零售商的利润函数为凹函数，零售商为了实现租赁服务链协调，零售商利润函数的对 Q 一阶导数等于 0，解得：

$$\int_\xi^B f(x) \mathrm{d}x = \frac{\varphi v_n - w}{(\varphi(r\tau - v_n + v_r) - c_w)}$$

由达到产品服务链协调的定义可知：

$$\frac{\varphi v_n - w}{(\varphi(r\tau - v_n + v_r) - c_w)} = \frac{v_n - c_p}{r\tau - v_n + v_r - c_w}$$

即有租赁产品服务链能够实现协调的定理 4-2。

【定理 4-2】 收益共享契约要能实现租赁商提供质保服务的租赁产品服务链的协调,则契约参数需要满足:

$$\frac{\varphi v_n - w}{v_n - c_p} = \frac{\varphi(r\tau - v_n + v_r) - c_w}{r\tau - v_n + v_r - c_w} = \eta_1 \text{ 和 } 0 < \eta_1 < 1 \quad (4\text{-}17)$$

在满足该条件的情况下,可以得到 $w < c_p$,也就是制造商以低于成本的价格把产品销售给租赁商,通过收益的分享从而得到利润,在谈判的情况下,满足一定的参数条件,能够实现租赁产品服务链的协调。

(二) 由制造商提供质保服务的收益共享

在由租赁商提供质保服务的分散决策情况,并且租赁商租金收入比例为 φ 的情况下,制造商和租赁商利润期望函数分别为:

$$\pi_m(Q, r) = (w - c_p)Q + (1 - \varphi)[(r\tau - v_n + v_r)E[S] + v_n Q] - c_w E[S] \quad (4\text{-}18)$$

$$\pi_r(Q, r) = \varphi[(r\tau - v_n + v_r)E[S] + v_n Q] - wQ \quad (4\text{-}19)$$

根据定理 4-1,零售商的利润函数为凹函数,零售商为了实现租赁服务链协调,零售商利润函数的对 Q 一阶导数等于 0,解得:

$$\int_\xi^B f(x)\mathrm{d}x = \frac{\varphi v_n - w}{\varphi(r\tau - v_n + v_r)}$$

由达到产品服务链协调的定义可知:

$$\frac{w - \varphi v_n}{c_p - v_n} = \frac{\varphi(r\tau - v_n + v_r)}{r\tau - v_n + v_r - c_w}$$

即租赁产品服务链能够实现协调,有定理 4-3。

【定理 4-3】 收益共享契约能够实现租赁商提供质保服务的租赁产品服务链协调,则契约参数满足:

$$\frac{w-\varphi v_n}{c_p-v_n}=\frac{\varphi(r\tau-v_n+v_r)}{r\tau-v_n+v_r-c_w}=\eta_2 \text{ 和 } 0<\eta_2<1 \qquad (4-20)$$

在满足该条件的情况下,可以得到 $w<c_p$,也就是制造商以低于成本的价格把产品销售给租赁商,通过收益的分享从而得到利润,在谈判的情况下,满足一定的参数条件,能够实现租赁产品服务链的协调。

三、质保成本共担契约

质保成本共担契约是指制造商和租赁商一起分担质保成本。

假设租赁商获质保成本分担比例为 λ。制造商和租赁商利润期望函数分别为:

$$\pi_m(Q,r)=(w-c_p)Q-(1-\lambda)c_w E[S] \qquad (4-21)$$

$$\pi_r(Q,r)=(r\tau-v_n+v_r-\lambda c_w)E[S]+v_n Q \qquad (4-22)$$

根据定理 4-1,零售商的利润函数为凹函数,零售商为了实现租赁服务链协调,零售商利润函数的对 Q 一阶导数等于 0,解得:

$$\int_\xi^B f(x)\mathrm{d}x=\frac{v_n-w}{(r\tau-v_n+v_r)-\lambda c_w}$$

由达到产品服务链协调的定义可知:

$$\frac{v_n-w}{r\tau-v_n+v_r-\lambda c_w}=\frac{v_n-c_p}{r\tau-v_n+v_r-c_w}$$

即租赁产品服务链能够实现协调,需要满足:

$$\frac{w-v_n}{c_p-v_n}=\frac{r\tau-v_n+v_r-\lambda c_w}{r\tau-v_n+v_r-c_w}=\eta_2 \text{ 和 } 0<\eta_2<1 \qquad (4-23)$$

在该条件下,可以得到 $w<c_p$,制造商不能够通过批发获得利润,同时制造商需要付出成本的质保成本的分担,因此有定理 4-4。

【定理 4-4】仅仅采用质保成本分担契约不能够实现租赁产品服务链的协调。

通过上面的分析可以得出如下启示:

第一，为了能够使产品租赁链获得更大利润，需要控制维修成本，提高回收单位收益，同时控制生产成本。为了达到上述目的，产品服务链需要增加客户的参与度，从而更爱惜地使用所租赁产品，减少大部件的损耗，从而减少平均单次维修成本。

第二，租期长度与单次损坏维修成本成反比。在其他条件不变的情况下，平均租期越长，租赁产品服务链获利能力越强。企业要通过物联网技术的投入和用户参与减少维修成本，从而增加产品服务链的获利能力。同样也可以通过维修成本的大小来确定是由制造商还是租赁商来提供质保服务，从而增加整个租赁产品服务链的获利能力。

第三，批发价契约和单独的质保服务成本分担契约都不能够实现租赁产品服务链的协调。收益共享契约能够实现租赁产品服务链的协调。

第5章

产品后市场服务链的渠道选择决策

企业为了保持可持续竞争优势,经历了产品的价格、品种、质量的竞争维度,随后又经历了交货期的竞争,而今随着消费者对产品效用需求的不断提高,企业间竞争开始进入了产品+服务的竞争时代。许多企业开始尝试基于服务的商业模式创新,尤其是随着工业4.0和智能制造的普及,产品价值链的核心开始由传统的制造环节向后市场服务环节延伸,越来越多的制造企业也意识到提供个性化的服务与产品技术创新一样可以提高自己的核心竞争力。

第一节 产品后市场服务链的渠道选择问题

IBM、惠普等著名跨国公司近年都在尝试将核心业务向服务领域延伸,由此形成产品价值链与服务利润链融合互动的商业模式创新,通过产品出售与后市场服务的网链结构实现企业竞争优势。按照国际经验,当一个国家的人均GDP达到6 000美元后,将从"工业化后期"向"后工业化社会"过渡,其重要特征体现在第三产业比重超过第一、第二产业比重之和。在经济发展程度较高的美国,65%~75%的劳动力从事着与服务有关的行业。而中国2016年的人均GDP已达到8 167美元,预示着我国即将进入服务经济时期。可以说,制造业服务化已经是一个必然趋势,服务创新将成为企业盈利增长的又一有效途径。

一、后市场服务渠道问题

学术界普遍认为制造业服务化是服务创新驱动导致商业模式变革的产物。Chase 运用客户关系理论研究了如何通过提高服务效率对客户数量和类型的影响后，Spohner and Maglio 认为服务的价值创造是以顾客需求为驱动因素，由此企业开始更重视满足客户个性化的需求而非实现大规模、大批量的产品生产。然而，制造企业走向服务创新的过程中仍然存在一些障碍，一些制造企业由于受到运营成本和服务能力的约束，仍然需要供应链合作伙伴的加入。根据服务提供方的不同，目前后市场服务可以分为两类：一种由销售商直接提供服务，如汽车 4S 店、沃尔玛等大型超市；而对于技术含量较高的行业，则需要由掌握着技术的供应商提供服务，常见的如集成电路行业和软件行业；还有一些供应商将服务进行外包，采用授权服务的方式，通过收取授权费的方式盈利，如苹果公司，以及电梯行业与物流行业的设备供应商。

在服务竞争的相关理论研究中，Tsay 和 Agrawal 最早将服务作为影响需求的一个因素加入需求函数中，研究两个竞争的销售商的销售与服务决策。以此为基础，许明辉等对比了由供应商和销售商提供服务在不同博弈机制下的均衡结果。Bernstein 和 Federgruen 则考虑了需求不确定下的服务竞争问题。Xiao 和 Yang 不但考虑了需求的不确定性因素，还考虑了销售商的风险偏好，研究了供应链间的价格和服务的竞争问题。肖剑等则将模型扩展到了双渠道供应链中，研究了服务提供方的选择问题。Xie 等考虑了闭环双渠道供应链的广告服务合作问题，他们的焦点在于供应链协调问题，并提出使用收益共享契约对供应链成员进行激励。然而，以上研究均聚焦如何通过服务创新提高供应链的竞争优势，并未考虑到企业服务提供能力约束。在这种约束下，传统的垂直式供应链模型将不再适用，制造商需要引入第三方服务商来提供服务。

随着服务经济时代的到来，服务带给顾客的效用价值差异是企业竞争的关键性差异，在受到经营成本和服务能力约束的前提下，企业可以考虑轻资产化运营方式，将服务环节外包给专业的第三方服务商，积极提高运作效率，从而实现更高的市场回报率。目前关于第三方服务商的研究较少，且大多集中在通过实证研究证明第三方服务商的引入的有效性。如 Raassens 等通过公司的股票价值研究影响服务外包收益的因素。Sharma 研究消费者对服务外包的态度。少数学者通过构建量化模型研究第三方服务商对市场带来的影响。吴庆和但斌假设服务质量与市场需求正相关,并由此研究了协调合同的设计问题。本章同样假设服务水平正向影响市场需求,但本章的焦点在于供应商的外包服务的渠道选择问题。

关于供应链渠道选择的相关研究早有进行。一些学者将传统的单销售商-单供应商模型进行扩展,研究供应链下游的多销售商的情况。也有学者从供应链上游视角出发,研究多供应商竞争情景。还有文献将不同的供应链结构进行对比,如 Matta 等在线上线下双渠道的前提下对比了两种不同的供应链渠道结构。本章虽然同样聚焦供应链渠道结构选择问题,但对比的对象不再是传统的垂直式结构,而是加入第三方服务商后形成的供应链网络状结构。Wang 等研究了 IC 产业中 IP 提供商、设计公司和制造商形成的网络状供应链。不同的是,本章研究由于供应商将服务外包而形成的供应链网络结构,而且研究重点在于网络状供应链结构与传统的垂直式供应链的选择问题。通过对供应链中供应商-销售商-消费者的垂直式模式和供应商-服务商/销售商-消费者的网络状模式的比较,本章发现虽然加入第三方服务商会加剧供应链双重边际效应,但只要服务商的服务成本较低,第三方服务商的加入带来的后市场服务收益就可以弥补供应链效率的降低。本章借助供应链企业协调理论,分别建立斯塔克尔伯格博弈模型,一方面从供应链的视角寻找服务外包模式的优势,另一方面分析网络状供应链是否能够实现帕累托改进,从而给出管理实践策略。

二、后市场服务渠道模式

本章首先对供应商自行提供服务的情况进行建模。此时,供应商在提供产品的同时还提供后市场服务。因此,在进行定价决策时,供应商既要考虑前市场产品定价也要考虑后市场服务定价,即捆绑定价(如图 5.1 所示)。然后,再考虑引入第三方服务商的情况,此时供应商在后市场中的盈利模式改为从服务商处收取授权费(如图 5.2 所示)。在供应商主导供应链前提下本章考虑两种不同收费模式：固定收费和针对单件商品的变动收费，进而对比两种模式从而找出供应商选择服务外包的动机。

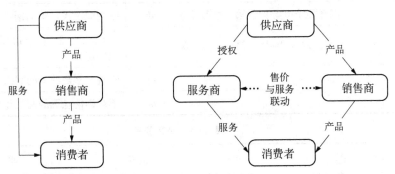

图 5.1　供应商服务捆绑的垂直模式　　图 5.2　第三方服务外包的网络模式

三、参数符号与决策变量

本章所使用的符号如表 5-1 至表 5-3 所示：

表 5-1　参数符号

符号	说　　明	符号	说　　明
A	产品的潜在市场规模	p	产品的市场价格
α	消费者的价格敏感系数	β	消费者的服务敏感系数
s	产品的服务水平	π	利润
c	产品的成本	k	产品的服务成本系数
L	服务商为获得授权而向供应商的转移支付	C	市场状态相关的常数
r	单位产品的转移支付	F	固定的(总)转移支付

表 5-2　上标与下标

下标	说　　明	上标	说　　明
m	供应商	$*$	最优(反应)决策
s	服务商	b	垂直式渠道
r	销售商	or	收取可变授权费的网络化渠道

(续表)

下标	说　　明	上标	说　　明
$r1$	(位于竞争市场中的)第一家销售商	oF	收取固定授权费的网络化渠道
$r2$	(位于竞争市场中的)第二家销售商	oc	(销售商处于)竞争市场的网络化渠道
		os	收益共享契约下的网络化渠道
		oi	不对称信息下的网络化渠道

表 5-3　决策变量

决策变量	说　　明	决策变量	说　　明
q	产品市场供给量	s	产品的服务水平
p_m	产品的批发价格	p_s	产品的服务价格

第二节　产品供应商捆绑后市场服务：垂直式渠道

首先考虑由单一供应商和单一销售商组成的二级供应链。其中，供应商只生产一种产品，在售出产品后，由供应商提供后市场服务。

一、渠道选择的函数设置

供应商提供的服务水平影响市场需求，并借鉴 Tsay 和 Agrawal 及大量后续研究，假设二者之间呈线性关系，则市场的需求函数可以表示为：

$$q = A - \alpha p - \alpha p_s + \beta s$$

其中，q 为实际市场需求，A 为潜在市场需求，p 为产品价格，p_s 为服务价格，s 为服务水平，α 为消费者价格敏感系数，β 为消费者服务敏感系数。则市场的反需求函数为：

$$p = \frac{1}{\alpha}(A - q + \beta s - \alpha p_s)$$

则销售商的利润函数为：

$$\pi_r = \frac{1}{\alpha}(A - q + \beta s - \alpha p_s)q - p_m q$$

其中，p_m 为供应商收取的产品批发价。化简上式：

$$\pi_r = \frac{1}{\alpha}(A - q + \beta s - \alpha p_s - \alpha p_m)q \tag{5-1}$$

假设供应商提供服务的成本是一个凸函数，特别地，令这一函数的具体形式为：

$$c = k_m s^2 \tag{5-2}$$

因此供应商的利润函数为：

$$\pi_m = (p_m + p_s - k_m s^2)q$$

二、垂直式渠道决策过程

供应商提供捆绑服务时的过程可描述如下：首先供应商决定服务水平，这是因为消费者通常难以量化服务水平，他们只能接受由供应商确定好的质保、物流服务等。比如苹果手机的服务标准就是由供应商制定好的。供应商同时还决定服务价格和产品的批发价，最后由销售商决定产品的零售价，如图 5.3 所示。根据式(5-1)，销售商决定零售价时，间接决定了市场的供应量。为了方便分析，认为销售商在最后一步决策的变量为产品的市场供给量 q。

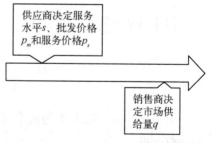

图 5.3　供应商提供捆绑服务的决策顺序

三、垂直式渠道模型求解

利用逆向归纳法，首先考虑最后一步决策的情况。此时销售商面对确定的服务水平 s，服务价格 p_s 和批发价 p_m，决策产品的市场供应量以最大

化自身的利润:

$$\max_{q \geq 0} \pi_r = \frac{1}{\alpha}(A - q + \beta s - \alpha p_s - \alpha p_m)q$$

显然这是一个关于 q 的凹函数,因此可以利用 FOC 求解出最优的产品市场供给量:

$$q^* = \frac{1}{2}(A + \beta s - \alpha p_m - \alpha p_s) \tag{5-3}$$

然后考虑供应商的问题。此时,供应商同时决策服务水平、产品的批发价和服务收费,以最大化自身的利润:

$$\max_{s, p_s, p_m} \pi_m = (p_m + p_s - k_m s^2)q$$

$$\text{st.} \ q = \frac{1}{2}(A + \beta s - \alpha p_m - \alpha p_s)$$

利用固定变量法,首先假定服务水平是给定的。将约束条件代入目标函数并化简:

$$\max_{p_s, p_m} \pi_m = \frac{1}{2}(p_m + p_s - k_m s^2)(A + \beta s - \alpha p_m - \alpha p_s)$$

构建海塞矩阵:

$$H = \begin{bmatrix} -2\alpha & -2\alpha \\ -2\alpha & -2\alpha \end{bmatrix}$$

由于 $\alpha > 0$,可知 H 为负半定矩阵,由此可以利用 FOC 求解出最优解的充要条件:

$$p_m^* + p_s^* = \frac{1}{2\alpha}(A + \beta s + \alpha k_m s^2) \tag{5-4}$$

上式表明销售商和供应商的境况以及市场的供应量都只与供应商的服务价格和产品批发价之和有关,不失一般性,令

$$p_s^* = 0$$

则

$$p_m^* = \frac{1}{2\alpha}(A + \beta s + \alpha k_m s^2)$$

然后确定最优的服务水平 s 以最大化自身利润：

$$\max_{s \geqslant 0} \pi_m = \pi_m = (p_m + p_s - k_m s^2) q$$

$$\text{s.t.} \begin{cases} q = \frac{1}{2}(A + \beta s - \alpha p_m - \alpha p_s) \\ p_m + p_s = \frac{1}{2\alpha}(A + \beta s + \alpha k_m s^2) \end{cases}$$

将约束条件代入目标函数并化简：

$$\max_{q \geqslant 0} \pi_r = \frac{1}{8\alpha}(A + \beta s - \alpha k s^2)^2$$

由于

$$A + \beta s - \alpha k_m s^2 = 4q > 0$$

因此，供应商的目标函数是一个关于 s 的凹函数，因此可以由 FOC 求出最优的服务水平：

$$s^* = \frac{\beta}{2\alpha k_m}$$

由此得到了均衡情况下供应链各成员的最优策略和利润：

$$s^b = \frac{\beta}{2\alpha k_m} \tag{5-5}$$

$$p_m^b = \frac{1}{2\alpha}\left(A + \frac{3\beta^2}{4\alpha k_m}\right)$$

$$p_s^b = 0$$

$$q^b = \frac{1}{4}\left(A + \frac{\beta^2}{4\alpha k_m}\right) \tag{5-6}$$

$$\pi_m^b = \frac{1}{8\alpha}\left(A + \frac{\beta^2}{4\alpha k_m}\right)^2 \qquad (5\text{-}7)$$

$$\pi_r^b = \frac{1}{16\alpha}\left(A + \frac{\beta^2}{4\alpha k_m}\right)^2 \qquad (5\text{-}8)$$

【性质 5-1】垂直式渠道下,供应商和销售商的利润以及产品的市场供应量均与潜在市场规模和消费者对服务的敏感系数正相关,与供应商提供服务时的服务成本系数和消费者对价格的敏感系数负相关。

性质 5-1 揭示了影响供应链效率以及消费者福利的因素。其中,潜在市场规模、消费者对价格和服务的敏感系数是与市场状态相关的参数。服务的成本越低,整个社会的福利越高,而供应商提供服务时的服务成本系数则由供应商自身的条件决定。因此只要第三方服务商能够凭借规模化实现更低的服务成本,那么供应商就不会选择自行提供服务。

第三节　产品供应商外包后市场服务:网络化渠道

在实际生产中,很多供应商由于成本约束和服务能力约束,选择将服务外包给专业第三方服务公司,由此供应商、销售商和服务商共同形成供应链网络。然而,从供应链的角度看,引入第三方服务商会加剧双重边际效应。本节将对这一情景进行建模,探讨供应链在什么条件下应该选择服务外包模式。

一、网络化渠道决策顺序

对于技术含量较高的产业,第三方服务商进行服务时需要供应商的支持,因此供应商有选择服务商的权利,此时供应商的服务利润由直接对消费者收取服务费改为对服务商收取授权费,决策顺序如图 5.4 所示。

在这一博弈框架下,销售商的利润函数构成保持不变,其利润仍由式(5-1)决定。而供应商利润函数可以表示为:

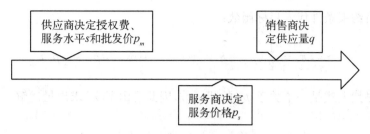

图 5.4　供应商外包服务的决策顺序

$$\pi_m = p_m q + L(q) \tag{5-9}$$

式中，$L(q)$ 代表服务商对销售商的转移支付。对于服务商来说，假设其成本函数仍然保持式(5-2)的形式，即：

$$c = k_s s^2$$

则其利润函数为：

$$\pi_s = (p_s - k_s s^2)q - L(q) \tag{5-10}$$

下面根据服务商对销售商的授权费支付形式的不同，分别讨论两种情况：

二、可变的技术授权费

当供应商向服务商收取可变的授权费时，转移支付的大小与市场供给量有关，本节讨论线性转移支付的情况，即

$$L(q) = rq$$

其中，r 为单位产品的转移支付。此时，供应商和服务商的利润函数为：

$$\pi_m = (p_m + r)q$$

$$\pi_s = (p_s - k_s s^2 - r)q$$

采用逆向归纳法求均衡解。由于销售商面对的问题不变，因此其最优决策仍然由式(5-3)给出，因此，在博弈第二步服务商面对的问题为：

$$\max_{p_s} \pi_s = (p_s - k_s s^2 - r)q$$

$$\text{s.t.} \quad q = \frac{1}{2}(A + \beta s - \alpha p_m - \alpha p_s)$$

将约束条件代入目标函数：

$$\max_{p_s} \pi_s = \frac{1}{2}(p_s - k_s s^2 - r)(A + \beta s - \alpha p_m - \alpha p_s)$$

显然上式是一个关于 p_s 的凹函数，因此可由 FOC 求出最优解：

$$p_s^* = \frac{1}{2\alpha}(A + \beta s - \alpha p_m + \alpha k s^2 + \alpha r)$$

然后考虑供应商的问题。此时，供应商面对的优化问题为：

$$\max_{r, s, p_m} \pi_m = (p_m + r)q$$

$$\text{s.t.} \begin{cases} q = \frac{1}{2}(A + \beta s - \alpha p_m - \alpha p_s) \\ p_s = \frac{1}{2\alpha}(A + \beta s - \alpha p_m + \alpha k s^2 + \alpha r) \end{cases}$$

利用固定变量法，首先在 s 给定的情况下优化原问题。代入约束条件后，原问题为：

$$\max_{r, p_m} \pi_m = \frac{1}{4}(A + \beta s - \alpha p_m - \alpha k s^2 - \alpha r)(p_m + r)$$

构建海塞矩阵：

$$H = \begin{bmatrix} -\frac{1}{2}\alpha & -\frac{1}{2}\alpha \\ -\frac{1}{2}\alpha & -\frac{1}{2}\alpha \end{bmatrix}$$

由于 $\alpha > 0$，可知 H 为负半定矩阵，由此可以利用 FOC 求解出最优解的充要条件：

$$p_m^* + r^* = \frac{1}{2\alpha}(A + \beta s - \alpha k_s s^2)$$

与式(5-4)类似，上式同样表明销售商、服务商和供应商的境况以及市场的供应量都只与供应商的单位转移支付和产品批发价之和有关，不失一

般性,令

$$r^* = 0$$

则

$$p_m^* = \frac{1}{2\alpha}(A + \beta s - \alpha k s^2)$$

然后确定最优的服务水平 s 以最大化自身利润:

$$\max_{s \geqslant 0} \pi_m = (p_m + r - k_m s^2) q$$

$$\text{s.t.} \begin{cases} q = \frac{1}{2}(A + \beta s - \alpha p_m - \alpha p_s) \\ p_s = \frac{1}{2\alpha}(A + \beta s - \alpha p_m + \alpha k s^2 + \alpha r) \\ p_m + r = \frac{1}{2\alpha}(A + \beta s - \alpha k_s s^2) \end{cases}$$

将约束条件代入目标函数并化简:

$$\max_{s \geqslant 0} \pi_m = \frac{1}{16\alpha}(A + \beta s - \alpha k s^2)^2$$

由于

$$A + \beta s - \alpha k_s s^2 = 8q > 0$$

因此,供应商的目标函数是一个关于 s 的凹函数,因此可以由 FOC 求出最优的服务水平:

$$s^* = \frac{\beta}{2\alpha k_s}$$

由此得到了均衡情况下供应链各成员的最优策略和利润:

$$s^{or} = \frac{\beta}{2\alpha k_s}$$

$$\pi_m^{or} = \frac{1}{16\alpha}\left(A + \frac{\beta^2}{4\alpha k_s}\right)^2$$

$$\pi_s^{or} = \frac{1}{32\alpha}\left(A + \frac{\beta^2}{4\alpha k_s}\right)^2$$

$$\pi_r^{or} = \frac{1}{64\alpha}\left(A + \frac{\beta^2}{4\alpha k_s}\right)^2$$

$$p_m^{or} = \frac{1}{2\alpha}\left(A + \frac{\beta^2}{4\alpha k_s}\right)$$

$$r^{or} = 0$$

$$p_s^{or} = \frac{1}{4\alpha}\left(A + \frac{5\beta^2}{4\alpha k_s}\right)$$

$$q^{or} = \frac{1}{8}\left(A + \frac{\beta^2}{4\alpha k_s}\right)$$

三、固定的技术授权费

上一小节的分析表明，当供应商收取可变的授权费时，单位转移支付在一定范围内的变化并不影响其自身和整个供应链的境况。具体而言，只要满足：

$$r \leqslant \frac{1}{2\alpha}(A + \beta s - \alpha k_s s^2)$$

则 r 的大小不影响供应商和其他供应链成员的利润以及市场的供给量。尽管如此，供应商可以采用另一种收费模式来改善自己的境况，即固定授权费的模式。此时，有：

$$L(q) = F$$

销售商的最优决策仍然由式(5-3)给出。而在博弈第二步服务商面对的问题为：

$$\max_{p_s} \pi_s = (p_s - k_s s^2)q - F$$

$$\text{s.t. } q = \frac{1}{2}(A + \beta s - \alpha p_m - \alpha p_s)$$

将约束条件代入目标函数：

$$\max_{p_s} \pi_s = \frac{1}{2}(A+\beta s-\alpha p_m-\alpha p_s)(p_s-k_s s^2)-F$$

显然上式是一个关于 p_s 的凹函数，因此可由 FOC 求出最优解：

$$p_s^* = \frac{1}{2\alpha}(A+\beta s-\alpha p_m+\alpha k_s s^2)$$

然后考虑供应商的问题。此时，供应商面对的优化问题为：

$$\max_{p_m} \pi_m = p_m q + F$$

$$\text{s.t.} \begin{cases} q = \frac{1}{2}(A+\beta s-\alpha p_m-\alpha p_s) \\ p_s = \frac{1}{2\alpha}(A+\beta s-\alpha p_m+\alpha k_s s^2) \\ \pi_s \geqslant 0 \end{cases}$$

其中，第三个约束为服务商的个体理性约束，用以保证服务商的参与。利用固定变量法，首先在 s 和 F 给定的情况下优化原问题。代入约束条件后，原问题为：

$$\max_{F,s,p_m} \frac{1}{4}(A+\beta s-\alpha p_m-\alpha k_s s^2)p_m + F$$

显然上式是一个关于 p_m 的凹函数，因此可由 FOC 求出最优解：

$$p_m^* = \frac{1}{2\alpha}(A+\beta s-\alpha k_s s^2)$$

然后在假定 F 给定的情况下决定最优的 s：

$$\max_s \pi_m = p_m q + F$$

$$\text{s.t.} \begin{cases} q = \frac{1}{2}(A+\beta s-\alpha p_m-\alpha p_s) \\ p_s = \frac{1}{2\alpha}(A+\beta s-\alpha p_m+\alpha k_s s^2) \\ \pi_s \geqslant 0 \\ p_m = \frac{1}{2\alpha}(A+\beta s-\alpha k_s s^2) \end{cases}$$

代入约束条件后，原问题为：

$$\max_s \pi_m = \frac{1}{16\alpha}(A+\beta s - \alpha k_s s^2)^2 + F$$

由于

$$A + \beta s - \alpha k_s s^2 = 8q > 0$$

因此，供应商的目标函数是一个关于 s 的凹函数，因此可以由 FOC 求出最优的服务水平：

$$s^* = \frac{\beta}{2\alpha k_s}$$

最后决定固定转移支付 F：

$$\max_s \pi_m = p_m q + F$$

$$\text{s.t.} \begin{cases} q = \frac{1}{2}(A + \beta s - \alpha p_m - \alpha p_s) \\ p_s = \frac{1}{2\alpha}(A + \beta s - \alpha p_m + \alpha k_s s^2) \\ \pi_s \geqslant 0 \\ p_m = \frac{1}{2\alpha}(A + \beta s - \alpha k_s s^2) \\ s = \frac{\beta}{2\alpha k_s} \end{cases}$$

注意到

$$\pi_s^* = \frac{1}{32\alpha}\left(A + \frac{\beta^2}{4\alpha k_s}\right)^2 - F$$

因此根据个体理性约束：

$$F^* = \frac{1}{32\alpha}\left(A + \frac{\beta^2}{4\alpha k_s}\right)^2$$

由此得到了均衡情况下供应链各成员的最优策略和利润：

$$s^{oF} = \frac{\beta}{2\alpha k_s} \tag{5-11}$$

$$p_m^{oF} = \frac{1}{2\alpha}\left(A + \frac{\beta^2}{4\alpha k_s}\right)$$

$$p_s^{oF} = \frac{1}{4\alpha}\left(A + \frac{5\beta^2}{4\alpha k_s}\right)$$

$$q^{oF} = \frac{1}{8}\left(A + \frac{\beta^2}{4\alpha k_s}\right) \tag{5-12}$$

$$F^{oF} = \frac{1}{32\alpha}\left(A + \frac{\beta^2}{4\alpha k_s}\right)^2$$

$$\pi_m^{oF} = \frac{3}{32\alpha}\left(A + \frac{\beta^2}{4\alpha k_s}\right)^2 \tag{5-13}$$

$$\pi_s^{oF} = 0$$

$$\pi_r^{oF} = \frac{1}{64\alpha}\left(A + \frac{\beta^2}{4\alpha k_s}\right)^2 \tag{5-14}$$

对比结果得到以下定理。

【定理 5-1】在采用了固定授权费用之后,市场供给量和销售商利润保持不变,而供应商的利润会增加,但此时服务商的利润为零。

我们发现固定授权费用模式并不能改变整个供应链的利润。供应商的利润增加全部来源于服务商所减少的利润。由于此时供应链由供应商主导,因此追求利润最大化的供应商会采用固定授权费用模式与服务商合作。

【性质 5-2】网络化渠道下,供应商和销售商的利润以及产品的市场供应量与潜在市场规模和消费者对服务的敏感系数正相关,与服务商提供服务时的服务成本系数和消费者对价格的敏感系数负相关。

性质 5-2 说明当引入了第三方服务商后,供应链的效率转而由服务商的成本系数决定,从而发挥了服务商低成本服务的优势。

综合分析结果和性质的对比,得到以下定理。

【定理 5-2】网络化渠道下与垂直式渠道下的服务水平与服务成本有

关,且与服务成本系数呈反比。

定理 5-2 说明了在供应商主导的供应链下,渠道模式的选择与服务水平和服务成本的关系密切相关,并且它们均受到服务成本系数的反向影响。

【定理 5-3】 若服务成本系数相等,垂直式渠道比网络化渠道更能激励产品的市场供给,且网络化渠道下销售商和供应商的利润均小于垂直式渠道下的利润。

定理 5-3 说明第三方服务商的加入加剧了供应链上的双重边际效应导致供应链效率下降。因此,供应商选择何种渠道服务取决于供应商在两种情境下服务成本系数的大小,如图 5.5 所示。

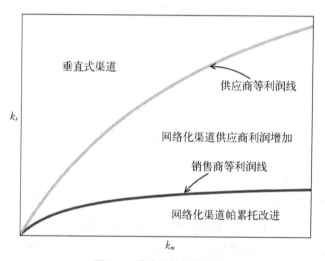

图 5.5 供应链的结构选择

图 5.5 中的纵轴为服务商的服务成本系数,横轴为供应商的服务成本系数。在图中供应商和销售商等利润线内的区域,网络化渠道能够实现供应商利润增加;而在销售商等利润线下方,网络化渠道同时增加了供应商和销售商的利润,实现了帕累托改进。可以看出,当服务商的服务成本较高时,网络化渠道仅改进了供应商利润,而若服务商的服务成本进一步降低时网络化渠道也将改进销售商利润。此外,对比式(5-6)和式(5-12)可知,存在区域的市场的产品供应量也将增加,因此消费者的福利也实现了帕累托改进。

实际上供应商利润增加区域和帕累托改进的区域还与市场的状态有

关,如定理 5-4 所示。

【定理 5-4】 网络化渠道的供应商利润增加区域和帕累托改进区域与市场规模、消费者对价格和服务的敏感系数有关。令：

$$M = \frac{A\alpha}{\beta^2}$$

其中，A 为潜在的市场需求，α 为消费者的价格敏感系数，β 为消费者的服务敏感系数。供应商利润增加区域和帕累托改进区域与 M 负相关。

M 是一个与市场状态有关的常数，且随着潜在的市场规模和消费者的价格敏感系数上升而上升，随着消费者的服务敏感系数上升而下降。针对 M 取高、中、低三种不同的市场状态常数，图 5.5 中网络化渠道的供应商利润增加区域和帕累托改进区域的大小也会随之变化。图 5.6 给出了相应的帕累托改进区域的对比。

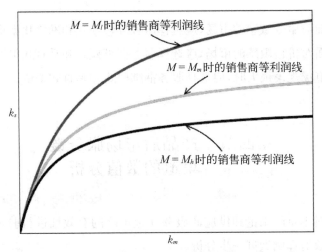

图 5.6　不同市场状态下的帕累托改进区域

如图 5.6 所示，$M = M_h$，M_m 和 M_l 时的销售商等利润线以下的区域分别代表了 M 的取值为高、中、低时的帕累托改进区域,可以看出,消费者的服务敏感系数越高,网络化渠道的优势越大,这是因为网络化渠道能够提供更优质的服务,消费者对服务质量越敏感,越能刺激消费者的需求,从而提高了供应链的效率。相反,价格敏感的消费者则对高质量服务支付的意愿较低,因此网络化渠道在价格敏感的市场上没有服务竞争优势。实际上,观察式(5-11)可知,当消费者的价格敏感系数上升时,供应商所选择的服务水平也将降低。因此,只有服务商更低的服务成本才能为供应商选择网络化渠道提供动机。而观察式(5-7)、式(5-8)和式(5-13)、式(5-14)可以发现,供应链各成员的利润分为两部分:一部分为与市场规模有关而与服务水平无关的利润,称为前市场利润;另一部分为后市场服务带来的增值,称为后市场利润,这一部分与市场规模无关。因此网络化渠道只能使得后市场服务收益增加,而不能增加前市场销售利润。另一方面,引入第三方服务商加剧了供应链双重边际效应,使得前市场利润减小,因此,对于潜在规模很大的市场,选择网络化渠道的优势就并不明显了。由此我们可以得到结论 5-1。

【结论 5-1】企业在进行服务模式选择时,应遵照以下原则:

(1)当第三方服务商的服务成本很低时,应选择服务外包模式和网络化渠道;

(2)面对服务敏感的市场,应选择服务外包模式和网络化渠道;

(3)面对价格敏感的市场,应选择服务捆绑模式和垂直式渠道;

(4)市场规模很大时,应选择服务捆绑模式和垂直式渠道。

第四节 产品后市场服务链渠道的数值分析

为了对本章的结论和供应商服务外包策略的有效性进行验证,这一小节将使用数值算例做进一步分析。

一、供应商成本系数

首先假设潜在市场规模 $A=10$,消费者对价格的敏感系数 $\alpha=0.01$,消费者对服务的敏感系数 $\beta=1.5$,服务商提供服务时的成本系数 $k_s=1$。由此可以计算出在不同的供应商成本系数下两种供应链结构下销售商和供应商的利润,如图 5.7 所示。

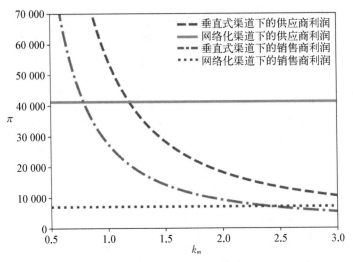

图 5.7　不同供应商成本系数下的供应商和销售商利润

由图 5.7 可以看出，当供应商提供服务时的成本系数和服务商提供服务时的成本系数比较接近，即第三方服务商提供服务时的成本优势不明显时，网络化渠道下的供应商利润和销售商利润均低于垂直式渠道。此时，引入第三方服务商带来的双重边际效应占据主导地位，供应链的效率降低。当供应商提供服务时的成本系数相对服务商提供服务时的成本系数较高，即第三方服务商提供服务时的成本优势比较明显时，网络化渠道下的供应商利润和销售商利润超过了垂直式渠道。此时，引入第三方服务商带来的服务后市场利润的增加超过了双重边际效应带来的影响，供应链的效率提高。

二、消费者服务敏感系数

下面取供应商提供服务时的成本系数 $k_m=3$。由此可以计算消费者的服务敏感系数对供应商和销售商的利润的影响，如图 5.8 所示。

消费者对服务的敏感系数也会影响供应链的效率。当消费者的服务敏感系数较低时，网络化渠道的优势并不明显，引入第三方服务商带来的双重边际效应超过了服务外包带来的红利，供应链的效率降低。当消费者的服务敏感系数较高时，网络化渠道下的供应商利润和服务商利润超过了垂直式渠道，供应链的效率提高。

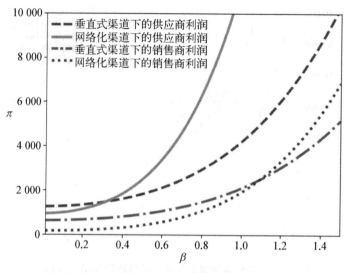

图 5.8 不同消费者服务敏感系数下的供应商和销售商利润

三、消费者价格敏感系数

下面分析消费者的价格敏感系数的变化对供应链成员的利润的影响，如图 5.9 所示。

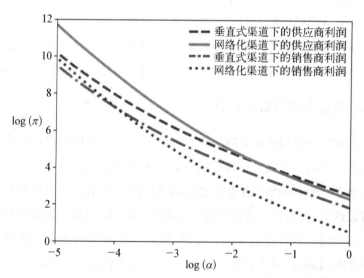

图 5.9 不同消费者价格敏感系数下的供应商和销售商利润

消费者的价格敏感系数对供应链效率的影响机制和消费者的服务敏感系数对供应链的效率的影响机制类似。当消费者的价格敏感系数较低时，网络化渠道的优势更加明显，引入第三方服务商使得供应链的效率上升。反之，当消费者的价格敏感系数较高时，消费者拒绝为优质服务付费，因此引入第三方服务商使得供应链的效率降低。

四、市场潜在规模

最后研究潜在市场规模对供应链上成员利润的影响，如图 5.10 所示。

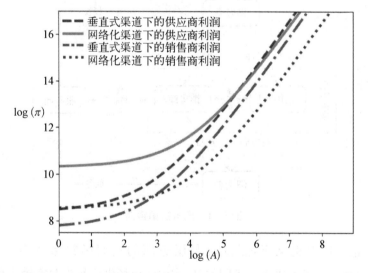

图 5.10　不同潜在市场规模下的供应商和销售商利润

由图 5.10 可以看出，当潜在市场规模较大时，网络化渠道在后市场获得的利润的增量不能抵消由于双重边际效应的存在而使得前市场利润的减小量。此时，垂直式渠道下供应商的利润和销售商的利润均较大。而对于较小的市场规模，网络化渠道可以提高供应链的效率。近年来随着我国市场的不断成熟，市场细分的现象越来越频繁。当面对规模较小的细分市场时，企业应考虑采用网络化渠道。

第五节　产品后市场服务链渠道的扩展模型

一、前市场的结构变化：竞争的销售商

这一节考虑销售商处于竞争市场中的情况。为此，假设模型中有两家竞争的销售商，他们都提供由同一供应商提供的商品，该商品也由同一家服务商提供服务，如图 5.11 所示。

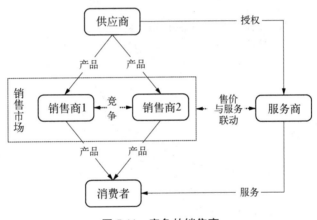

图 5.11　竞争的销售商

在这一博弈框架下，供应商与服务商的利润函数保持不变，仍由式(5-9)和式(5-10)决定。不同的是，式中的市场供应量为两家销售商的市场供应量之和，即：

$$q = q_1 + q_2$$

其中，q_1 和 q_2 分别为销售商 1 和销售商 2 的市场供应量。而销售商的利润为：

$$\pi_{ri} = \frac{1}{\alpha}(A - q + \beta s - \alpha p_m - \alpha p_s)q_i$$

其中，$i = 1$ 或 $i = 2$。博弈的最后一步由两个销售商参与，由于他们之

间并没有主导与被主导的关系,因此他们关于市场供给量的博弈实际上是一个古诺博弈。他们的利润函数为:

$$\pi_{r1} = \frac{1}{\alpha}(A - q + \beta s - \alpha p_m - \alpha p_s)q_1$$

$$\pi_{r2} = \frac{1}{\alpha}(A - q + \beta s - \alpha p_m - \alpha p_s)q_2$$

解得其均衡结果为:

$$s^{oc} = \frac{\beta}{2\alpha k_s}$$

$$p_m^{oc} = \frac{1}{2\alpha}\Big(A + \frac{\beta^2}{4\alpha k_s}\Big)$$

$$p_s^{oc} = \frac{1}{4\alpha}\Big(A + \frac{5\beta^2}{4\alpha k_s}\Big)$$

$$q_1^{oc} = q_2^{oc} = \frac{1}{12}\Big(A + \frac{\beta^2}{4\alpha k_s}\Big)$$

$$F^{oc} = \frac{1}{24\alpha}\Big(A + \frac{\beta^2}{4\alpha k_s}\Big)^2$$

$$\pi_m^{oc} = \frac{1}{8\alpha}\Big(A + \frac{\beta^2}{4\alpha k_s}\Big)^2$$

$$\pi_s^{oc} = 0$$

$$\pi_{r1}^{oc} = \pi_{r2}^{oc} = \frac{1}{144\alpha}\Big(A + \frac{\beta^2}{4\alpha k_s}\Big)^2$$

将上述结果与第三节的结果进行对比,可以得到定理 5-5。

【定理 5-5】 供应链下游销售商之间的古诺竞争并不会影响后市场服务水平。虽然竞争造成单个销售商的利润下降,但产品的市场供应总量增加,因此供应商的利润上升。

销售商之间的竞争实际上是在产品前市场中的竞争,因此,虽然古诺竞争在降低了单个销售商利润的同时增加了市场的总供应量(这和经典的古诺模型的结论一样),但对于供应商在服务后市场的决策影响不大,而供应商的利润上升全部来源于产品供应量的增加。

二、不同的支付模式：收益共享契约

在以上讨论中，都假设销售商与供应商之间的契约关系为批发价契约。而在实际生产中，销售商与供应商之间常常根据实际情况采用不同的契约模式以实现供应链协调，比如，Cachon 等提出用收益共享契约解决供应链中的协调问题。现实中，这一契约模式常常出现在电子商务之中，如淘宝的店铺就需要按照一定比例将利润分给淘宝平台。本节将根据现实情境出发研究这一供应链模式对网络化渠道下各结点企业的利润影响。

王先甲等证明了通过带有固定补偿的收益共享契约可以在供应链上实现帕累托改进。由于本节的重点是分析收益共享契约对网络化渠道下的供应链的影响，因此，我们考虑简单情况，并忽略销售商对供应商的补偿。在这种情况下，供应链仍然可以协调。此时，服务商的利润仍然由式(5-10)决定。而供应商和销售商则以 (p_m, φ) 契约进行分成，他们的利润则分别为：

$$\pi_m = \frac{\varphi}{\alpha}(A - q + \beta s)q + p_m q + F$$

$$\pi_r = \frac{1-\varphi}{\alpha}(A - q + \beta s)q - (p_m + p_s)q$$

解得其均衡结果为：

$$s^{os} = \frac{\beta}{2\alpha k_s}$$

$$p_m^{os} = \frac{1}{(4-3\varphi)\alpha}\left((2-3\varphi)(1-\varphi)A + \frac{(2-9\varphi+6\varphi^2)\beta^2}{4\alpha k_s}\right)$$

$$p_s^{os} = \frac{1}{(4-3\varphi)\alpha}\left((1-\varphi)A + \frac{(5-4\varphi)\beta^2}{4\alpha k_s}\right)$$

$$q^{os} = \frac{1}{2(4-3\varphi)}\left(A + \frac{\beta^2}{4\alpha k_s}\right)$$

$$\pi_m^{os} = \frac{6-5\varphi}{4\alpha(4-3\varphi)^2}\left(A + \frac{\beta^2}{4\alpha k_s}\right)^2$$

$$\pi_s^{os} = 0$$

$$\pi_r^{os} = \frac{1-\varphi}{4\alpha(4-3\varphi)^2}\left(A+\frac{\beta^2}{4\alpha k_s}\right)^2$$

将上述结果与第三节的结果进行对比,可以得到定理 5-6。

【定理 5-6】 当供应商和销售商之间使用收益共享契约来协调供应链时,后市场的服务水平保持不变。产品的市场供应量上升,供应商的利润上升。而销售商的利润上升当且仅当分成比例 $\varphi < 8/9$。

以上结果表明收益共享契约协调了供应链的同时提高了供应链的效率,因此使得消费者的境况得到了改善,并因此使得在供应链中占主导地位的供应商的利润上升。而且一个适当的分成比例也可以使得销售商的利润上升,从而实现了帕累托改进。但是,供应商与销售商之间的支付结构并不能影响后市场的决策,因此后市场中的服务水平仍然保持不变。

三、信息披露策略:供应商与服务商之间的非对称信息

在本章之前的讨论中,都以完全信息作为前提。这一小节将用一个简单的非对称信息模型来分析非对称信息出现时对供应链的影响。在图 5.4 的决策树中,服务商在做出决策之前是可以观测到供应商的全部决策的,包括供应商为销售商提供的产品批发价。然而在实际生产中,供应商常常对自己与销售商的契约进行保密,因此服务商无法准确地观测到供应商的批发价决策。此时,他与供应商之间的博弈实际上是一个贝叶斯博弈,如图 5.12 所示。

图 5.12 制造商与服务商之间的贝叶斯博弈

供应链上各结点企业的利润函数仍然与第三节一样。求得其均衡时的结果为：

$$s^{oi} = \frac{\beta}{2\alpha k_s}$$

$$p_s^{oi} = \frac{1}{3\alpha}\left(A + \frac{\beta^2}{\alpha k_s}\right)$$

$$p_m^{oi} = \frac{1}{3\alpha}\left(A + \frac{\beta^2}{4\alpha k_s}\right)$$

$$q^{oi} = \frac{1}{6}\left(A + \frac{\beta^2}{4\alpha k_s}\right)$$

$$\pi_m^{oi} = \frac{1}{9\alpha}\left(A + \frac{\beta^2}{4\alpha k_s}\right)^2$$

$$\pi_s^{oi} = 0$$

$$\pi_r^{oi} = \frac{1}{36\alpha}\left(A + \frac{\beta^2}{4\alpha k_s}\right)^2$$

将上述结果与第三节的结果进行对比，可以得到定理5-7。

【定理5-7】 当供应商对自己与销售商之间的契约细节进行保密时，后市场的服务水平保持不变。产品的市场供应量上升，供应商和销售商的利润均上升。

实际上，当供应商选择对服务商进行保密时，供应商放弃了自己对服务商的主导地位，使得服务商在与供应商之间的贝叶斯博弈（图5.12中的虚线框）获得的利润上升。但是，供应商总是可以通过固定的授权费用获得服务商的所有利润。因此，信息的保密实际上整合了供应商与服务商，消除了他们之间存在的双重边际效应，从而提高了供应链的效率，实现了帕累托改进。这在一定程度上解释了现实中供应商将与销售商之间的契约视为商业机密并加以保密的现象。

由此我们总结出在不同情况下的供应链策略选择，得到结论5-2。

【结论5-2】 供应商总是希望增加销售商之间的竞争，前市场的竞争在提升了供应商利润的同时也提高了消费者的福利。另一方面，收益共享契约在引入第三方服务商后仍然可以实现供应链协调和帕累托改进。而且，如果供应商与销售商之间契约信息进行保密，供应链的效率将会提高并实现帕累托改进。

本章从引入后市场服务的供应链结构选择问题出发，通过建模对比了两种供应链结构：供应商捆绑服务模式形成的垂直式渠道和供应商外包服务模式形成的网络化渠道。本章分别对这两种供应链进行均衡解的计算。在对比了两组均衡解后发现：后市场的服务水平在相同市场条件下与提供服务的企业的服务成本有关。如果第三方服务商提供服务时的成本足够低，供应商将服务进行外包可以提高产品的市场供应量、供应商和销售商的利润，提高供应链的效率并实现帕累托改进。前市场的古诺竞争不会影响后市场的服务水平，但可以提高产品的市场供应量和供应商的利润。

最后，本章研究了竞争的前市场、收益共享契约和不对称信息三种情况对供应链上企业的策略的影响。研究发现：供应商与服务商之间实行收益共享契约不会影响后市场的服务水平，但可以在实现供应链协调的同时增加产品的市场供应量和供应链上各结点企业的利润，即帕累托改进。如果供应商对服务商隐藏与销售商之间的具体契约，可以消除与服务商之间的双重边际效应并提升供应链的效率，实现帕累托改进。

本章的扩展模型只是为了分析不同契约情境对供应链以及各成员可能带来的影响，为企业实践提供借鉴。相关的研究可以由此入手，考虑更复杂的市场环境或不同的契约关系来进行更深入的探讨，比如分析提供替代产品的多个供应商在前市场中的竞争；或考虑不同类型的供应商与服务商之间的完美贝叶斯均衡等。

第6章

产品后市场服务链的回收契约机制

近年来,电子商务呈现高速发展景象,据中国电子商务研究中心发布的数据:新冠疫情加速了传统经济的数智转型,2020年全国电商交易额37.21万亿元,同比增长4.5%,其中商品类27.95万亿元、服务业8.08万亿元、合约类1.18万亿元。网购市场的移动购物发展迅猛,直播带货模式迅速普及。截至2020年6月底,我国手机线上购物用户数7.47亿人,手机使用率近80%;移动电商交易额突破8万亿元,较上年增长19.7%。世纪联华、银泰百货等线下实体也纷纷开通微信、支付宝等移动支付,有效促进了移动购物频次,已经成为拉动网购市场发展的生力军。随着移动用户规模的扩大和微信的快速发展,消费者对移动营销逐渐认可,开展线上直销渠道已经不再是企业尝试探索的一个商业模式,而是企业发展中一个必要的战略选择。本章针对互补型线上线下双渠道的闭环供应链系统,探究产品后市场回收服务链的契约机制。

第一节 问题描述与基本设定

随着越来越多的企业开辟网络直销渠道,竞争将会趋于白热化,如何在激烈的价格战中挽留顾客是企业需要思考的重要问题,这时候网络服务显得尤为重要。据中国电子商务投诉与维权公共服务平台统计数据显示,2014年上半年共接到全国各地用户的电子商务投诉近50 180起,同比增长

21.32%。其中网络购物投诉占比最大,退换货物、发货迟缓、售后服务成为热点投诉问题,可见直销模式下的服务做得远远不到位。

一、问题提出

关于电子商务背景下的服务,国内外学者已有相关研究。Lin 等(2002)用仿真方法研究了电子渠道的送货服务,研究表明送货时间对顾客满意度和渠道成本都有很大的影响;Ramanathan(2011)的研究指出电子商务环境下,高风险和低风险产品的退货服务在培养顾客忠诚度上起很大的作用,但对中等风险的产品不适用;王燕等(2013)研究了制造商在直销渠道提供服务的情况,研究表明网络渠道的服务水平对制造商和零售商的价格决策产生重要影响;Kaya 等(2006)得出制造商和零售商在双渠道供应链中提供的服务水平高于单一渠道的情形,许明星等(2014)研究表明在渠道内部,服务对双渠道的影响是正向的,在渠道之间,服务对定价的影响取决于双渠道决策的模式,这里服务不是决策变量,只是被当作参数进行分析。Rohm 等(2004)的研究认为服务已经成为消费者进行渠道选择的重要影响因素;Yan 等(2009)认为零售商服务水平的提高可以在一定程度上缓解渠道冲突;Dan 等(2012)研究表明零售商提供的服务决策对线下和线上的定价产生重要影响。以上关于服务的研究,一方面,本渠道的服务对本渠道的需求产生正影响,对对方的渠道需求产生负影响,服务是线上、线下渠道抢占市场的一种方式,并不是一种合作的模式;另一方面,电子渠道的服务只由制造商提供,与线下零售商无关,这种电子渠道成为零售渠道的有力竞争者,造成渠道冲突和低效率。

供应链管理强调集成化的管理思想,强调将各项功能性任务交给渠道成员完成,达到高效的目的:将有关消费者和客户的信息、技术和后勤管理以及机会的信息与链中的其他成员分享;建立解决消费者相关问题的机制,发展和实施最佳后勤管理、运输和分发方法,以合理的方式向消费者提供产品和服务。所以在电子商务背景下,线上线下的整合显得尤为重要:线上在提供服务方面存在客观的劣势,线下具有直接面对顾客、服务成本较低的天然优势。过去的文献研究大多集中在渠道冲突和协调上,线上、线下整合将是双渠道供应链发展的一个趋势,Gallino 等(2014)利用实证研究了线上线下整合带来的效应。国外企业在线上、线下的整合方面也做了一些尝试，例如 Estee Lauder 雅诗兰黛顾客在网站上可以选择通过电子渠道或某个零售商来实现定单；顾客在 Ethan Allen Interiors 网站上下的定单将通过与顾客最近的零售商来完成。在供应链管理中，这些需要供应链成员的明确分工和协作，通过合同的形式规范成员的行为，最大化地减少冲突和双重边际效应，收益共享契约广泛应用于供应链的协调领域。Cachon（2005）指出收益共享契约能够更好地协调给定零售价格的供应链渠道；Dan 等（2014）用收益共享契约协调了风险规避型的双渠道供应链。

在快速大量的消费和产品快速更新换代的背景下，推行绿色供应链-闭环供应链成为一种必然趋势，再制造节约成本的增加和企业绿色环保的形象使得企业有动力实施闭环供应链，Patroklos 等（2004）使用动态仿真方法研究了企业绿色环保的形象对顾客需求的长期影响。关于闭环供应链的研究主要集中在渠道选择、定价和回收激励上：Savaskan 等（2004）首次探讨了回收渠道的选择问题，易余胤等（2011）探讨了闭环供应链的定价、广告投入和回收率决策，王玉燕（2013）研究了回收商或制造商进行回收广告的投入的情形。供应链成员间的合作程度直接影响回收渠道的选择以及回收激励的模式，本章在研究线上、线下渠道在正向渠道合作的同时，探讨其在逆向渠道的合作；同时，为了使线上、线下专注于自己的核心优势，本章设计了线上销售、线下服务的商业合作模式。

二、问题描述

如图 6.1 所示，本章考虑的是由单一线上直销商和单一线下服务提供商组成的直销型闭环供应链：线上直销商是制造商，线下服务提供商可以是零售商或第三方。

闭环双渠道供应链正向渠道：单个线上直销平台商-单个线下渠道服务商组成的两阶段供应链，线上平台商负责外包产品制造/再制造和线上直销产品，处理与接收消费者订单，并将订单传递给线下渠道服务商（负责产品配送、使用指导、产品维护、产品体验以及退货返回等服务）。逆向渠道：线下渠道服务商负责逆向渠道废旧产品的回收工作，线下以一定的价格从

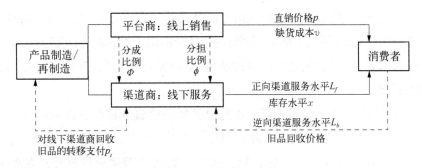

图 6.1 直销型闭环供应链的博弈决策模型

消费者手中回收废旧产品;线上平台商对于线下渠道服务商回收的每一单位废旧产品给予一定的转移支付。

(1) 当线上平台商、线下渠道服务商单独做出定价和服务决策时,对于产品的销售收益,线上平台商给予线下渠道服务商一定比例的收益分成;线上平台商作为市场的主导者,决定收益分成比例使得线下渠道服务商与其合作;做决策时,线上平台商首先做出定价决策,线下渠道服务商观察到线上平台商的定价决策后再决定自己正向渠道的服务水平。

(2) 针对不确定性的市场需求,要持有相应的库存。分散决策下,线下渠道服务商持有相应的库存以应对需求的不确定性,同时承担库存成本以及一定比例的缺货成本;其他缺货成本由线上平台商来承担。

(3) 逆向渠道还是平台商作为市场的主导者,首先做出决策,如单位废旧商品的转移支付,线下渠道服务商再根据线上平台商的决策决定逆向渠道的表现,如回收价格决策、逆向渠道的服务水平决策。

三、基本设定

对复杂的现实情况做如下既与现实相符又符合逻辑的假设:

假设 1:假设生产再制造产品的单位成本 c_r 低于用原材料进行生产的单位成本 c_m,即 $c_r < c_m$,且假设生产再制造产品的单位成本均相同。令 $\delta = c_m - c_r$ 表示平台商从再制造产品节约的单位成本。

假设 2:消费者对新产品和再制造产品的接受程度相同,即新产品和再制造产品以相同的价格出售。

假设3：供应链成员之间的信息都是透明的，零售商负责回收旧品时进行严格的检测，线下渠道服务商回收的产品全部用于再制造，没有废弃处理。

假设4：假设前期已有产品的销售，本研究当期回收，忽略周期之间的相互影响。

假设5：线下渠道服务商在逆向渠道提供的服务对市场需求函数不产生影响，只对逆向渠道废旧产品的回收产生影响。

假设6：前期已有产品的销售，在本章的研究期间可以进行产品的回收，且本章只考虑一个周期的生产、销售和回收，忽略周期之间的相互影响。

假设7：线下在逆向渠道提供的服务对市场需求函数不产生影响，只对逆向渠道旧品的回收产生影响。

四、参数设置

表 6-1 参数与变量

模型参数			
D	产品的市场需求量	$f(\varepsilon)$	随机需求因子的概率密度
A	产品的潜在市场总需求量	$F(\varepsilon)$	随机需求因子的分布函数
α_1	直销价格敏感系数	h	单位产品库存成本
α_2	渠道服务敏感系数	v	单位产品缺货成本
λ_1	回收价格敏感系数	κ	线下渠道服务商承担的缺货成本比例
λ_2	逆向渠道投资敏感系数	m	线下渠道服务商在逆向渠道的投资水平
ε	产品需求的随机因子	Φ	正向渠道，线上平台商对线下渠道服务商的收益分成比例
μ	随机需求因子的期望值	ϕ	逆向渠道，线上平台商对线下渠道服务商的投入分担比例
c_r	线下渠道单位销售成本	c	单位新件制造成本
决策变量			
p	线上平台商直销价格	L_f	线下渠道服务商正向渠道努力水平
x	为应对需求的不确定性的线下渠道服务商库存水平	L_b	线下渠道服务商逆向渠道努力水平
p_r	单位回收旧品线下渠道服务商支付给消费者的价格	p_t	单位回收旧品线上平台商对线下渠道服务商的转移支付

五、函数界定

(一) 需求函数

市场需求由两部分组成：确定性的市场需求 y 和随机的市场需求部分 ε。Dumrongsiri 等(2008)指出价格和服务是影响消费者购买决策的重要因素，所以本文考虑的市场需求主要受线上平台商定价和线下渠道服务商正向渠道努力水平因素影响。借鉴 Chiang(2003)、Huang and Swaminathan(2009)的线性需求函数，因此本文定义确定性的市场需求 D 如下：$D = A - \alpha_1 p + \alpha_2 L_f$，其中 A 代表潜在的市场容量；α_1 为直销价格敏感系数，衡量了市场对价格的敏感程度；α_2 为渠道服务敏感系数，衡量了市场对服务的敏感程度。A、α_1、α_2 都为正参数。

市场需求的随机因子 ε 在区间 (a, b) 服从一定的概率分布，其分布函数 $F(\mu)$，概率密度函数 $f(\mu)$，且 $E(\varepsilon) = \mu$。借鉴 Pan(2010)在需求中加入不确定性因素的形式，定义需求函数 $D = A - \alpha_1 P + \alpha_2 L_f + \varepsilon$，则期望的市场需求为：

$$E(D) = A - \alpha_1 P + \alpha_2 L_f + \mu \qquad (6-1)$$

(二) 成本函数

定义与线下渠道服务商服务水平相对应的成本函数是严格的凸函数，即其一阶和二阶导数都大于 0，借鉴 Yan and Pei(2009)使用的函数形式，定义与线下渠道服务商服务努力水平 L 相对应的成本函数为 $1/2\eta L^2$。其中，η 代表服务成本系数，该系数越大，说明线下渠道服务商提供单位服务水平的成本越高。

(三) 回收函数

对于废旧产品的供给市场，借鉴洪宪培等(2012)定义的回收函数 $S(p_r) = S_0 + \lambda_1 p_r$，这里 S_0 表示回收价格为 0 时旧品的市场供应量，取决于消费者的环保意识。王玉燕(2013)考虑了回收商广告投入 v_0 对回收量的影响的情形,使用了如下的废旧产品的供给函数 $S(p_r) = S_0 + \lambda_1 p_r + \gamma_0 \sqrt{v_0}$。实际中,在闭环供应链中旧品的回收环节,通过增加回收广告投入只是回收方增加回收量的方式之一,如回收方可以增多回收网点布局、提供上门取货的服务等来增加旧品的回收量,所以线下渠道服务商逆向渠道的投资水平为 m;用线下渠道服务商逆向渠道的服务成本衡量线下渠道服务商逆向渠道的投资水平,即 $m = 1/2\eta L_b^2$。借鉴王玉燕的旧品供给回收量形式,所以旧品供给函数为:

$$S(p_r) = S_0 + \lambda_1 p_r + \lambda_2 \sqrt{\frac{\eta}{2}} L_b \tag{6-2}$$

第二节 收益共享契约模型

在正向渠道,线上平台商、线下渠道服务商对正向渠道的销售收益采取收益共享的模式;在逆向渠道,线上平台商对于线下渠道服务商回收的单位废旧产品给予一定的转移支付,激励线下渠道服务商进行产品的回收。假设线上平台商在直销型闭环供应链系统中处于主导地位,即在决策中线上平台商首先做出决策,线下渠道服务商观察到线上平台商的行动后再做出相应的决策。平台商首先决定线上平台商最优的直销价格 p 以及对于线下渠道服务商回收的单位废旧产品的转移支付 p_t,线下渠道服务商观察到平台商的决策后,决定正向渠道的服务水平 L_f 和逆向渠道的服务水平 L_b、支付给消费者的单位废旧商品价格 p_r 以及为了应对需求的不确定性而持有的库存水平 x。

一、模型建立

供应链的期望销售收益 $pE(D)$,期望库存成本 $h\int_a^x (x-\mu)f(\mu)d\mu$,期望缺货成本 $v\int_x^b (\mu-x)f(\mu)d\mu$;线上平台商渠道对线下渠道服务商回

收旧品的转移支付 $p_t S(p_r)$,线上平台商生产新产品和再制造产品的成本 $c_m E(D) - \delta S(p_r)$,其中 $\delta = c_m - c_r$;线下渠道服务商渠道回收旧品的收益 $(p_t - p_r)S(p_r)$,正向渠道的服务成本 $1/2\eta L_f^2$,逆向渠道的投资水平 $m = 1/2\eta L_b^2$。

(一) 线上平台商渠道的期望利润

线上平台商渠道收益共享的期望利润函数:

$$E^R(\Pi_m) = [(1-\Phi)p - c_m]E(D) + (\delta - p_t)S(p_r) \\ - (1-\kappa)\upsilon \int_x^b (\varepsilon - x)f(\varepsilon)\mathrm{d}\varepsilon$$

带入式(6-1)、式(6-2)得到线上平台商渠道收益共享期望利润函数的表达式:

$$E^R(\Pi_m) = [(1-\Phi)p - c_m](A - \alpha_1 p + \alpha_2 L_f + \mu) + \Big(S_0 + \lambda_1 p_r \\ + \lambda_2 \sqrt{\frac{\eta}{2}} L_b\Big)(\delta - p_t) - (1-\kappa)\upsilon \int_x^b (\varepsilon - x)f(\varepsilon)\mathrm{d}\varepsilon \quad (6-3)$$

(二) 线下渠道服务商渠道的期望利润

线下渠道服务商渠道收益共享的期望利润函数

$$E^R(\Pi_r) = \Phi p E(D) - \frac{1}{2}\eta L_f^2 + (p_t - p_r)S(p_r) - m \\ - h\int_a^x (x-\varepsilon)f(\varepsilon)\mathrm{d}\varepsilon - \kappa\upsilon \int_x^b (\varepsilon - x)f(\varepsilon)\mathrm{d}\varepsilon$$

带入式(6-1)、式(6-2)得到线下渠道服务商期望利润函数的表达式:

$$E^R(\Pi_r) = \Phi p(A - \alpha_1 p + \alpha_2 L_f + \mu) - \frac{1}{2}\eta L_f^2 \\ + (p_t - p_r)\Big(S_0 + \lambda_1 p_r + \lambda_2 \sqrt{\frac{\eta}{2}} L_b\Big) - \frac{1}{2}\eta L_b^2 \\ - h\int_a^x (x-\varepsilon)f(\varepsilon)\mathrm{d}\varepsilon - \kappa\upsilon \int_x^b (\varepsilon - x)f(\varepsilon)\mathrm{d}\varepsilon \quad (6-4)$$

二、模型求解

对于两阶段动态博弈求解，首先逆序求解先得到线下渠道服务商的最优决策，再代入到线上平台商的利润函数求出其最优决策。

（一）博弈的第二阶段求解

探寻线下渠道服务商对线上平台商决策的反应函数：线下渠道服务商选择合适的服务水平、对单位回收的废旧产品支付给消费者的价格以及持有的库存水平，使其自身的利润最大化。

对式(6-4)求关于 $(L_f^R, p_r^R, L_b^R, x^R)$ 的二阶偏导，有如下四阶 Hessian 矩阵：

$$H(E^R(\Pi_r)) = \begin{pmatrix} -\eta & 0 & 0 & 0 \\ 0 & -2\lambda_1 & -\sqrt{\frac{\eta}{2}}\lambda_2 & 0 \\ 0 & -\sqrt{\frac{\eta}{2}}\lambda_2 & -\eta & 0 \\ 0 & 0 & 0 & -h-\kappa v \end{pmatrix}$$

$H(E^R(\Pi_r))$ 负定的充分必要条件是它的奇数阶顺序主子式全为负，偶数阶顺序主子式全为正，即满足如下不等式：

$$\begin{cases} -\eta < 0 \\ 2\lambda_1 \eta > 0 \\ -\frac{\eta^2}{2}(4\lambda_1 - \lambda_2^2) < 0 \\ \frac{\eta^2}{2}(h+\kappa v)(4\lambda_1 - \lambda_2^2) > 0 \end{cases}$$

解得 $4\lambda_1 - \lambda_2^2 > 0$。

当 $4\lambda_1 - \lambda_2^2 > 0$，$H(E^R(\Pi_r))$ 存在关于 $(L_f^R, p_r^R, L_b^R, x^R)$ 的联合最优解。

令 $E^R(\Pi_r)$ 关于 $(L_f^R, p_r^R, L_b^R, x^R)$ 的一阶偏导等于 0，有：

$$\begin{cases} \Phi p \alpha_2 - \eta L_f = 0 \\ \lambda_1(p_t - p_r) - \left(S_0 + \lambda_1 p_r + \lambda_2 \sqrt{\dfrac{\eta}{2}} L_b\right) = 0 \\ -2\sqrt{\dfrac{\eta}{2}} L_b + \lambda_2(p_t - p_r) = 0 \\ -hF(x) + \kappa v(1 - F(x)) = 0 \end{cases}$$

解联合方程组，得到线下渠道服务商的库存策略和线下渠道服务商的反应函数：

$$x = F^{-1}\left(\frac{\kappa v}{\kappa v + h}\right)$$

$$p_r = \frac{2\lambda_1 p_t - \lambda_2^2 p_t - 2S_0}{4\lambda_1 - \lambda_2^2}$$

$$L_b = \sqrt{\frac{2}{\eta}} \frac{\lambda_2(\lambda_1 p_t + S_0)}{4\lambda_1 - \lambda_2^2}$$

$$L_f = \frac{\alpha_2 \Phi p}{\eta}$$

（二）再考察博弈的第一阶段

对式(6-3)求关于 p^R，p_t^R 二阶偏导，得到 $E^d(\Pi_m)$ 关于 p，p_t 的二阶 Hessian 矩阵：

$$H(E^d(\Pi_m)) = \begin{pmatrix} 2(1-\gamma)\left(\dfrac{\alpha_2^2 \gamma}{\eta} - \alpha_1\right) & 0 \\ 0 & -\dfrac{4\lambda_1^2}{4\lambda_1 - \lambda_2^2} \end{pmatrix}$$

得到 $H(E^R(\Pi_m))$ 负定的充分必要条件是需要满足 $\alpha_2^2 \gamma - \alpha_1 \eta < 0$，$\lambda_2^2 - 4\lambda_1 < 0$，此时线上利润存在最大值。

然后利用隐函数求导法则,求线上平台商期望利润函数(6-3)关于 p^R,p_t^R 的一阶导函数,并令其等于 0 得到:

$$\begin{cases} \dfrac{\partial E^R(\Pi_m)}{\partial p} = (1-\Phi)(A - \alpha_1 p + \alpha_2 L_f + \mu) \\ \qquad\qquad + ((1-\Phi)p - c_m)\left(\dfrac{\alpha_2^2 \Phi}{\eta} - \alpha_1\right) = 0 \\ \dfrac{\partial E^R(\Pi_m)}{\partial p_t} = -\left(S_0 + \lambda_1 p_r + \lambda_2 \sqrt{\dfrac{\eta}{2}} L_b\right) + (\delta - p_t)\dfrac{2\lambda_1^2}{4\lambda_1 - \lambda_2^2} = 0 \end{cases}$$

联立方程,解得使平台商利润最大的商品直销价格 p^R 和对线下渠道服务商回收的废旧产品的单位转移支付 p_t^R。

$$p^{R*} = \frac{1}{2}\left(\frac{c_m}{1-\Phi} + \frac{\eta(A+\mu)}{\alpha_1 \eta - \alpha_2^2 \Phi}\right) \tag{6-5}$$

$$p_t^{R*} = \frac{1}{2}\left(\delta - \frac{S_0}{\lambda_1}\right) \tag{6-6}$$

将最优的直销价格 p 和最优的转移支付价格 p_t 带入第一步求得的反应函数式,可求得线下渠道服务商正向渠道最优服务水平、逆向渠道最优的服务水平以及对于单位的废旧商品对消费者的最优支付价格。

$$L_f^{R*} = \frac{\alpha_2 \Phi}{2}\left(\frac{c_m}{\eta(1-\Phi)} + \frac{A+\mu}{\alpha_1 \eta - \alpha_2^2 \Phi}\right) \tag{6-7}$$

$$L_b^{R*} = \frac{\lambda_2(S_0 + \lambda_1 \delta)}{\sqrt{2\eta}(4\lambda_1 - \lambda_2^2)} \tag{6-8}$$

$$p_r^{R*} = \frac{1}{2(4\lambda_1 - \lambda_2^2)}\left((2\lambda_1 - \lambda_2^2)\left(\delta - \frac{S_0}{\lambda_1}\right) - 4S_0\right) \tag{6-9}$$

$$x^{R*} = F^{-1}\left(\frac{\kappa v}{\kappa v + h}\right) \tag{6-10}$$

在式(6-9)中应该满足旧品的回收价格非负,所以参数应该满足 $\lambda_2^2 - 2\lambda_1 < 0$。

把最优解带入期望需求函数得期望销量:

$$E^{R*}(D) = \frac{A+\mu}{2} - \frac{\alpha_1\eta - \alpha_2^2\Phi}{2\eta(1-\Phi)}c_m \tag{6-11}$$

因为销量存在非负的约束,所以参数应该满足 $A+\mu \geqslant \frac{\alpha_1\eta - \alpha_2^2\gamma}{\eta(1-\gamma)}c_m$。

三、模型性质

线上利润存在最大值需要满足 $E^R(\Pi_m)$ 关于 (p, p_t) 的二阶 Hessian 矩阵为负定的:

$$H(E^R(\Pi_m)) = \begin{pmatrix} \dfrac{\partial^2 E^R(\Pi_m)}{\partial p^2} & \dfrac{\partial^2 E^R(\Pi_m)}{\partial p \partial p_t} \\ \dfrac{\partial^2 E^R(\Pi_r)}{\partial p_t \partial p} & \dfrac{\partial^2 E^R(\Pi_m)}{\partial p_t^2} \end{pmatrix}$$

$$= \begin{pmatrix} 2(1-\Phi)\left(\dfrac{\alpha_2^2\Phi}{\eta} - \alpha_1\right) & 0 \\ 0 & -\dfrac{4\lambda_1^2}{4\lambda_1 - \lambda_2^2} \end{pmatrix}$$

应该满足:

$$\begin{cases} 2(1-\Phi)\left(\dfrac{\alpha_2^2\Phi}{\eta} - \alpha_1\right) < 0 \\ -\dfrac{4\lambda_1^2}{4\lambda_1 - \lambda_2^2}(1-\Phi)\left(\dfrac{\alpha_2^2\Phi}{\eta} - \alpha_1\right) > 0 \end{cases}$$

所以 $\alpha_2^2\Phi - \alpha_1\eta < 0$ 和 $\lambda_2^2 - 4\lambda_1 < 0$ 是线上利润存在最大值的充分必要条件。有定理 6-1。

【定理 6-1】 当参数关系满足条件 $\lambda_2^2 - 4\lambda_1 < 0$ 且 $\alpha_2^2\Phi - \alpha_1\eta < 0$ 时,$E^R(\Pi_m)$ 是关于 p^R, p_t^R 的联合凹函数;$E^R(\Pi_r)$ 是关于 $(L_f^R, p_r^R, L_b^R, x^R)$ 的联合凹函数。

定理 6-1 说明当回收价格敏感系数和逆向渠道投资敏感系数满足条件 $\lambda_2^2 - 4\lambda_1 < 0$ 时,线上直销价格、线下回收转移支付价格存在最优解;当直销价格敏感系数与渠道服务敏感系数满足关系 $\alpha_2^2\Phi - \alpha_1\eta < 0$ 时线下正/逆向

渠道服务水平、线下废旧产品回收价格以及库存水平存在最优解；并使得线上平台商和线下渠道服务商的期望利润均能达到最大。

四、解的性质

【性质 6-1】 线上平台商最优价格水平 p^{R*}、线下渠道服务商最优服务水平 L_b^{R*} 与价格敏感系数负相关；与服务敏感系数正相关；并且当服务敏感系数变化时，服务富于弹性。

证明：

线上最优的直销价格 p^{R*} 关于参数 α_1 求一阶导得：

$$\frac{\mathrm{d}p^{R*}}{\mathrm{d}\alpha_1} = -\frac{\eta^2(A+\mu)}{2(\alpha_1\eta - \alpha_2^2\Phi)^2} < 0$$

线下渠道服务商逆向渠道最优的服务水平 L_b^{R*} 关于参数 α_1 求一阶导得：

$$\frac{\mathrm{d}L_b^{R*}}{\mathrm{d}\alpha_1} = -\frac{\alpha_2\eta\Phi(A+\mu)}{2(\alpha_1\eta - \alpha_2\Phi)^2} < 0$$

当市场对直销变得更加敏感时，线上会提供较低的直销价格；对此线下渠道服务商的反应是降低其渠道服务水平。下面看期望销量的变化：

市场期望的销量 $E^{R*}(Q)$ 关于参数 α_1 求一阶导得：

$$\frac{\mathrm{d}E(Q)}{\mathrm{d}\alpha_1} = -\frac{\eta c_m}{2(1-\Phi)} < 0$$

当市场对直销价格变得敏感时，期望的市场销量会减少，说明此时线上降价带来的销量的增加小于线下渠道服务商服务水平下降带来的销量的减少。

线上最优的直销价格 p^{R*} 关于参数 α_2 求一阶导得：

$$\frac{\mathrm{d}p^{R*}}{\mathrm{d}\alpha_2} = \frac{\alpha_2\eta\Phi(A+\mu)}{(\alpha_1\eta - \alpha_2^2\Phi)^2} > 0$$

线下渠道服务商逆向渠道最优的服务水平 L_b^{R*} 关于参数 α_2 求一阶导得：

$$\frac{\mathrm{d}L_b^{R*}}{\mathrm{d}a_2} = \frac{\Phi(\alpha_2^2\Phi + \alpha_1\eta)(A+\mu)}{2(\alpha_1\eta - \alpha_2^2\Phi)^2} + \frac{\Phi c_m}{2\eta(1-\Phi)} > 0$$

下面证明价格弹性系数 ε：

$$\varepsilon = \left|\frac{\Delta L_b^{R*}/L_b^{R*}}{\Delta \alpha_2/\alpha_2}\right| = \frac{\dfrac{\Phi(\alpha_2^2\Phi + \alpha_1\eta)(A+\mu)}{2(\alpha_1\eta - \alpha_2^2\Phi)^2} + \dfrac{\Phi c_m}{2\eta(1-\Phi)}}{\dfrac{\Phi(A+\mu)}{2(\alpha_1\eta - \alpha_2^2\gamma)} + \dfrac{\Phi c_m}{2\eta(1-\Phi)}}$$

$$= \frac{\dfrac{\Phi(A+\mu)}{2(\alpha_1\eta - \alpha_2^2\Phi)} \cdot \dfrac{\alpha_2^2\Phi + \alpha_1\eta}{\alpha_1\eta - \alpha_2^2\Phi} + \dfrac{\Phi c_m}{2\eta(1-\Phi)}}{\dfrac{\Phi(A+\mu)}{2(\alpha_1\eta - \alpha_2^2\Phi)} + \dfrac{\Phi c_m}{2\eta(1-\Phi)}}$$

因为 $\dfrac{\alpha_2^2\Phi + \alpha_1\eta}{\alpha_1\eta - \alpha_2^2\Phi} > 1$，所以 $\varepsilon > 1$。

下面看期望销量随服务敏感系数的变化：$\dfrac{\mathrm{d}E(Q)}{\mathrm{d}a_2} = \dfrac{\alpha_2\Phi}{\eta(1-\Phi)} > 0$。

所以当市场对服务变得敏感时，期望的市场销量会增加，说明此时线上提价带来的销量的减少小于线下渠道服务商服务水平提高带来的销量的增加。

证毕。

性质 6-1 说明当市场对线上直销价格变得更加敏感时，平台商会降低直销价格以刺激市场需求的增加，对此线下渠道服务商的反应是降低其渠道服务水平；而当市场对线下服务变得敏感时，为了刺激市场销量，线下服务提供商会增加服务投入，此时线上直销价格提高对市场需求的影响小于线下渠道服务水平提高带来的销量增加。

【性质 6-2】对于单位废旧产品 p_t^{R*}，线上平台商对线下渠道服务商的转移支付 p_r^{R*}、线下渠道服务商在逆向渠道的服务水平 L_b^{R*} 都随着再制造节约成本的增加而提高。

证明：对线上关于旧品最优的转移支付价格 p_t^{R*} 关于参数 δ 求一阶导得：

$$\frac{\mathrm{d}p_t^{R*}}{\mathrm{d}\delta} = \frac{1}{2\lambda_1} > 0$$

对线下渠道服务商旧品最优的回收价格 p_r^{R*} 关于参数 δ 求一阶导得：

$$\frac{\mathrm{d}p_r^{R*}}{\mathrm{d}\delta} = \frac{2\lambda_1 - \lambda_2^2}{2\lambda_1(4\lambda_1 - \lambda_2^2)} > 0$$

对线下渠道服务商在逆向渠道的服务水平 L_b^{R*} 关于参数 δ 求一阶导得：

$$\frac{\mathrm{d}L_b^{R*}}{\mathrm{d}\delta} = \frac{\sqrt{2\eta}\lambda_2}{4\lambda_1 - \lambda_2^2} > 0$$

证毕。

性质 6-2 说明了再制造节约的收益越大，回收旧品变得更加有利可图，线上平台商会提高最优的转移支付价格来刺激逆向渠道的旧品回收量；与此同时，线下渠道服务商也会提高旧品的回收价格和逆向渠道最优服务水平吸引消费者手中的旧品回收，达到逆向渠道收益增加的目的。

【性质 6-3】 线上平台商最优定价决策、线下渠道服务商最优的服务决策随着收益共享比例 Φ 的增大而增大，且由于期望市场需求存在非负约束，所以 Φ 应满足：

(1) 当 $\alpha_2^2 c_m > \eta(A+\mu)$ 时，$\dfrac{\alpha_1 \eta c_m - \eta(A+\mu)}{\alpha_2^2 c_m - \eta(A+\mu)} < \Phi < 1$；

(2) 当 $\alpha_2^2 c_m < \eta(A+\mu)$ 时，对于任意的 $0 < \Phi < 1$ 都满足条件。

证明：

对线上最优的直销价格 p^{R*} 和线下渠道服务商正向渠道的努力水平 L_f^{R*} 关于 Φ 求一阶导得：

$$\begin{cases} \dfrac{\mathrm{d}p^{R*}}{\mathrm{d}\Phi} = \dfrac{c_m}{4(1-\Phi)^2} + \dfrac{2\alpha_2^2 \eta(A+\mu)}{4(\alpha_1\eta - \alpha_2^2\Phi)^2} > 0 \\ \dfrac{\mathrm{d}L_f^{R*}}{\mathrm{d}\Phi} = \dfrac{\alpha_2\alpha_1 c_m}{4\eta(1-\Phi)^2} + \dfrac{2\alpha_2\Phi(A+\mu)}{4(\alpha_1\eta - \alpha_2^2\Phi)^2} > 0 \end{cases}$$

由定理 6-1，最优线上直销价格和线下服务商正向渠道的服务水平满足

关系 $p^{R*} = \dfrac{\eta}{\alpha_2 \Phi} L_f^{R*}$，则

$$\frac{\mathrm{d}p^{R*}}{\mathrm{d}A} = \frac{\eta}{\alpha_2 \Phi} \frac{\mathrm{d}L_f^{R*}}{\mathrm{d}A}, \quad \frac{\mathrm{d}p^{R*}}{\mathrm{d}\mu} = \frac{\eta}{\alpha_2 \Phi} \frac{\mathrm{d}L_f^{R*}}{\mathrm{d}\mu}, \quad \frac{\mathrm{d}p^{R*}}{\mathrm{d}\alpha_1} = \frac{\eta}{\alpha_2 \Phi} \frac{\mathrm{d}L_f^{R*}}{\mathrm{d}\alpha_1}。$$

证毕。

性质 6-3 表明，当价格敏感系数、市场容量、需求随机因子均值这些参数发生变化时，线上平台商最优直销价格与线下渠道服务商正向渠道最优服务水平成正向变动的关系。当线上平台商对线下渠道服务商的销售收益分成比例增大时，线上平台商会提高直销价格从消费者那里得到补偿；对于线上平台商增加的销售收益共享比例，线下渠道服务商会提高最优的服务水平，这样在一定程度上弥补了因为抬高商品直销价格带来的销量减少。

【性质 6-4】 当市场容量或需求随机因子的均值增大时，线上平台商最优直销价格增大和线下渠道服务商正向渠道最优的服务水平提高，并且伴随着期望销量的增大。

证明：线上最优的直销价格 p^{R*} 关于参数 $(A, \mu, A+\mu)$ 求一阶导得：

$$\frac{\mathrm{d}p^{R*}}{\mathrm{d}A} = \frac{\mathrm{d}p^{R*}}{\mathrm{d}\mu} = \frac{\mathrm{d}p^{R*}}{\mathrm{d}(A+\mu)} = \frac{\eta}{2(\alpha_1 \eta - \alpha_2 \Phi)} > 0$$

线下渠道服务商逆向渠道最优的服务水平 L_b^{R*} 关于参数 (A, μ) 求一阶导得：

$$\frac{\mathrm{d}L_b^{R*}}{\mathrm{d}A} = \frac{\mathrm{d}L_b^{R*}}{\mathrm{d}\mu} = \frac{\alpha_2 \Phi}{2(\alpha_1 \eta - \alpha_2 \Phi)} > 0$$

证毕。

性质 6-4 说明了当市场需求增加，线下渠道服务商正向渠道服务水平的提高带来的销量增加可以弥补线上直销价格提高带来的销量下降。

【结论 6-1】 收益共享模型下，逆向渠道服务水平、转移支付价格以及最优库存水平均不受收益分成比例的参数影响。因此可以得出，收益共享比例机制设计能够有效解决线上平台商销售产品的物流、安装、使用推广等服

务问题。

从结论 6-1 中可以发现,收益共享模型无法实现激励线下服务商提高逆向渠道服务水平,原因是服务商如果在提供正向渠道服务的同时还需要对逆向渠道服务投入的话,无形中会增加其渠道建设成本,削弱其提供回收服务的积极性。因此下一节本文将考虑在线上平台商分出线上销售部分收益的同时再承担部分渠道建设成本,验证双比例机制设计是否能够起到激励线下服务商提升逆向渠道服务水平的协调作用。

五、算例分析

需求不确定部分的随机需求因子服从(0,10)上的均匀分布,即 $\varepsilon \sim U(0,10)$,均值为 $\mu=5$。其他的参数设置如表 6-2 所示。

表 6-2　参数设置

参数	A	η	α_1	α_2	λ_1	λ_2	γ	Φ	κ	S_0	c_m	c_r	h	v
取值	100	0.25	1.5	0.5	0.8	0.5	0.4	0.4	0.8	3	25	5	10	20

(一) 直销价格敏感系数对决策变量的影响

不同价格敏感系数下,最优直销价格和最优正向渠道服务水平曲线如图 6.2 所示:

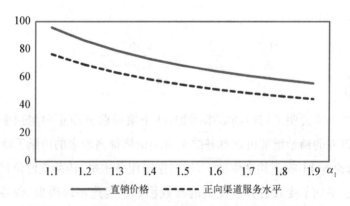

图 6.2　α_1 变动对最优直销价格和正向渠道服务水平的影响

由图 6.2 可以得到,随着消费者对线上直销价格敏感性的增强,平台商会降低销售价格从而导致线上销售利润的减少,由此线下渠道服务商分得的线上收益也会缩水,服务商会通过减少服务投入来缩减成本。随着 α_1 的增大,价格曲线和服务曲线均会变得越来越陡,说明消费者对价格越敏感,价格和服务水平下降得越多。相对于服务曲线,价格曲线较陡峭,说明价格对于价格敏感系数的变化更为敏感。

(二) 直销价格敏感系数对利润函数的影响

直销价格敏感系数变化会导致线上直销价格和线下服务水平都发生变化,从而对决策主体的利润产生影响,如图 6.3 所示。

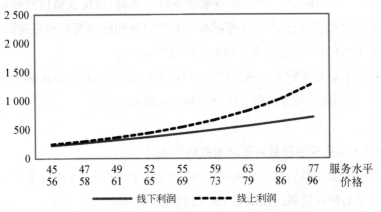

图 6.3　α_1 变动影响服务水平、价格对利润的影响

由图 6.3 可知,各决策主体的利润都随着直销价格和服务水平的提高而增加,并且平台商主导情境下线上利润始终大于线下利润。对比图 6.3 可以看出,服务-系统利润曲线、服务-线上平台商利润曲线更加陡峭,这说明价格敏感系数减小时,服务的单位增加对提升线上平台商利润更加有效,因此当价格敏感系数发生变化时,调节服务对改善利润更有效,所以线上平台商应该适当地给予线下渠道服务商激励,使其提高服务水平。

(三) 服务敏感系数对决策变量的影响

不同服务敏感系数对直销价格和服务水平的影响如图 6.4 所示。

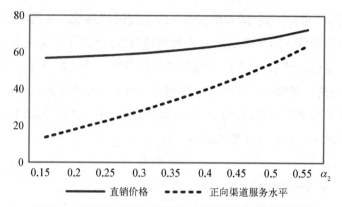

图 6.4　不同服务敏感系数下最优直销价格和最优服务

由图 6.4 可以看出,随着服务敏感系数的提高,最优直销价格和最优服务水平都会提高,而且服务水平曲线和直销价格曲线均变得越来越陡峭,说明服务敏感性越大,提升价格和服务的效果越显著。

在服务敏感系数增大的过程中,与最优价格曲线相比,最优服务曲线较为陡峭,说明渠道服务对服务敏感系数更为敏感。

(四) 服务敏感系数对利润函数的影响

当服务敏感系数发生变化时,价格的变化相对稳定,所以这里主要探讨服务水平对供应链系统及决策主体的利润影响,如图 6.5 所示。

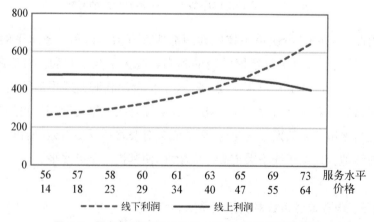

图 6.5　服务敏感系数下服务水平、价格对利润的影响

由图 6.5 可以看出，在没有成本分担的情境下，当消费者对服务敏感度增强、服务水平提高时，线上平台商的利润会出现下降的情形，而线下渠道服务商利润始终增加。说明若消费者对服务更为敏感，线上平台商从自身利润最大化出发提高直销价格，最终会带来定价偏高、服务偏低的结果，所以线上平台商、线下渠道服务商的决策从全局来讲都不是最优的，此时线上应该加大对线下渠道服务商的比例分成，激励线下渠道服务商提供最优的服务水平。

第三节　收益共享-成本共担组合

本节线上平台商仍处于主导地位，平台商既要分给服务商部分线上收益也将承担部分线下渠道服务成本，以促进线下服务质量和提高旧品回收量。

一、模型建立

设渠道成本线上平台商承担的比例为 ϕ，由线上平台商确定的外生变量，则线下渠道服务商承担 $1-\phi$。在收益共享-成本共担的条件下，线上平台商渠道期望利润函数的表达式：

$$E^s(\Pi_m) = [(1-\Phi)p - c_m](A - \alpha_1 p + \alpha_2 L_f + \mu) + \left(S_0 + \lambda_1 p_r \right.$$
$$\left. + \lambda_2 \sqrt{\frac{\eta}{2}} L_b \right)(\delta - p_t) - (1-\kappa)v \int_x^b (\mu - x) f(\mu) d\mu$$
$$- \frac{1}{2}\eta\phi(L_f^2 + L_b^2) \qquad (6\text{-}12)$$

线下渠道服务商期望利润函数的表达式：

$$E^s(\Pi_r) = \Phi p(A - \alpha_1 p + \alpha_2 L_f + \mu) + (p_t - p_r)\left(S_0 + \lambda_1 p_r \right.$$
$$\left. + \lambda_2 \sqrt{\frac{\eta}{2}} L_b \right) - h\int_a^x (x-\mu)f(\mu)d\mu$$
$$- \kappa v \int_x^b (\mu - x)f(\mu)d\mu - \frac{1}{2}\eta(1-\phi)(L_f^2 + L_b^2) \quad (6\text{-}13)$$

其动态博弈求解过程与上节方法一致，这里不再证明，并由此得出最优正/逆向渠道服务水平、废旧商品对消费者的最优支付价格和线下渠道服务商正向渠道最优服务水平：

$$L_f^{S*} = \frac{\alpha_2 \Phi}{2(1-\phi)} \left(\frac{c_m}{\eta(1-\Phi)} + \frac{A+\mu}{\alpha_1 \eta - \alpha_2^2 \Phi} \right) \qquad (6\text{-}14)$$

$$L_b^{S*} = \frac{\lambda_2 (S_0 + \lambda_1 \delta)}{\sqrt{2\eta} \left[4\lambda_1(1-\phi) - \lambda_2^2 \right]} \qquad (6\text{-}15)$$

$$p_r^{S*} = \frac{1}{2} \left(\delta - \frac{S_0}{\lambda_1} \right) - \frac{\lambda_1(1-\phi)}{4\lambda_1(1-\phi) - \lambda_2^2} \left(\delta + \frac{S_0}{\lambda_1} \right) \qquad (6\text{-}16)$$

$$x^{S*} = F^{-1} \left(\frac{\kappa v}{\kappa v + h} \right) \qquad (6\text{-}17)$$

以及最优线上零售价格和最优转移支付价格：

$$p^{S*} = \frac{c_m}{2(1-\Phi)} + \frac{\eta(A+\mu)(1-\phi)}{2(\alpha_1 \eta(1-\phi) - \alpha_2^2 \Phi)} \qquad (6\text{-}18)$$

$$p_t^{S*} = \frac{\delta}{2} - \frac{S_0}{2\lambda_1} \qquad (6\text{-}19)$$

二、模型性质

【定理 6-2】$H(E^S(\Pi_r))$ 是关于 $(L_f^S, p_r^S, L_b^S, x^S)$ 的联合凹函数，当参数满足 $\alpha_1 \eta(1-\phi) - \alpha_2^2 \Phi > 0$，$2\lambda_1(1-\phi) - \lambda_2^2 > 0$ 时，$H(E^S(\Pi_m))$ 是关于 (p^S, p_t^S) 的联合凹函数。

定理 6-2 说明了当回收价格敏感系数和逆向渠道投资敏感系数满足条件 $\alpha_1 \eta(1-\phi) - \alpha_2^2 \Phi > 0$；直销价格敏感系数与渠道服务敏感系数满足关系 $2\lambda_1(1-\phi) - \lambda_2^2 > 0$ 时，线上直销价格、线下回收转移支付价格存在最优解。与仅进行线上收益分成模型不同的是，收益共享-成本分担下实现平台商利润最大的参数条件中，成本分担和收益共享的比例参数都会影响平台商的利润达到极大值。

三、解的性质

【6-5】收益共享-成本共担情况下,线上平台商最优定价、线下渠道服务商最优服务水平与价格敏感系数负相关;与服务敏感系数、市场容量、需求随机因子均值正相关。

证明：线上最优的直销价格 p^{S*} 关于参数 α_1 求一阶导得：

$$\frac{\mathrm{d}p^{S*}}{\mathrm{d}\alpha_1} = -\frac{\eta^2(A+\mu)(1-\phi)^2}{2(\alpha_1\eta(1-\phi)-\alpha_2^2\Phi)^2} < 0$$

线下渠道服务商正向渠道最优的服务水平 L_f^{S*} 关于参数 α_1 求一阶导得：

$$\frac{\mathrm{d}L_f^{S*}}{\mathrm{d}\alpha_1} = -\frac{\alpha_2\eta\Phi(A+\mu)}{2(1-\phi)(\alpha_1\eta-\alpha_2^2\Phi)^2} < 0$$

线上最优的直销价格 p^{S*} 关于参数 α_2 求一阶导得：

$$\frac{\mathrm{d}p^{S*}}{\mathrm{d}\alpha_2} = \frac{\alpha_2\eta\Phi(A+\mu)(1-\phi)}{2(\alpha_1\eta(1-\phi)-\alpha_2^2\Phi)^2} > 0$$

线下渠道服务商逆向渠道最优的服务水平 L_b^{S*} 关于参数 α_2 求一阶导得：

$$\frac{\mathrm{d}L_b^{S*}}{\mathrm{d}\alpha_2} = 0$$

$$\frac{\mathrm{d}E(Q)}{\mathrm{d}\alpha_2} = \frac{\alpha_2\Phi(A+\mu)(\alpha_2^2\Phi+1)}{(1-\phi)(\alpha_1\eta-\alpha_2^2\Phi)} + \frac{\alpha_2\Phi c_m}{\eta(1-\phi)(1-\Phi)}$$
$$-\frac{\alpha_1\alpha_2\Phi\eta(A+\mu)(1-\phi)}{2(\alpha_1\eta(1-\phi)-\alpha_2^2\Phi)^2} > 0$$

由定理 6-2 知, $\alpha_1\eta(1-\phi)-\alpha_2^2\Phi>0$ 并且 $\alpha_1\eta-\alpha_2^2\Phi>0$ 最优线上的直销价格和线下渠道服务商正向渠道的服务水平满足以下关系：

$$\frac{\mathrm{d}p^{R*}}{\mathrm{d}A} = \frac{\eta(1-\phi)^2(\alpha_1\eta-\alpha_2^2\Phi)}{\alpha_2\Phi(\alpha_1\eta(1-\phi)-\alpha_2^2\Phi)}\frac{\mathrm{d}L_f^{R*}}{\mathrm{d}A},$$

$$\frac{\mathrm{d}p^{R*}}{\mathrm{d}\mu} = \frac{\eta(1-\phi)^2(\alpha_1\eta-\alpha_2^2\Phi)}{\alpha_2\Phi(\alpha_1\eta(1-\phi)-\alpha_2^2\Phi)}\frac{\mathrm{d}L_f^{R*}}{\mathrm{d}\mu},$$

$$\frac{\mathrm{d}p^{R*}}{\mathrm{d}\alpha_1} = \frac{\eta(1-\phi)^3(\alpha_1\eta-\alpha_2^2\Phi)^2}{\alpha_2\Phi(\alpha_1\eta(1-\phi)-\alpha_2^2\Phi)^2}\frac{\mathrm{d}L_f^{R*}}{\mathrm{d}\alpha_1}$$

证毕。

【性质 6-6】 收益共享-成本共担情况下，线上平台商对线下渠道服务商的转移支付价格、线下服务商的旧品回收价格以及逆向渠道的服务水平都随着再制造节约成本的增大而增大。

证明： 对线上关于旧品最优的转移支付价格 p_t^{S*} 关于参数 δ 求一阶导得：

$$\frac{\mathrm{d}p_t^{S*}}{\mathrm{d}\delta} = \frac{1}{2} > 0$$

对线下渠道服务商旧品最优的回收价格 p_r^{S*} 关于参数 δ 求一阶导得：

$$\frac{\mathrm{d}p_r^{S*}}{\mathrm{d}\delta} = \frac{3\lambda_1(1-\phi) - \lambda_2^2}{2(4\lambda_1(1-\phi) - \lambda_2^2)} > 0$$

对线下渠道服务商在逆向渠道的服务水平 L_b^{S*} 关于参数 δ 求一阶导得：

$$\frac{\mathrm{d}L_b^{S*}}{\mathrm{d}\delta} = \frac{\lambda_1\lambda_2}{\sqrt{2\eta}(4\lambda_1(1-\phi) - \lambda_2^2)} > 0$$

证毕。

与收益共享模型一致，性质 6-5、性质 6-6 说明了在平台商分担了渠道成本投入后，价格敏感系数和服务敏感系数依然会影响线上销售价格和线下正/逆向服务水平；并且再制造成本节约收益仍然会影响回收价格和转移支付价格。同样，市场需求当市场容量 A、需求随机因子的均值 μ 增大，平台商和服务商会通过提高线上最优直销价格和线下正向渠道最优的服务水平来实现利润最大。

【性质 6-7】 收益共享-成本共担情况下，线上最优直销价格、线下正向渠道最优服务水平均随着收益共享比例 Φ 和成本分担比例 ϕ 的增大而增大；但线下逆向渠道最优服务水平仅随着 ϕ 的增大而增大，线下回收价格仅随着成本分担比例的增大而减小，并不受收益共享比例 Φ 的影响。

性质 6-7 说明此时由于线上平台商对线下渠道正/逆向服务成本分担比例的增加给渠道服务商所带来的利润大于其支出的成本，所以此时服务商的渠道服务投入会随着 ϕ 的增大而增加。

【结论 6-2】 收益共享-成本共担情况下，如果线上平台商在不影响期望利润最大的前提下提高转移支付价格并承担更多的成本分担比例，那么线下渠道服务商会提高旧品的回收价格以及逆向渠道服务水平的投入。

【结论6-3】线下服务商最优持有库存水平与收益分成和成本共担比例均无关，因此如果线下渠道服务商承担的缺货成本比例增加，线下渠道服务商会增加其持有的最优的库存水平，所以，对于直销互补型闭环供应链系统而言，线上平台商主导下的最优设计机制是线下渠道服务商承担全部的缺货成本。

【结论6-4】比较收益共享模型与收益共享-成本共担模型可以分析得到，线上最优直销价格和线下最优正向渠道服务水平均会受到收益分成比例和成本共担比例参数的影响；而最优线下回收价格和最优逆向渠道服务水平只受成本共担比例的影响。因此通过模型对比可以发现，在直销互补型闭环供应链系统下，相对于平台商仅分享线上销售利润给渠道服务商以激励其提高服务和回收效率而言，收益共享-成本共担激励机制能够兼顾正/逆向渠道服务水平的提高，并能影响线下最优回收定价策略；线上平台商将收益分给线下服务商的同时如果能承担部分线下渠道服务建设投入将更有利于逆向回收和服务商逆向渠道服务水平的提高。由此可以看到利用互联网平台开放、协作和分享的特点将促进双比例机制设计在闭环供应链中的应用。

四、算例分析

线上平台商对线下渠道服务商的收益分成比例对线下渠道服务商的渠道服务水平产生直接影响，另外线下渠道服务商的服务水平还受渠道服务成本投入多少的影响，因此服务商会进行收益分成比例-成本分担比例的权衡来决定最优的服务水平投入。利用如表6-2所示的参数设置，下面将分析不同服务成本比例系数对线下渠道服务商服务水平的影响。

（一）成本共担比例对价格和服务的影响

不同成本共担比例下，线上平台商定价和线下渠道服务商的服务决策如图6.6所示。

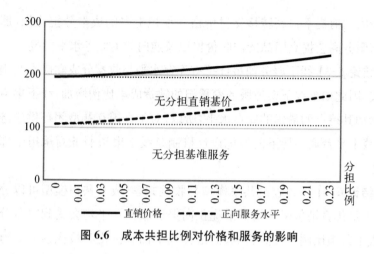

图 6.6 成本共担比例对价格和服务的影响

由图 6.6 可以看出,成本共担条件下,旧品的回收价格有所下降,旧品的市场回收量增加,说明成本共担改善了逆向渠道的服务表现。线上平台商对线下渠道服务商服务成本的分担激励了线下渠道服务商的服务水平投入,而且线上平台商对线下渠道服务商成本共担的比例越大,越能起到提升线下渠道服务水平的作用。在成本共担的条件下线上直销价格提高的原因有两方面:一方面,线下渠道服务商提高了服务水平,线上平台商可以制定较高的直销价格;另一方面,对于成本的增加,线上平台商提高价格从消费者处得到补偿。另外,相对于价格曲线,服务曲线更加陡峭,说明线上平台商对线下渠道服务商成本共担比例增加时,线上平台商提高价格的幅度小于线下渠道服务商服务水平提高的幅度。

(二) 成本共担比例对利润的影响

成本共担的情形下,线上平台商、线下渠道服务商的利润表现如图 6.7 所示。

由图 6.7 可以看出,在成本共担的情形下,线上平台商承担了部分渠道投入成本但利润却较无成本分担时增加,说明线上平台商在成本共担情境下从线下渠道服务商提高的服务水平中受益;但线下渠道服务商的利润水平却较之不分担成本时有所下降,说明线下渠道服务商通过收益共享获得

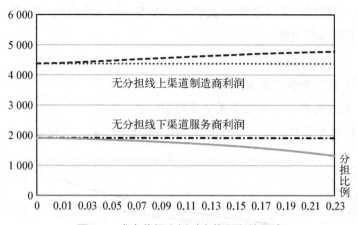

图 6.7　成本共担比例对主体利润的影响

的分成收益并不能弥补成本的增加。因此,如果线上平台商想通过成本共担的方式提高线下渠道服务商的服务水平实现共赢,就需要找到合适的双比例机制设计,使得线下渠道服务商愿意参与合作。

图 6.7 说明了要想达到成本共担条件下的供应链协调,需满足线上平台商利润的增大的幅度大于线下渠道服务商利润减小的幅度。因此,我们进一步分析了成本共担下的直销型闭环供应链的系统利润如图 6.8 所示。

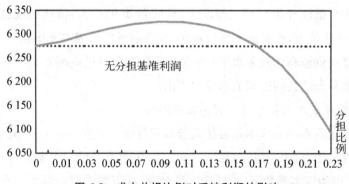

图 6.8　成本共担比例对系统利润的影响

由图 6.8 可知,在一定的成本共担比例下,系统利润大于无成本共担情形下的系统利润,说明线上平台商利润增加的幅度大于线下渠道服务商利润减小的幅度,此时可以达到成本共担条件下直销型闭环供应链系统的协调：直销型闭环供应链系统的表现得到改善且线上平台商、线下渠道服务商的利润都得到改善。

(三) 系统参数对决策变量的影响

1. 服务成本系数 η 对决策变量的影响

不同服务成本系数下 η 对价格和服务的影响如图 6.9 所示。

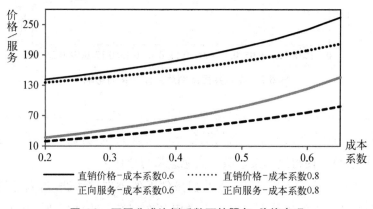

图 6.9　不同分成比例系数下的服务、价格表现

由图 6.9 可知，当 η 发生变化时，服务和价格有相似的变化趋势，价格和服务水平都随着 Φ 的增大而增大，且随着 Φ 的增大，价格曲线越来越陡峭，在每一个值下，服务成本系数越小，服务商承担的成本支出越少，服务商则更愿意提供较高的服务水平；而线上平台商会通过提高直销价格增加销售利润来平衡增长的渠道成本分担支出。

2. 服务成本系数 η 对利润函数的影响

首先选取不同的成本系数使其分别满足 $\alpha_2^2 - \alpha_1 \eta > 0$，$\alpha_2^2 - \alpha_1 \eta < 0$ 的两个条件。当 $\eta = 0.45$ 时满足 $\alpha_2^2 - \alpha_1 \eta > 0$；当 $\eta = 0.55$ 时满足 $\alpha_2^2 - \alpha_1 \eta < 0$。在这两组成本系数下，得到线上平台商、线下渠道服务商利润在不同收益分成比例下的表现，如图 6.10 所示。

由图 6.10 可以看出，当 $\eta = 0.45$ 时，线上平台商利润随着 Φ 的增加而增加，但当 $\eta = 0.55$ 时，线上平台商利润随着 Φ 的增大而减小，说明当线上平台商增加分给线下服务商的收益分成比例同时如果渠道服务成本投入增

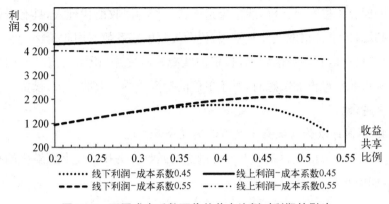

图 6.10　不同成本系数下收益共享比例对利润的影响

加,那么线上平台商的利润会发生缩减;同样,在成本投入系数较小时的线下渠道服务商利润反而小于成本投入系数较大时的线下渠道服务商利润,说明收益分成能够弥补渠道服务商的渠道服务成本投入,平台商是可以通过收益分成比例来激励服务商加大渠道服务成本投入的。

3. 不同投资敏感系数对决策变量的影响

不同投资敏感系数下旧品最优的回收价格和回收渠道最优的投资水平,如图 6.11 所示。

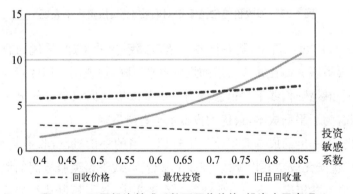

图 6.11　不同投资敏感系数下回收价格、投资水平表现

由图 6.11 可以看出,随着投资敏感系数的增加,线下渠道服务商在回收渠道的投资水平提高,回收价格下降,这说明当回收量对投资较敏感时,线下渠道服务商主要采取增大投资的措施增加旧品的回收,为了平衡成本,

最优的回收价格有所下降,线下渠道服务商作为回收的代理人,具有投资不足的弊端,但是价格曲线非常平缓,说明投资敏感系数对回收价格的影响很小;随着投资敏感系数的增加,投资曲线越来越陡峭,说明当旧品的回收量对投资水平变得更加敏感时,对于单位的投资敏感系数的增大,投资水平增加越来越多。

4. 不同回收价格敏感系数下的决策分析表现

不同回收价格敏感系数下旧品最优的回收价格和回收渠道最优的投资水平,如图 6.12 所示。

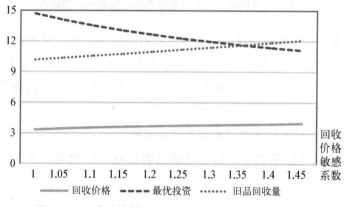

图 6.12　回收价格敏感系数对回收价格、投资水平表现

由图 6.12 可以看出,随着回收价格敏感系数的增加,最优回收价格升高,线下渠道服务商在回收渠道的投资水平下降,这说明当回收量对回收价格变得更加敏感时,线下渠道服务商主要采取提高回收价格的措施增加旧品的回收,为了平衡成本,最优的投资水平有所下降。

总之,在一定的成本共担比例下辅以适当的补偿机制,收益共享-成本共担模式优于无成本共担模式,即线上平台商、线下渠道服务商的境况在收益共享-成本共担模式下都有所改善。在现实中,这一机制执行的成功与否依赖于供应链成员的合作程度。一般来讲,当线上平台商、线下渠道服务商成员刚刚合作组成直销型闭环供应链时,双方仅采用正向渠道销售收益共享的模式进行合作;随着双方信任程度的增加和磨合时间的增加,双方合作关系逐渐深入开始向着战略合作伙伴的方向发展,此时线上平台商为了提高线下渠道服务商的服务水平,会主动分担线下渠道服务商的服务成本投入,为了让线下渠道服务商提高服务水平的同时利润得到改善,线上平台商对线下服务商给予一定的补偿使得双方的境况都得到改善,共同致力于直销型闭环供应链的发展。

第四节　分级回收服务契约机制

正向和逆向供应链在 O2O 环境下都有两种渠道,而这些渠道之间具有明显的互补关系。线上渠道销售量增加意味中消费者更多地接触了网络销售平台,从而能够促进回收品通过线上的渠道进行回收,消费者更加熟悉网络销售平台的布局,在该平台上发布相应的回收信息便能够取得较好的效果。另外一方面,线上销售服务商处取货的方式也能够促使消费者提高产品的回收率。比如服务商网络中各个节点都设置了产品的回收点,消费者在取货的同时便可以完成产品的回收工作,若厂家再开展诸如以旧换新等活动便能够取得更好的产品回收效果。因此不管是线下还是线上的产品回收比率都会受到正向供应链双渠道的影响。具体来看:

正向渠道:线上生产商负责产品制造再制造和线上直销产品,处理与接收消费者订单,并将订单传递给线下服务商(负责产品配送、使用指导、产品维护、产品体验以及退货返回等服务)。线下服务商在提供服务的同时,利用渠道布点负责产品的批发销售。

逆向渠道:线下服务商负责逆向渠道旧品的回收工作,以一定的价格从消费者手中回收旧品,并提供系列的逆向渠道服务;线上生产商对线下回收的每一单位旧品给予一定的转移支付。

闭环供应链中,生产商给予线下服务商一定比例 Φ 的产品销售收益分成;并分担一定比例 ϕ 的渠道投资。生产商作为市场的主导者,决定收益分成比例与渠道投资比例以激励服务商。生产商首先做出销量与回收决策,服务商根据观察到的生产商表现,决定提供的正向与逆向渠道服务水平,运作模式如图 6.13。

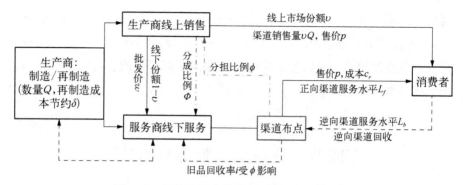

图 6.13　闭环双渠道供应链结构与运作描述图

一、函数界定

(一) 期望销售函数

市场实际需求会受到不确定因素的影响,当生产商的产品供应数量大于市场需求时,产品积压;当产品畅销,产品供应数量不足以满足市场需求时,会出现缺货。由于供求关系中不确定因素的影响,生产商在生产决策时需要承担滞销或缺货损失,市场实际销售数量应为产品供应数量和市场需求的最小值(Cachon et al., 2005)。生产商制造/再制造的产品市场销售数量会受到这类市场需求不确定性的影响,可以将产品期望销售函数表达为 $\min(D, Q) = Q - \int_0^Q F(x)\mathrm{d}x$。其中,实际的市场需求 x 的概率密度函数为 $f(x)$,分布函数为 $F(x)$。

(二) 制造成本函数

本章模型中,生产商负责制造 $(Q-S)$ 单位的新产品、再制造 S 单位的再制造产品。生产商的总制造成本函数可以表述为 $c(Q-S) + (c - \delta + \tau p_r)S = -(\delta - \tau p_r)S + cQ$。其中,$\tau p_r$ 为生产商支付给服务商的回收转移支付,即生产商付出的旧件回收成本。

(三) 回收比率函数

旧件回收数量会受生产商对渠道投资分担比例的影响,生产商分担的渠道投资越多,越有利于调动服务商的回收积极性。借鉴现有文献(Xing et al., 2007),回收渠道投资是关于分担比例的指数函数 $I=\mu e^{\phi}(\mu>0)$。回收比率受回收渠道投资的影响(Savaskan et al., 2004), $i=\eta\sqrt{I}(\eta>1)$,则受此影响的回收比率 $i(\phi)=\eta\sqrt{\mu}e^{\frac{\phi}{2}}$,令 $\eta\sqrt{\mu}=\theta$,则 $i(\phi)=\theta e^{\frac{\phi}{2}}$,$\theta>0$。

(四) 回收数量函数

Dumrongsiri 等(2008)指出价格和服务是影响消费者购买决策的重要因素,同样旧件回收数量也会受到回收价格、渠道服务的影响,此外在闭环供应链中的回收数量还会受生产商的渠道投资分担比例影响。借鉴 Chiang(2003)、Huang and Swaminathan(2009)的线性需求函数,本节研究对旧件回收数量函数的定义如下:$S=i(\phi)Q+\beta_1 p_r+\beta_2 L_b$,$i(\phi)\in(0,1)$,$\beta_1>0$,$\beta_2>0$。其中,$i(\phi)Q$ 为渠道投资分担比例,衡量了回收数量对生产商渠道投资分担比例的敏感程度;β_1 为回收价格敏感系数,衡量了回收数量对回收价格的敏感程度;β_2 为逆向渠道服务敏感系数,衡量了回收数量对逆向渠道服务的敏感程度。

(五) 服务成本函数

渠道的服务水平会影响服务成本,渠道投资函数是关于服务水平的严格凸函数,借鉴 Yan 和 Pei 的函数形式,将渠道投资函数表示为 $c(L)=KL^2/2$。本研究中的渠道服务投入涉及正向渠道与逆向渠道的投资,并对应受各渠道服务水平的影响,具体来看:正向渠道要针对销售的产品提供相应服务,投入的服务成本受服务水平影响,表示为 $K_f L_f^2/2$,其中,正向渠道服务成本投入系数 $K_f>0$,正向渠道服务水平 L_f 取值区间在[0,1]之间;逆向渠道针对旧件回收提供相应服务,投入的服务成本亦受服务水平影响,表示为 $K_b L_b^2/2$,其中,逆向渠道服务成本投入系数 $K_b>0$,逆向渠道服务水平 L_b 取值区间在[0,1]之间。

二、基础模型

生产商进行制造与直销,服务商提供渠道服务与线下销售且借助逆向渠道统一回收旧件,生产商和服务商目标均为期望利润最大化。

(一) 生产商期望利润

生产商作为闭环供应链的主导者,负责新品制造、旧件再制造、产品(含新品与再制造产品)线上销售以及从服务商处回收旧件。生产商享有 $pv\min(Q, D)$ 中的 $(1-\phi)$ 比例的销售收益,以 w 的批发价提供给服务商线下销售并获利 $w(1-v)\min(Q, D)$,扣除新品制造与旧件再制造成本 $-(\delta-\tau p_r)S+cQ$,并分担部分渠道投资 $(\phi(K_fL_f^2+K_bL_b^2))/2$。其期望利润函数为:

$$E(\Pi_m) = (1-\Phi)pv\min(Q,D) + w(1-v)\min(Q,D)$$
$$+ (\delta-\tau p_r)(i(\phi)Q + \beta_1 p_r + \beta_2 L_b) - c_m Q - \frac{1}{2}\phi(K_f L_f^2 + K_b L_b^2)$$
$$= ((1-\Phi)v(p_0 - \alpha_1 Q + \alpha_2 L_f) + (1-v)w)\min(Q,D)$$
$$+ (\delta-\tau p_r)(\theta e^{\frac{\phi}{2}}Q + \beta_1 p_r + \beta_2 L_b) - c_m Q - \frac{1}{2}\phi(K_f L_f^2 + K_b L_b^2)$$

(二) 服务商期望利润

服务商在闭环供应链中作为追随者,负责线下销售、旧件回收、渠道服务提供等任务。通过与生产商合作,服务商获得销售收益分成 $\phi pv\min(Q, D)$、线下产品批发销售收益 $(p-w-c_r)(1-v)\min(Q, D)$,以及回收价格差值收入 $(\tau-1)p_r(i(\phi)Q + \beta_1 p_r + \beta_2 L_b)$,同时,承担部分渠道投资 $((1-\phi)(K_fL_f^2+K_bL_b^2))/2$。因此,线下服务商的期望利润表示为:

$$E(\Pi_r) = \Phi pv\min(Q,D) + (p-w-c_r)(1-v)\min(Q,D)$$
$$+ (\tau-1)p_r(i(\phi)Q + \beta_1 p_r + \beta_2 L_b) - \frac{1}{2}(1-\phi)(K_f L_f^2 + K_b L_b^2)$$
$$= (1-(1-\Phi)v)p\min(Q,D) - (1-v)(w+c_r)\min(Q,D)$$
$$+ (\tau-1)p_r(\theta e^{\frac{\phi}{2}}Q + \beta_1 p_r + \beta_2 L_b) - \frac{1}{2}(1-\phi)(K_f L_f^2 + K_b L_b^2)$$
$$= ((1-(1-\Phi)v)(p_0 - \alpha_1 Q + \alpha_2 L_f) - (1-v)(w+c_r))\min(Q,D)$$
$$+ (\tau-1)p_r(\theta e^{\frac{\phi}{2}}Q + \beta_1 p_r + \beta_2 L_b) - \frac{1}{2}(1-\phi)(K_f L_f^2 + K_b L_b^2)$$

(三) 双渠道决策模型

闭环供应链中,随着线上生产商与线下服务商合作的加深,双方会向着战略合作伙伴的方向发展,不但共享销售收益,还会共担渠道投资,共同致力于渠道利润的提高,再通过利润的重新分配,使得双方的境况都有所改善。因此,在闭环供应链中,双方构成以生产商为主导的斯塔克尔伯格博弈关系,从"收益共享-成本共担"的角度考虑目标函数如下:

$$\max E(\varPi_m) = ((1-\varPhi)\upsilon(p_0 - \alpha_1 Q + \alpha_2 L_f) + (1-\upsilon)w)\min(Q, D)$$
$$+ (\delta - \tau p_r)(\theta e^{\frac{\phi}{2}}Q + \beta_1 p_r + \beta_2 L_b) - cQ - \frac{1}{2}\phi(K_f L_f^2 + K_b L_b^2)$$
(6-20)

$$\text{s.t.} \quad \max E(\varPi_r) = \varPhi p \upsilon \min(Q, D) + (p - w - c_r)(1-\upsilon)\min(Q, D)$$
$$+ (\tau - 1)p_r(i(\phi)Q + \beta_1 p_r + \beta_2 L_b)$$
$$- \frac{1}{2}(1-\phi)(K_f L_f^2 + K_b L_b^2)$$
$$= ((1-(1-\varPhi)\upsilon)(p_0 - \alpha_1 Q + \alpha_2 L_f)$$
$$- (1-\upsilon)(w + c_r))\min(Q, D)$$
$$+ (\tau - 1)p_r(\theta e^{\frac{\phi}{2}}Q + \beta_1 p_r + \beta_2 L_b)$$
$$- \frac{1}{2}(1-\phi)(K_f L_f^2 + K_b L_b^2) \quad (6\text{-}21)$$

在决策中,生产商首先通过以往销售经验以及对市场的预测制定销售和回收决策,服务商在观测到生产商的决策后,再制定关于正向渠道和逆向渠道服务水平决策。

依据逆向归纳法求解:根据线下的期望利润 $E(\varPi_r)$,令 $\partial E(\varPi_r)/\partial L_f = 0$,$\partial E(\varPi_r)/\partial L_b = 0$,可得目标函数的解:

$$L_f^n = \frac{\alpha_2(1-(1-\varPhi)\upsilon)\min(Q, D)}{(1-\phi)K_f} \quad (6\text{-}22)$$

$$L_b^n = \frac{\beta_2(\tau - 1)p_r}{(1-\phi)K_b} \quad (6\text{-}23)$$

将 L_f^n、L_b^n 的表达式分别带入生产商的期望利润函数 $E(\Pi_m)$，进而分别对 Q 和 p_r 求一阶偏导，令 $\partial E(\Pi_m)/\partial Q=0$，$\partial E(\Pi_m)/\partial p_r=0$，得出回收不分级情形下的最优产品销售量 Q^n 和回收价格 p_r^n：

$$令\ G(Q) = \left(\alpha_1 \upsilon \min(Q, D) - \left(\upsilon(p_0-\alpha_1 Q) + \frac{1}{1-\Phi}(1-\upsilon)w\right)\bar{F}(Q) - \right.$$

$$\left.\left(2\upsilon - \phi\frac{(1-(1-\Phi)\upsilon)}{(1-\Phi)(1-\phi)}\right)\frac{\alpha_2^2(1-(1-\Phi)\upsilon)}{(1-\phi)K_f}\bar{F}(Q)\min(Q, D)\right),$$

$$Q^n = G^{-1}\left(\frac{\partial\theta e^{\frac{\phi}{2}}-c}{1-\Phi} - \frac{\tau\theta e^{\frac{\phi}{2}}}{1-\Phi} - \frac{(-\tau\theta e^{\frac{\phi}{2}}Q+\delta\beta_1)(1-\phi)^2 K_b + (1-\phi)\delta(\tau-1)\beta_2^2}{2\beta_1\tau(1-\phi)^2 K_b + (2\tau-\phi\tau-\phi)(\tau-1)\beta_2^2}\right)$$

(6-24)

$$p_r^n = \frac{(-\tau\theta e^{\frac{\phi}{2}}Q+\delta\beta_1)(1-\phi)^2 K_b + (1-\phi)\delta(\tau-1)\beta_2^2}{2\beta_1\tau(1-\phi)^2 K_b + (2\tau-\phi\tau-\phi)(\tau-1)\beta_2^2} \quad (6\text{-}25)$$

（四）模型性质分析

针对服务商的期望利润函数 $E(\Pi_r)$，分别对 L_f 与 L_b 求二阶导和混合偏导，可得：海塞矩阵的一阶主子式 $-(1-\phi)K_f<0$，海塞矩阵的二阶主子式 $(1-\phi)^2 K_f K_b>0$。因此，$E(\Pi_r)$ 关于正向渠道服务水平 L_f 及逆向渠道服务水平 L_b 联合凹，得出定理 6-3。

【定理 6-3】 线下服务商的期望利润 $E(\Pi_r)$ 是关于正向渠道服务水平 L_f、逆向渠道服务水平 L_b 的联合凹函数，且存在最优的 L_f^n 以及 L_b^n 使得线下的期望利润 $E(\Pi_r)$ 最大。

定理 6-3 表明，线下服务商利润函数存在关于正向、逆向渠道服务努力投入水平的最优值，使得其期望利润达到最大。

证明：服务商的期望利润函数 $E(\Pi_r)$ 分别对 L_f 与 L_b 求二阶导和混合偏导，二阶海塞矩阵表示为：

$$\begin{bmatrix} \dfrac{\partial^2 E(\Pi_r)}{\partial L_f^2} & \dfrac{\partial^2 E(\Pi_r)}{\partial L_f \partial L_b} \\ \dfrac{\partial^2 E(\Pi_r)}{\partial L_b \partial L_f} & \dfrac{\partial^2 E(\Pi_r)}{\partial L_b^2} \end{bmatrix} = \begin{bmatrix} -(1-\phi)K_f & 0 \\ 0 & -(1-\phi)K_b \end{bmatrix}$$

海塞矩阵的一阶主子式满足: $-(1-\phi)K_f < 0$。

海塞矩阵的二阶主子式满足:

$$\begin{vmatrix} -(1-\phi)K_f & 0 \\ 0 & -(1-\phi)K_b \end{vmatrix} = (1-\phi)^2 K_f K_b > 0$$

因此, $E(\Pi_r)$ 关于正向渠道服务水平 L_f 及逆向渠道服务水平 L_b 联合凹函数。

定理 6-3 得证。

针对生产商的期望利润函数 $E(\Pi_m)$, 分别对 p_r 与 Q 求二阶导和混合偏导, 可得: 一阶主子式 $-2\tau\beta_1-(\tau+(\tau-\phi)/(1-\phi))(\tau-1)\beta_2^2/(1-\phi)K_b<0$, 海塞矩阵的二阶主子式满足 $f(Q)\min(Q, D)-(\bar{F}(Q))^2 > \theta^2\tau e/(2\beta_1\omega)$ 时大于零。因此, $E(\Pi_m)$ 是关于产品销售量 Q 和回收价格 p_r 的联合凹函数, 得出定理 6-4。

【定理 6-4】 当 $(1-\Phi)v > \phi/(2-\phi)$ 且 $f(Q)\min(Q, D)-(\bar{F}(Q))^2 > \theta^2\tau e/(2\beta_1\omega)$ 时, $E(\Pi_m)$ 是关于产品销售量 Q 及回收价格 p_r 的联合凹函数, 存在最优的 Q^n 及 p_r^n, 使得线上生产商的期望利润 $E(\Pi_m)$ 最大。

定理 6-4 表明, 对于线上生产商而言, 当满足一定条件时, 生产商的期望利润关于产品销售量以及旧品回收价格存在最优值, 使其期望利润达到最大。

(五) 解的性质分析

由模型性质的求解过程可知, 在一定条件约束下, 生产商与服务商的期望利润达到最大值时, 正向渠道服务水平 L_f、逆向渠道服务水平 L_b、产品销售量 Q 和回收价格 p_r 存在最优解:

$$\begin{cases} Q^* = G^{-1}\left(\dfrac{\delta\theta e^{\frac{\phi}{2}}-c_m}{1-\Phi}\right. \\ \qquad \left. -\dfrac{\tau\theta e^{\frac{\phi}{2}}}{1-\Phi}\dfrac{(-\tau\theta e^{\frac{\phi}{2}}Q+\delta\beta_1)(1-\phi)^2 K_b+(1-\phi)\delta(\tau-1)\beta_2^2}{2\beta_1\tau(1-\phi)^2 K_b+(2\tau-\phi\tau-\phi)(\tau-1)\beta_2^2}\right) \\ p_r^* = \dfrac{(-\tau\theta e^{\frac{\phi}{2}}Q+\delta\beta_1)(1-\phi)^2 K_b+(1-\phi)\delta(\tau-1)\beta_2^2}{2\beta_1\tau(1-\phi)^2 K_b+(2\tau-\phi\tau-\phi)(\tau-1)\beta_2^2} \\ L_f^* = \dfrac{\alpha_2(1-(1-\Phi)v)\min(Q^*, D)}{(1-\phi)K_f} \\ L_b^* = \dfrac{\beta_2(\tau-1)p_r^*}{(1-\phi)K_b} \end{cases}$$

【性质6-8】正向渠道服务最优水平不受定价决策影响,但会随着销售收益分成比例、渠道投资分担比例的增加而增加,且与生产商投放市场的线下销售比例呈现正相关关系。

【推论6-1】生产商考虑对销售收益分成的情景下,正向渠道服务最优水平会提高 $\Phi \upsilon \min(Q,D)/((1-\phi)K_f)$。基于销售收益分成的正向激励作用,服务商更有动力提高正向渠道服务最优水平,进而促进线下渠道的产品销售。

【推论6-2】生产商如果采用线上单一渠道销售,正向渠道负责对所有线上销售的产品提供售后服务,正向渠道服务最优水平为 $\alpha_2\Phi\min(Q,D)/((1-\phi)K_f)$。采用线上线下双渠道销售时,正向渠道服务最优水平将提高 $\alpha_2(1-\Phi)(1-\upsilon)\min(Q,D)/(1-\phi)K_f$;若全部转向线下销售模式,线下正向渠道为所有产品提供销售与售后服务,其正向渠道服务水平将提高 $\alpha_2(1-\upsilon)\Phi\min(Q,D)/(1-\phi)K_f$。线下销售比线上销售更能激发服务商正向渠道服务的提升。

【推论6-3】在同样的销售收益分成与渠道成本分担比例下,生产商投放市场的产品越多,服务商能够获得的收益越高,为了保持线下销售量,服务商愿意提升正向渠道的服务水平。

【性质6-9】逆向渠道服务最优水平都会随着回收定价、生产商对渠道投资分担比例、回收转移支付率的增加而提高。生产商对渠道投资分担比例、回收转移支付率越高,服务商越有意愿提升逆向渠道服务。

【推论6-4】生产商如果按照服务商的回收价格回收旧件,服务商不愿意提供逆向渠道服务。

【性质6-10】生产商线上销售份额满足 $\upsilon > \phi/(1-\Phi)(2-\phi)$ 的条件下,生产商投放市场的产品数量随着销售收益分成比例的增加而减少,即 $\partial Q/\partial \Phi < 0$ 成立。生产商给予服务商的销售收益分成比例越高,生产商享有的销售收益分成越少,生产商越缺乏动力去投放更多的产品进入市场。

三、分级协同模型

分级回收情形下,生产商与服务商作为线上和线下两个独立的个体,采取收益共享和成本分担模式，生产商作为斯塔克尔伯格博弈的主导方制定回收分级策略，旧件回收率受回收价格、生产商对渠道投资分担比例以及逆向渠道服务水平等因素的影响，线下服务商投入逆向渠道服务努力进行分级回收，生产商对分级回收的旧品给予服务商一定的转移支付和渠道成本分担，从而激励线下服务商进行旧品回收。

生产商制定分级回收策略，根据文献（Borovkova et al., 2009），本研究假设分级回收价格满足指数函数形式 $B_k = B_0 e^k$，其中 B_k 表示服务商对应第 k 级旧件的回收价格参数。生产商再以 τB_k 的分级回收价格从服务商处回收旧件，不同等级旧件再制造成本节约存在差异，第 k 级旧件再制造成本的单位节约为 δ_k。

接下来，考虑分级回收情境下的旧件质量与回收价格的关系。越高的回收价格，能够回收到越高质量的旧件。回收价格与回收质量近似服从线性关系 $\rho_k = a + bB_k$（Bronnenberg et al., 1996）。不同质量的旧件再制造成本也存在差异，依据文献（Zeng et al., 2015），再制造成本节约可以表示为：$\delta_k = \delta(\rho_k - \rho_0)$，$\delta > 1$。

分级回收数量受分级回收价格影响，其旧件回收总收益为 $\int_0^M (\tau - 1) B_k (\theta e^{\frac{\phi}{2}} Q + \beta_1 B_k + \beta_2 L_b) f(k) dk$。

从"收益共享-成本共担"的角度考虑目标函数如下：

$$E(\Pi_m) = (1 - \Phi) p \upsilon \min(Q, D) + w(1 - \upsilon) \min(Q, D)$$
$$+ \int_0^M (\delta_k - \tau B_k)(\theta e^{\frac{\phi}{2}} Q + \beta_1 B_k + \beta_2 L_b) f(k) dk$$
$$- cQ - \frac{1}{2} \phi (K_f L_f^2 + K_b L_b^2) \qquad (6-26)$$

s.t. $\max E(\Pi_r) = \Phi p \upsilon \min(Q, D) + (p - w - c_r)(1 - \upsilon) \min(Q, D)$
$$+ \int_0^M (\tau - 1) B_k (\theta e^{\frac{\phi}{2}} Q + \beta_1 B_k + \beta_2 L_b) f(k) dk$$
$$- \frac{1}{2} (1 - \phi)(K_f L_f^2 + K_b L_b^2)$$

生产商依据以往销售经验以及对市场的预测制定产品销售和回收分级决策,服务商观测到生产商的决策后对正向渠道和逆向渠道的服务水平做出调整,双方协调优化实现利润最大化。

依据逆向归纳法求解:根据线下的期望利润 $E(\Pi_r)$,令 $\partial E(\Pi_r)/\partial L_f = 0$,$\partial E(\Pi_r)/\partial L_b = 0$,可得:

$$L_f^m = \frac{\alpha_2(1-(1-\Phi)v)\min(Q,D)}{(1-\phi)K_f} \tag{6-27}$$

$$L_b^m = \frac{\int_0^M (\tau-1)B_0 e^k \beta_2 f(k)\mathrm{d}k}{(1-\phi)K_b} \tag{6-28}$$

将式(6-27)、式(6-28)分别带入生产商的期望利润函数 $E(\Pi_m)$,带入后分别对 Q 和 M 求一阶偏导,令 $\partial E(\Pi_m)/\partial Q = 0$,$\partial E(\Pi_m)/\partial M = 0$,有

$$\begin{cases} H(Q) = -\int_0^M (\delta b(e^k-1)-\tau e^k)\theta e^{\frac{\phi}{2}} B_0 f(k)\mathrm{d}k + c \\ \Gamma(M) = e^M \left((\theta e^{\frac{\phi}{2}}Q + \beta_2 L_b) + \beta_1 B_0 e^M - \frac{\delta b \beta_1 B_0}{\delta b - \tau} \right. \\ \qquad \left. - \frac{\phi}{(1-\phi)^2 K_b} \frac{((\tau-1)\beta_2)^2 B_0}{\delta b - \tau} \int_0^M e^k f(k)\mathrm{d}k \right) \end{cases}$$

由此,得出双渠道分级回收决策模型目标函数下最优产品销售量 Q 和最优回收价格 M 为:

$$Q^m = H^{-1}\left(-\int_0^M (\delta b(e^k-1)-\tau e^k)\theta e^{\frac{\phi}{2}} B_0 f(k)\mathrm{d}k + c\right) \tag{6-29}$$

$$M^m = \Gamma^{-1}\left(\frac{\delta b(\theta e^{\frac{\phi}{2}}Q + \beta_2 L_b)}{\delta b - \tau}\right) \tag{6-30}$$

(一) 模型性质分析

回收分级情形下,基于服务商的期望利润函数 $E(\Pi_r)$,关于 L_f 与 L_b 求二阶导和混合偏导,得出定理 6-5。

【定理 6-5】 回收分级情形下,线下服务商的期望利润 $E(\Pi_r)$ 是关于正

向渠道服务水平 L_f、逆向渠道服务水平 L_b 的联合凹函数,且存在最优的 L_f^m 以及 L_b^m 使得线下的期望利润 $E(\Pi_r)$ 最大。

定理 6-5 表明,回收分级情形下对于线下服务商来说,存在最优的正/逆向渠道服务投入努力,使得其期望利润最优。

考虑分级回收,针对生产商的期望利润函数 $E(\Pi_m)$,分别对 M 与 Q 求二阶导和混合偏导,可得:一阶主子式为小于零,且二阶主子式大于零。因此,$E(\Pi_m)$ 是关于产品销售量 Q 和回收价格 M 的联合凹函数,得出定理 6-6。

【定理 6-6】线上生产商期望利润 $E(\Pi_m)$ 是关于产品销售量 Q 及回收价格 M 联合凹函数,存在最优的 Q^m 及 M^m 使得线上生产商的期望利润 $E(\Pi_m)$ 最大。

定理 6-5 表明,回收分级情形下,线上生产商的期望利润存在关于产品销售量和回收分级数的最优值。

(二) 解的性质分析

【性质 6-11】无论是否分级,正向渠道服务最优水平不受定价决策影响,但会随着销售收益分成比例、渠道投资分担比例的增加而增加,且与生产商投放市场的产品数量、线下销售比例呈现正相关关系。

【性质 6-12】逆向渠道服务最优水平都会随着回收定价、生产商对渠道投资分担比例、回收转移支付率的增加而提高。生产商对渠道投资分担比例、回收转移支付率越高,服务商越有意愿提升逆向渠道服务。回收分级时,$\partial L_b^m / \partial \phi > 0$ 且 $\partial L_b^m / \partial \tau > 0$。

【推论 6-5】回收分级情形下,渠道投资分担比例对逆向渠道服务水平的影响更为显著。

可知 $\Delta(\partial L_b / \partial \phi) = \beta_2(\tau - 1)\left(B_0 \int_0^M e^k f(k) \mathrm{d}k - 1\right) / ((1-\phi)^2 K_b)$ 和 $\Delta(\partial L_b / \partial \tau) = \beta_2 \left(B_0 \int_0^M e^k f(k) \mathrm{d}k - 1\right) / ((1-\phi) K_b)$ 均为正,且随着分级数的增加愈加明显。

【推论 6-6】生产商如果按照服务商的回收价格回收旧件,无论是否分级,服务商都不愿意提供逆向渠道服务。

【性质 6-13】回收不分级时生产商线上销售份额满足 $v>\phi/(1-\Phi)(2-\Phi)$ 的条件下,生产商投放市场的产品数量随着销售收益分成比例的增加而减少,即 $\partial Q/\partial \phi<0$ 成立。分级回收情形下的约束条件更为严格,线上销售份额更高的情况下,才能满足销售量与分成比例的负相关关系。生产商给予服务商的销售收益分成比例越高,生产商享有的销售收益分成越少,生产商越缺乏动力去投放更多的产品进入市场。

【性质 6-14】分级回收情形下,当单位回收收益超过 $(\phi(\tau-1)/(1-\phi)+\tau)e^M$ 时,基础回收价格越低,最优的回收分级数越多。

随着分级数的增加,再制造成本节约增加的同时,回收成本也在攀升。当满足 $\delta_M-\tau B_M>\phi(\tau-1)/(1-\phi)e^M$ 时,$\partial M/\partial B_0<0$,回收成本增加的作用显著,分级数的增加会受到约束。

【性质 6-15】分级回收情形下,最优回收分级数越多,逆向渠道服务水平越高。

回收分级情形下,$\partial L_b^n/\partial M=(\tau-1)B_0\beta_2 e^M f(M)/((1-\phi)K_b)>0$。随着最优的分级数的增加,服务商需要对应不同级别回收旧件改进逆向渠道服务,并为之付出更多的努力。

四、模型数值算例分析

通过调研赶集网和58同城网,网站销售的二手商品最多的品类是数码产品和办公用品,因此本节算例选取了办公用品中回收比例较高的打印机。同时从天猫、京东、亚马逊等电商网站上的打印机销售数据来看,惠普打印机的销量一直占据第一。本章采用京东商城以及惠普官方网上直营商城的大众性家用打印机型号的平均售价,设计本算例中打印机商品的基础零售价格为1500元。从打印机行业内部的调研访谈得知,打印机的利润空间在10%~20%,因此,本算例设定打印机批发价格为1 200元,制造成本为1 000元。从赶集网二手交易平台的打印机二手信息发布情况来看,一般家用打印机的二手发布价格为100~1 000元不等,但具体交易价格不详。因此本算例拟定线下回收价格为500元;而回收品的回收价格和再制造的成本不能超过新品制造成本,所以再制造成本设定为150元。本节算例参数取值如下：$P_0 = 1\,500$ 元；$w = 1\,200$ 元；$p_r = 500$ 元；$Q = 10\,000$ 台；$c = 1\,000$ 元；$c_r = 150$ 元。

（一）基础模型的数值算例分析

1. 决策变量对利润函数的影响

（1）产品销售量、旧品回收价格对线上生产商利润的影响。如图 6.14 所示，对于线上生产商来说，其期望利润函数是关于产品销售量和旧品回收价格的联合凹函数。生产商利润函数在产品销售量影响下的凹性更为明显；但随着旧品回收价格的增加，生产商的利润函数的极值点会随其增加而降低，且生产商利润函数在产品销售量影响下的凹性亦会随其增加而明显。

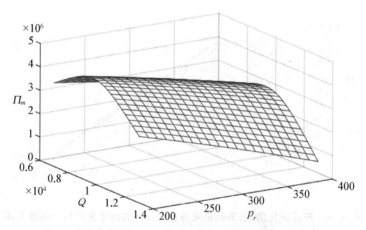

图 6.14　产品销售量、旧品回收价格对线上生产商利润的影响

（2）正向、逆向渠道服务努力投入对线下服务商利润的影响。如图 6.15 所示，对于线下服务商来说，其期望利润函数是关于正向渠道服务努力水平和逆向渠道服务努力水平的联合凹函数。服务商利润函数在正向渠道服务努力水平和逆向渠道服务努力水平影响下的凹性都表现显著。

（3）产品销量、正向渠道服务努力投入对线上生产商利润的影响。如图 6.16 所示，对于线上生产商，其期望利润函数是关于产品销售量和正向

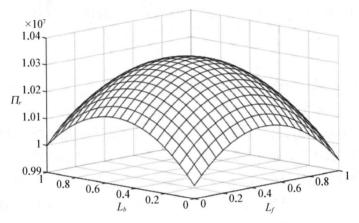

图 6.15　正/逆向渠道服务努力投入对线下服务商利润的影响

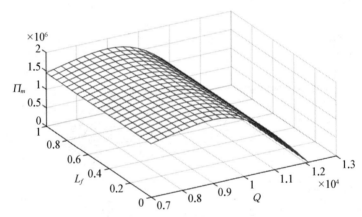

图 6.16　产品销售量、正向渠道服务努力投入对线上生产商利润的影响

渠道服务努力水平的联合凹函数。生产商利润函数在产品销售量影响下的凹性更为明显;但随着产品销售量的增加,生产商的利润函数的极值点会随其增加呈现先增后减的趋势。

(4) 回收价格、逆向渠道服务努力投入对线下服务商利润的影响。如图 6.17 所示,对于线下服务商,其期望利润函数是关于旧品回收价格和逆向渠道服务努力水平的联合凹函数。服务商利润函数在逆向渠道服务努力水平影响下的凹性更为明显;但随着旧品回收价格的增加,生产商的利润函数的极值点会随其增加而增加。

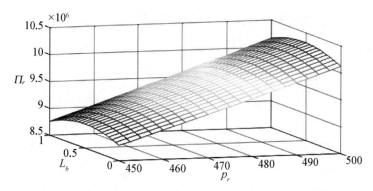

图 6.17　旧品回收价格、逆向渠道服务努力投入对线下服务商利润的影响

2. 收益分成/成本分担比例与决策变量

（1）收益分成比例与产品销量。随着收益分成比例的增加，产品销售数量是递减的，且递减的速度越来越快，如图 6.18 所示。如果生产商将过多的收益分给线下服务商，那么其收益减少会削弱生产商的生产动力，从而导致销量的减少。值得注意的是，当收益分成比例大于 0.6 的时候，生产商的决策是不销售。

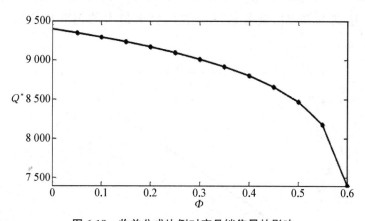

图 6.18　收益分成比例对产品销售量的影响

（2）成本分担比例与回收价格。随着成本分担比例的增加，产品回收价格是递减的，如图 6.19 所示。原因是生产商对渠道成本投入的分担比例越高，服务商越有动力提升渠道服务努力水平，促进产品销售。而产品市场容量的扩大，使得回收价格得以降低。值得注意的是，随着成本分担比例的

增加,回收价格下降的速度越来越明显,尤其是,当成本分担比例大于 0.8 时,回收价格会呈现快速的下降。

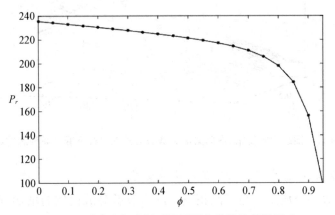

图 6.19 成本分担比例对旧品回收价格决策的影响

(3) 收益分成与正向渠道努力。随着收益分成比例的增加,服务商的正向渠道服务努力水平是递增的,如图 6.20 所示。服务商获取的销售收益分成越多,越有动力提升渠道服务努力水平。值得注意的是,当收益分成比例达到 0.72 时,服务商已经愿意付出最大的正向渠道服务努力水平。

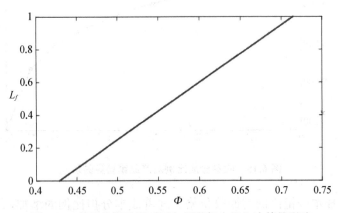

图 6.20 收益分成比例对正向渠道努力投入决策的影响

(4) 成本分担与逆向渠道努力。随着成本分担比例的增加,逆向渠道服务努力水平是递增的,且递增的速度在逐步放缓,如图 6.21 所示。原因是生产商对渠道投入成本的分担比例越高,服务商需要承担的逆向渠道成本投入就越少,其逆向渠道服务努力水平越高。值得注意的是,当生产商对渠道投入成本的分担比例不足 0.18 时,服务商没有动力去提供逆向渠道的服务努力。

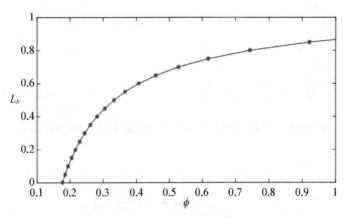

图 6.21　成本分担比例对逆向渠道努力投入决策的影响

3. 不同参数下的决策变量与利润函数

(1) 不同收益分成比例下产品销量对生产商利润的影响。随着生产商给予服务商收益分成比例的增加,生产商收益减少,且受其影响随着产品销量的增加,生产商的收益整体呈现下降趋势,如图 6.22 所示。当生产商给予服务商 30% 的收益分成时,随着产品销售量的增加,生产商收益出现先增后减的态势,存在最优的产品销售量。然而,随着分成比例的扩大,生产商倾向于减少产品销售。因此,最优产品销售量的存在是有条件的,受到生产商收益分成比例的约束,这对前面的结论给予验证。

(2) 不同成本分担比例下回收定价对生产商利润的影响。随着旧件回收价格的提高,生产商的收益呈现先增后减的态势,存在最优的回收价格使得生产商收益最大,如图 6.23 所示。观察成本分担比例的作用,分别取值 0.3,0.5,0.7,发现:回收价格对生产商收益的影响并未随着成本分担比例的变化而明显变化;随着生产商对渠道投入成本分担比例的增加,生产商收益会对回收价格的变动更为明显,但影响程度并不显著。

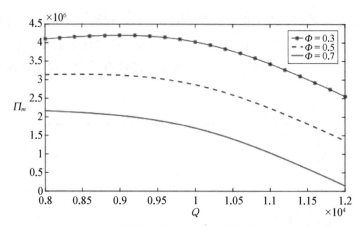

图 6.22　不同收益分成比例下产品销量对生产商利润的影响

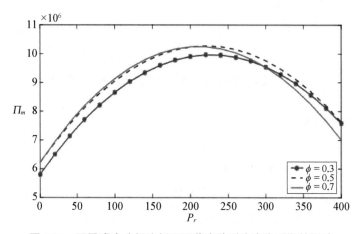

图 6.23　不同成本分担比例下回收定价对生产商利润的影响

（3）参数影响下的正向渠道服务努力对服务商利润的影响。从图 6.24 中可以看到，首先，随着服务商正向渠道服务努力水平的提高，服务商收益并未显示显著变化；其次，随着生产商对收益分成/成本分担比例的增加，服务商收益会有显著提升；最后，随着生产商对收益分成/成本分担比例的增加，正向渠道服务努力水平增加对服务商收益正影响越来越明显。

当生产商收益分成/成本分担比例都为 0.3 时，正向渠道服务努力水平增加，使得服务商收益先增后减；当生产商收益分成/成本分担比例都为 0.5 时，正向渠道服务努力水平增加，使得服务商收益缓慢增加；当生产商收益

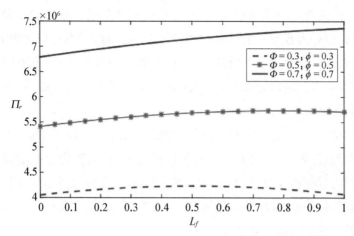

图 6.24 不同收益分成/成本分担比例下正向渠道服务努力对服务商利润的影响

分成/成本分担比例都为 0.7 时,正向渠道服务努力水平增加,服务商收益呈现较为明显的增长态势。

(4)参数影响下的逆向渠道服务努力对服务商利润的影响。从图 6.25 中可以看到,首先,随着服务商逆向渠道服务努力水平的提高,服务商收益并未显示显著变化;其次,随着生产商对收益分成/成本分担比例的增加,服务商收益会有显著提升;最后,随着生产商对收益分成/成本分担比例的增加,逆向渠道服务努力水平增加对服务商收益正影响越来越明显。

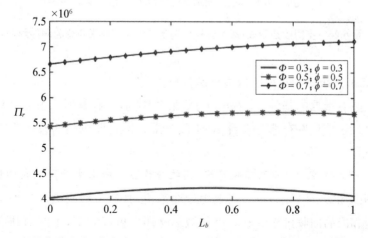

图 6.25 不同收益分成/成本分担比例下逆向渠道服务努力投入对服务商利润的影响

当生产商收益分成/成本分担比例都为 0.3 时,逆向渠道服务努力水平增加,使得服务商收益先增后减;当生产商收益分成/成本分担比例都为 0.5 时,逆向渠道服务努力水平增加,使得服务商收益缓慢增加;当生产商收益分成/成本分担比例都为 0.7 时,逆向渠道服务努力水平增加,服务商收益呈现较为明显的增长态势。

(5) 收益分成/成本分担下销售比例对服务商利润的影响。从图 6.26 中可以看到,首先,随着线上产品销售比例的提高,服务商收益增加;其次,随着生产商对收益分成/成本分担比例的增加,服务商收益增加;最后,随着生产商对收益分成/成本分担比例的增加,线上产品销售比例的提高对服务商收益增加的影响越来越显著。

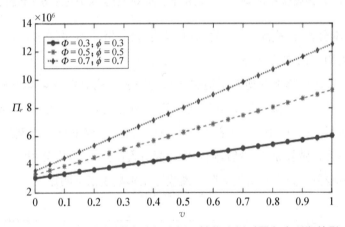

图 6.26 不同收益分成/成本分担比例下销售比例对服务商利润的影响

(二) 分级协同模型的数值算例分析

在原有数据的基础上,考虑到分级回收协同,从赶集网二手交易平台的打印机二手信息发布情况来看,对于质量最差的打印机的回收价为 50 元,即 $B_0 = 50$。

1. 产品销售量、旧品回收价格、回收分级数对线上生产商利润的影响

如图 6.27(a) 所示,对于线上生产商来说,其期望利润函数是关于产品销售量和旧品回收价格的联合凹函数。从图中可以看到,生产商利润函数在产品销售量影响下的凹性更为明显;但随着旧品回收价格的增高,生产商

的利润函数的极值点会随其增加而降低,且生产商利润函数在产品销售量影响下的凹性亦会随其增加而明显。

如图 6.27(b)所示,对于线上生产商来说,其期望利润函数是关于产品销售量和回收分级数的联合凹函数。从图中可以看到,生产商利润函数在回收分级数影响下的凹性更为明显;产品销售量对线上生产商期望利润函数的影响没有回收分级数的影响那么显著。并且对比不分级时候线下服务商期望利润函数,分级时候线上生产商最优的期望利润明显大于不分级时的情形。

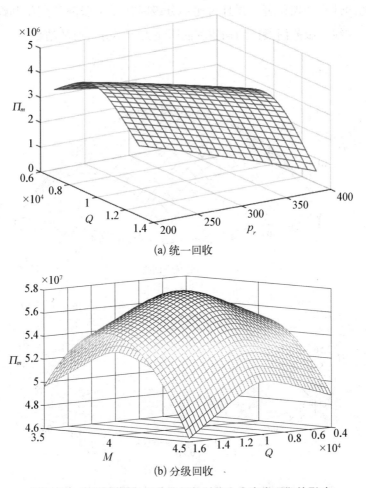

图 6.27 产品销售量、回收分级数对线上生产商利润的影响

2. 正向、逆向渠道服务努力投入对线下服务商利润的影响

如图 6.28(a)所示,对于线下服务商来说,其期望利润函数是关于正向渠道服务努力水平和逆向渠道服务努力水平的联合凹函数。从图中可以看到,服务商利润函数在正向渠道服务努力水平和逆向渠道服务努力水平影响下的凹性都表现显著。

如图 6.28(b)所示,对于线下服务商来说,其期望利润函数是关于正向渠道服务努力水平和逆向渠道服务努力水平的联合凹函数。从图中可以看到,服务商利润函数在正向渠道服务努力水平和逆向渠道服务努力水平影响下的凹性都表现显著。并且对比不分级时候线下服务商期望利润函数,分级时候线下服务商最优的期望利润明显大于不分级时的情形。

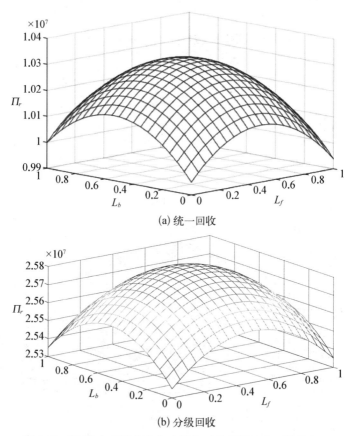

图 6.28 正/逆向渠道服务努力投入对线下服务商利润的影响

3. 收益分成比例对产品销量的影响

对于不分级回收情形,从图 6.29 中可以看到,随着收益分成比例的增加,产品销售数量是递减的,且递减的速度越来越快。原因是产品销售收入的主要盈利者是生产商,但如果生产商将过多的收益分给线下服务商,那么其收益减少会削弱生产商的生产动力,从而导致销量的减少。值得注意的是,当收益分成比例大于 0.6 的时候,生产商的决策是不销售。

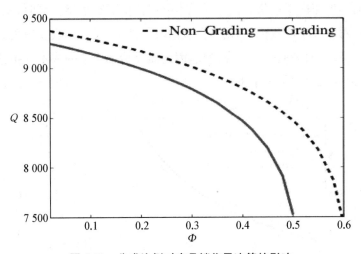

图 6.29 分成比例对产品销售量决策的影响

对于分级回收情形,从图 6.29 中可以看到,随着收益分成比例的增加,产品销售数量是递减的,且递减的速度越来越快。原因是产品销售收入的主要盈利者是生产商,但如果生产商将过多的收益分给线下服务商,那么其收益减少会削弱生产商的生产动力,从而导致销量的减少。值得注意的是,当收益分成比例大于 0.5 的时候,生产商的决策是不销售。

由图 6.29 还可以看出,对于分级回收情形,相同分成比例下产品销售量更低,这是由于分级以后能够带来更多的旧件回收,因此线下服务商会投入更多的逆向渠道服务,此时线下服务商能够投入的正向渠道努力服务减少,因此产品销量会降低。

4. 成本分担比例对正向、逆向渠道努力投入决策的影响

从图 6.30 可以看到,随着成本分担比例的增加,无论是统一回收还是

分级回收情形下，正/逆向渠道努力投入都随之增加。线上生产商对渠道成本投入的分担比例越高，线下服务商越有动力提升渠道服务努力水平，促进产品销售和回收。同时还可以看出，成本分担比例对正向渠道的努力投入激励作用更加明显，当成本分担比例达到 0.65 的时候，正向渠道努力已经达到最大。随着分担比例的增大，逆向渠道努力投入先缓慢增加，而后会快速增加。说明成本分担达到一定比例的时候才能更好地促进逆向渠道努力投入，而不像正向渠道努力投入对成本分担比例那么敏感。同时，从图中可以看出，对于线下回收情况，由于分级回收条件下，线下回收变得更为复杂，这将会给线下服务商带来一点麻烦，因此需要给予更多的成本分担比例，才能提高逆向渠道的努力水平。

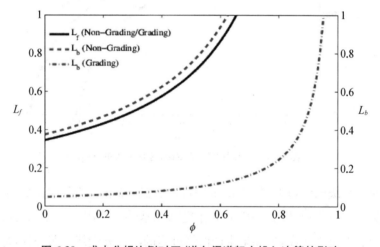

图 6.30　成本分担比例对正/逆向渠道努力投入决策的影响

5. 回收分级数对逆向渠道努力投入决策的影响

从图 6.31 中可以看到，随着产品销售量的增加，正向渠道服务努力投入提高，且递增的速度在逐步放缓。原因是随着产品销售量的增加，线下正向渠道的产品销量增加，因此自然需要付出更多的正向渠道努力，但是随着产品销量的进一步增加，由于受到一些客观条件的约束，正向渠道努力投入增速放缓。从图中可以看出，正向渠道努力投入不超过 0.6，从而可知产品销售量对正向渠道努力投入的激励作用有限。

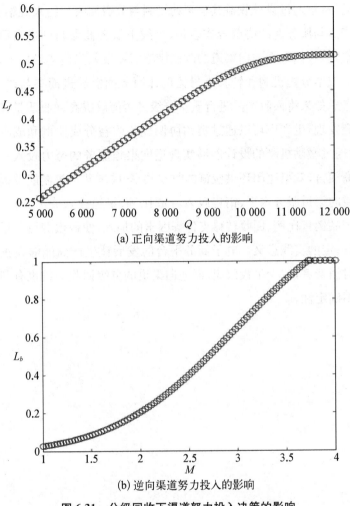

(a) 正向渠道努力投入的影响

(b) 逆向渠道努力投入的影响

图 6.31　分级回收下渠道努力投入决策的影响

从图 6.31 中可以看到，随着回收分级数的增加，逆向渠道服务努力先缓慢增加，然后快速增加，最后其增速逐步放缓，从而稳定在最高水平。原因是当回收分级数较少时，此时分级所带来的优势并不是很明显，因此逆向渠道努力投入增加不是很明显；随着回收分级数的增加，分级回收所带来的优势得以体现，因此逆向渠道努力投入快速增加。然而当回收分级数进一步增加时，此时分级回收的优势没有明显提高，逆向渠道努力投入也趋于稳定。

可见，本章通过设计收益共享契约机制与分级回收契约来观察O2O模式下生产商与服务商的协调合作表现，令线下服务商参与到逆向渠道服务投入中来，但我们发现逆向渠道的改进措施需要投入渠道建设成本，因此进一步加入成本分担机制和转移支付比例让服务商能够进而参与线下回收，随后又考虑如果将回收产品进行质量分级是否能够提高回收质量和回收效率。研究发现，生产商可以通过契约协调优化收益分成比例和成本分担比例，而且通过激励机制的设计能够实现逆向渠道服务的努力投入。对于线下服务商而言，双渠道闭环供应链的收益共享-成本共担机制能够提升其收益。正逆向渠道服务水平、销售收入分成比例、渠道投入成本分担比例、线上线下产品销售比例、回收转移支付等因素的加入，使得模型更贴近企业实践，具有一定的实践意义。电子商务平台的发展让生产商能够在正向渠道直接面对消费者，减少牛鞭效应，而逆向渠道的分级回收契约也有利于缓解回收的不确定性。

第7章

产品后市场服务共享定价：汽车案例

互联平台化让共享经济快速增长，对传统商业模式既是挑战也存在机遇，同时也给当今社会和经济带来巨大影响。共享经济（Sharing Economy）这种新型商业模式的兴起，让平台共享服务成为当前社会关注的热点，并成为社会生活的一部分。滴滴出行汽车服务平台（后文简称滴滴）让消费者实现了可以不购买汽车而能短期使用汽车。

第一节 产品共享定价模型描述

滴滴从2012年以一个链接出租车司机端与消费者端的"打车软件"开始，让汽车服务平台与汽车出租行业深度融合，并在平台上聚集了大量消费流量。随后2015年，针对私家车车主供给端，滴滴推出共享出行服务——"滴滴快车服务"模块，服务平台上不仅提供私家车-消费者之间的点对点约车服务，还提供了"里程计价服务"，由此真正实现了共享经济下的汽车共享时代。同年经过几轮App系统优化后，滴滴内测了一个"合并拼车"系统——"滴滴拼车服务"模块，实行"一口价"模式，其价格完全由拼车人数和里程数决定。此时的滴滴快车服务平台上，需求方和供给方完全为个人行为，需求与供给的匹配完全由市场决定，具有完全自由市场下"市场定价"特征。随着2014—2015年Uber中国迅速进入中国市场的60个城市，共享汽车服务平台在中国已经家喻户晓,但2016年Uber宣布融资失败退出中国市场,滴滴面临着未来如何让共享汽车平台良性可持续发展的问题:其一,Uber退出中国后,共享汽车服务平台的消费流量并没有减少,消费端大量涌入滴滴平台使得需求突增导致供给严重匮乏;其二,完全由供需匹配的市场出清定价模式是否就是最适合共享汽车的定价模式?因此,滴滴迅速开始了下一步布局:一方面,2017年4月10日,滴滴快车服务平台宣布开始引入"分时计价",通过大数据监测并建立供需预警机制的动态调价系统,开始尝试"平台定价"决策;另一方面,未来汽车平台供给方仅靠私家车主资源远远不够,供给端资源多样化将是解决供需失衡的首要手段。因此,滴滴开始重新布局平台供给端资源,截至2018年第一季度,已经有12家汽车制造商跟滴滴签订了合作协议,未来的共享汽车平台上,汽车制造商将作为供给端的重要补充。可以预见,共享汽车平台的盛行可能导致汽车销售量的大幅减少,汽车提供商和消费者之间的市场格局和价值导向也将发生质的改变,传统的产品与市场销售匹配模式将转向需求与效用方案匹配的解决方式,那么原本作为产品提供商的汽车制造商未来将如何进行定位调整也是亟待关注的问题。随着汽车服务平台与汽车制造行业的跨界深度融合,如何设计适合的定价机制和收益分成?这将是实现合作共赢和可持续发展的关键所在。

一、共享经济理论

基于互联网的共享服务平台融入各行各业,推动传统企业商业模式不断嬗变,同时资源约束的日益凸显也让消费者对产品所有权的态度发生了质的改变。共享单车、共享汽车的出现,让消费者打消了要想使用必须先拥有所有权的成本支付顾虑,减少资源和基础设施过度投入造成的浪费,以实现闲置资源高效利用。共享经济最早被定义为"分享未得到充分利用的产品和服务",经济学者认为导致协同消费现象是产品效用驱动的作用,人们通过这种共享方式试图实现产品效用最大化,充分利用了产品的使用价值,而导致对产品所有权的购买需求减少。管理学者认为协同消费让个体用户也产生了合作的动机。对于个体用户而言,不同的情境、共享动机等均会影响其需求，从供应链视角来看，协同方式可以实现单体的价值增值，并有利于供应链协调。互联网平台的加入可以提高交易效率，大大降低交易成本，Fraiberger 和 Sundararajan 通过美国汽车市场数据和汽车共享平台 Getaround 网站搜集的数据，研究了共享汽车对汽车销售以及社会福利的影响。随后，He 等开始聚焦共享汽车的服务网点规划设计和运营问题，共享经济已经从需求端共享（产品使用者需求）到供给端共享（产品拥有者闲置资源配置），然而如何实现需求端与供给端的无缝链接是亟须解决的问题，平台的加入要有利于实现共享经济的规模效应。Cachon 等通过研究共享汽车平台针对高峰期的动态定价模式，认为可以提高平台收益和消费者剩余。Gurrich 等建构了一个平台制定并选择价格模型，研究认为平台的利益相关者比平台更有意愿参与平台服务。也就是说，平台通过设计一个合适的契约激励机制，比单纯由市场定价更能有效引导利益相关者加入共享平台，汽车共享服务平台可以通过收益共享契约实现供应链协调。

关于产品后市场服务的研究，制造商借助共享平台，以客户为导向的后市场服务价值创新，不但可以增加价值链获利环节，对使用者来说，也可以延长产品的使用寿命，实现产品效用最大化，制造企业开始关注产品与服务的协同配置组合优化问题。比如永安自行车制造商打破传统自行车销售模式，在 2016 年推出永安共享单车的 App，开始尝试公共自行车共享模式；再比如新能源汽车制造商比亚迪，在 2017 年 2 月宣布启动共享充电桩计划，联手多家大型地产商和充电桩服务提供商，针对用户小区充电制定解决方案，解决消费者在使用新能源电动汽车过程中充电不便捷的痛点，实现了制造商在产品后市场服务环节的价值链延伸。因此，协同消费的产品共享模式涉及服务供应链上下游企业的合作问题，需要通过契约机制设计实现供应链协调。Liang 等利用收益共享契约解决了产品后市场维护的成本节约和运维激励问题；Xie 等结合正向渠道收益共享与渠道成本分担契约，解决 O2O 闭环供应链合作协同的定价与服务水平决策；Jiang 和 Tian 也研究产品共享行为对渠道的影响，发现其会放大渠道情境下经典的"双重边际"效应。Taylor 等研究了一个针对平台不参与服务定价决策而完全由市场决定的共享汽车市场；Bai 等拓展建构了按需服务的平台定价模型，认为客户需求增加时平台会抬高服务价格,而客户对时间更加敏感时,平台需要通过低价维持客户数量,由此可以看出服务价格的高低会影响共享经济模式下的客户需求。Cachon研究了垄断型平台在服务网络中的应用,认为企业与服务平台之间的关系可以通过供应链契约进行协调,但是契约机制的设计要保证所有参与者在平台收益超过合理预期才会吸引其加入。也就是说,制定一个合适的收益分成比例是实现服务平台多方参与主体共赢的关键。但前人的研究要么基于市场定价、要么基于垄断平台定价,而尚未有文献进行两种定价模式差异性和适应性的比较研究。

目前汽车消费市场正经历着多方面的冲击,神州汽车租赁平台私家车数量有限,且"借还同地"的租借方式受限,难以满足平台的规模化诉求。借鉴私家车租赁起步的共享经济服务平台是一个很有意义的开端,但仍然面临许多亟待解决的瓶颈问题。Uber、滴滴等为私家车主提供汽车共享平台服务,当消费者产生用车需求订单时,平台把用车需求信息分配给私家车主,产生的收益平台将和私家车主进行分成,但这种汽车共享平台仅仅考虑社会闲置的私家所有者的汽车,并没有考虑汽车制造商作为供应商在平台上提供汽车共享服务的平台模式。那么从供给侧结构改革入手,平台在规模化诉求下为了吸引汽车商参与共享汽车市场,从而增加汽车投放量,亟待研究汽车制造商是否有意愿参与共享平台?其如何参与和选择共享定价模式?

本章针对由平台商主导的共享汽车市场,平台上汽车提供方分别为汽车制造商和私家车车主,汽车制造商作为供应商为共享平台提供共享汽车以实现规模经济效应,但关键问题是共享汽车的定价决策到底由市场还是平台定价将会更好?汽车制造商如何决策投放平台的共享汽车数量?平台服务商给汽车制造商的收益共享激励又该如何分配?基于上述分析,本章通过对共享汽车定价模式选择问题的描述,建立了平台商主导的收益共享契约,分析了在不同定价模式下汽车商投入量以及平台商分成比例的最优决策;进而考虑了汽车运维成本、私家车投入量和分成比例对汽车商投入量以及平台商分成比例和价格决策的影响,以及对汽车商和平台商利润的影响。通过对比分析市场定价和平台定价汽车商和平台商的利润,讨论了汽车商和平台商模式偏好的参数组合区域。本章的主要贡献在于通过借助收益共享契约，打破对于平台定价优于市场定价的固有认识，讨论并对比了两种定价模式，找到不同定价模式所适用的商业情境，为共享汽车定价模式选择以及最优决策提供了理论基础和现实指导。

二、共享模型问题描述

本章针对汽车服务平台，由汽车商和私家车主共同提供共享汽车，其市场需求受价格的影响，当共享汽车供不应求时，共享汽车的价格由市场的供需决定，此时仅执行市场定价；在共享汽车市场相对稳定时，市场定价和平台定价模式共存。如图7.1所示。

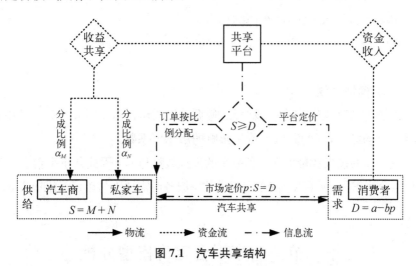

图 7.1　汽车共享结构

在不同的定价模式下，平台商通过收益共享契约形式给予汽车商和私家车一定的分成比例，由此将影响共享汽车平台上的汽车供给量，同时汽车商根据平台商确定的分成比例来决策共享汽车的投入量。

为了方便分析，本章做如下假设：（1）私家车的投入数量短期内相对固定，并且私家车主相对分散，是价格和分成比例的接受者；（2）在共享汽车的供给量大于等于市场需求时，平台商把订单按照汽车商和私家车的汽车投入比例进行分配；（3）平台商是供应链的主导者，汽车商为跟随者，决策过程是一个完全信息动态博弈，即斯塔克尔伯格博弈；（4）忽略平台商运营成本,平台商和汽车商均为风险中性,均追求各自的利润最大化。

(一) 模型符号

c:汽车运维成本;

N:私家车投入数量;

α_N:私家车分成比例;

M:汽车商投入数量;

p:共享汽车价格;

α_M:汽车商分成比例;

Π_P^i:定价模式 i 时,平台商的利润;

Π_M^i:定价模式 i 时,汽车商的利润;

其中,$i \in \{SD, PD\}$,$SD =$ 市场定价,$PD =$ 平台定价。

(二) 模型函数

市场上共享汽车作为一般商品,遵循线性需求函数 $D = a - bp$,其中 a 为潜在市场需求,b 为需求受价格影响的敏感度系数。

汽车商的投入数量为 M,私家车的投入数量为 N,因此共享平台上的汽车供给量为 $S = M + N$,汽车在提供共享服务时需要支付单位运维成本 c。

第二节　共享平台定价模型分析

一、市场定价模型

在市场定价模式下,共享汽车的价格由供给和需求决定,通过价格的调节作用总是可以使得共享汽车达到市场出清状态,此时 $M + N = a - bp$,即 $p = (a - (M + N))/b$。平台商根据收益共享契约给予汽车商和私家车的分成比例分别为 α_M、α_N,记 Π_P^{SD}、Π_M^{SD} 分别为平台商和汽车商的利润函数。此时,共享汽车供应链是以平台商为主导的完全信息动态博弈,即斯塔克尔伯格博弈,决策的顺序为:平台商先制定汽车商的分成比例 α_M^{SD},汽车商根据平台商的决策结果,制定自己的汽车投入量 M^{SD}。

平台商和汽车商在收益共享契约下的博弈模型为

$$\max_{\alpha_M} \Pi_P^{SD} = (1-\alpha_M)pM + (1-\alpha_N)pN$$
$$\text{s.t.} \ M > 0 \tag{7-1}$$

$$\max_{M} \Pi_M^{SD} = \alpha_M pM - cM$$
$$\text{s.t.} \ M \geqslant 0 \tag{7-2}$$

在求博弈均衡解时,应利用逆向推导法。

对于任意给定的分成比例 α_M^{SD},汽车商利润函数 Π_M^{SD} 关于汽车投入量 M^{SD} 的一阶导数和二阶导数如下:

$$\frac{\partial \Pi_M^{SD}}{\partial M^{SD}} = \frac{a\alpha_M - bc - \alpha_M(2M+N)}{b}$$

$$\frac{\partial^2 \Pi_M^{SD}}{\partial (M^{SD})^2} = -\frac{2\alpha_M}{b}$$

由于 $0 \leqslant \alpha_M \leqslant 1$,易得 $-2\alpha_M/b < 0$,即 Π_M^{SD} 关于 M^{SD} 的二阶导数为负,表明存在唯一的 M^{SD} 使得 Π_M^{SD} 最大,求 Π_M^{SD} 关于 M^{SD} 的一阶导数,并令之为零,得到

$$M^{SD} = \frac{a-N}{2} - \frac{bc}{2\alpha_M} \tag{7-3}$$

式(7-3)给出了汽车商对于平台商给定的分成比例 α_M 的最优反应。由于 $\alpha_M M = \alpha_M(a-bp-N) \geqslant 0$ 又 $b(c-\alpha_M p) \leqslant 0$,因此可得 $\alpha_M(a-bp-N) \geqslant b(c-\alpha_M p)$,故 $\alpha_M(a-N) \geqslant bc$ 必成立,即 $M^{SD} \geqslant 0$。平台商将根据汽车商的反应做出自己最后的决策,即将式(7-3)代入平台商的利润函数,得到平台商基于汽车商最优反应的利润函数。下面讨论平台商的最优决策。

平台商基于汽车商最优反应的利润 $\Pi_P^{SD}(M^{SD})$ 关于汽车商分成比例 α_M^{SD} 的一阶导数和二阶导数如下:

$$\frac{\partial \Pi_P^{SD}}{\partial \alpha_M} = -\frac{1}{4\alpha_M^3 b}(a^2\alpha_M^3 - (2-\alpha_M)b^2c^2 - 2a\alpha_M^3 N + 2\alpha_M(1-\alpha_N)bcn + \alpha_M^3 N^2)$$

$$\frac{\partial^2 \Pi_P^{SD}}{\partial \alpha_M^2} = -\frac{c((3-\alpha_M)bc - 2\alpha_M(1-\alpha_N)N)}{2\alpha_M^4}$$

当满足条件$(3-\alpha_M)bc - 2\alpha_M(1-\alpha_N)N > 0$时,$\Pi_P^{SD}$关于$\alpha_M^{SD}$的二阶导数为负,表明存在唯一的$\alpha_M^{SD}$使得$\Pi_P^{SD}$最大,求$\Pi_P^{SD}$关于$\alpha_M^{SD}$的一阶导数,并令之为零,得到$\alpha_M^{SD*}$。将平台商给予汽车商的最优解式带入汽车商最优反应函数式(7-3),可求得汽车商的最优投入量(即均衡投入量)。模型的均衡解见定理 7-1。

【定理 7-1】在平台商主导的收益共享契约下,平台商给予汽车商的均衡分成比例、汽车商的均衡投入数量分别为α_M^{SD*}、M^{SD*},其中$M^{SD*} = \max[M^{SD*}, 0]$。

$$\alpha_M^{SD*} = \frac{3^{2/3}bc(a-N)^2(bc - 2(-1+\alpha_N)N) - 3^{1/3}\varsigma^2}{3(a-N)^2\varsigma} \tag{7-4}$$

$$M^{SD*} = \frac{(a-N)(-3^{2/3}b^2c^2(a-N)^2 + 2 \cdot 3^{2/3}(-1+\alpha_N)bc(a-N)^2 N + 3abc\varsigma - 3bcN\varsigma + 3^{1/3}\varsigma^2)}{-2 \cdot 3^{2/3}bc(a-N)^2(bc - 2(-1+\alpha_N)N) + 2 \cdot 3^{1/3}\varsigma^2} \tag{7-5}$$

其中,

$$\varsigma = \left(-9b^2c^2(a-N)^4 + \sqrt{3}\sqrt{b^3c^3(a-N)^6\begin{pmatrix}27a^2bc + b^3c^3 - 6bc(9a + (-1+\alpha_N)bc)N \\ + 3(13 + 4(-2+\alpha_N)\alpha_N)bcN^2 \\ -8(-1+\alpha_N)^3 N^3\end{pmatrix}}\right)^{1/3}$$

定理 7-1 表明,在收益共享契约下,若$(3-\alpha_M)bc - 2\alpha_M(1-\alpha_N)N > 0$条件成立,存在最优的均衡策略使得平台商和汽车商的利润达到最大。需要说明的是,汽车商均衡投入量应为非负整数,即 $M^{SD*} = \max[M^{SD*}, 0]$,$M^{SD*} \in N$,平台商均衡分成比例需满足条件 $M^{SD*} > 0$,即汽车商的均衡投入量应为正整数 $M^{SD*} = \max[M^{SD*}, 0]$,$M^{SD*} \in N^*$,否则汽车商不投入,平台商无法决策汽车商分成比例。

二、平台定价模型

互联网的应用与普及促使平台型企业应运而生。作为典型平台企业的汽车共享平台,连接着汽车供给方(汽车商、私家车)和需求方(消费者),为供需双方提供信息传递实现供需匹配,并制定收费价格,在满足各自需求的基础上从中盈利。在平台定价模式下,存在两种情况:若 $S < D$,即共享汽车市场处于供不应求状态,此时消费者为了及时获取共享汽车服务,会在平台定价的基础上进行加价,价格上涨促使汽车商增加汽车供给量,此时平台定价无效,共享汽车的价格主要由供需情况自动调节,从而实现市场出清,即仅执行市场定价;若 $S \geqslant D$,即共享汽车市场处于供过于求状态,平台商按照汽车商和私家车的投入比例来分配订单,汽车商的交易量为 $(M/(M+N))D$,私家车的交易量为 $(N/(M+N))D$,平台根据市场需求情况制定汽车共享价格 p^{PD},并根据收益共享契约给予汽车商和私家车的分成比例分别为 α_M^{PD}、α_N,记 Π_P^{PD}、Π_M^{PD} 分别为平台商和汽车商的利润函数。此时,共享汽车供应链是以平台商为主导的完全信息动态博弈,即斯塔克尔伯格博弈,决策的顺序为:平台商先制定汽车共享价格 p^{PD}、汽车商的分成比例 α_M^{PD},汽车商根据平台商的决策结果,制定自己的汽车投入量 M^{PD}。

平台商和汽车商在收益共享契约下的博弈模型为

$$\max_{(p,\alpha_M)} \Pi_P^{PD} = (1-\alpha_M)p\frac{M}{M+N}D + (1-\alpha_N)p\frac{N}{M+N}D$$

$$\text{s.t.} \quad M > 0, M+N \geqslant D \tag{7-6}$$

$$\max_M \Pi_M^{PD} = \alpha_M p \frac{M}{M+N}D - cM$$

$$\text{s.t.} \quad M \geqslant 0 \tag{7-7}$$

在求博弈均衡解时,应利用逆向推导法。

对于任意给定的共享汽车价格 p^{PD}、分成比例 α_M^{PD},汽车商利润函数 Π_M^{PD} 关于汽车投入量 M^{PD} 的一阶导数和二阶导数如下:

$$\frac{\partial \Pi_M^{PD}}{\partial M^{PD}} = \frac{\alpha_M N p(a-bp)}{(M+N)^2} - c$$

$$\frac{\partial^2 \Pi_M^{PD}}{\partial (M^{PD})^2} = -\frac{2\alpha_M N p(a-bp)}{(M+N)^3}$$

由于 $0 \leqslant \alpha_M \leqslant 1, M, N \in [0,1]$,易得 $-2\alpha_M N p(a-bp) < 0$,即 Π_M^{PD} 关于 M^{PD} 的二阶导数为负,表明存在唯一的 M 使得 Π_M^{PD} 最大,求 Π_M^{PD} 关于 M^{PD} 的一阶导数,并令之为零,得到:

$$M^{PD} = \sqrt{\frac{\alpha_M p N(a-bp)}{c}} - N \qquad (7-8)$$

其中, $M^{PD} = -\sqrt{(\alpha_M p N(a-bp))/c} - N < 0$,应舍去。由此式(7-8)给出了汽车商对于平台商给定的共享汽车价格 p^{PD}、分成比例 α_M^{PD} 的最优反应。平台商将根据汽车商的反应做出自己最后的决策,即将式(7-8)代入平台商的利润函数,得到平台商基于汽车商最优反应的利润函数。下面讨论平台商的最优决策。

【引理 7-1】 基于汽车商投入量关于共享价格和汽车商分成比例的最优反应函数,平台商的最优决策为 $(p^{PD*}, \alpha_M^{PD*})$。

先证明平台商基于汽车商最优反应的利润 $\Pi_P^{PD}(M^{PD})$ 关于共享汽车价格 p^{PD}、分成比例 α_M^{PD} 的二阶海塞矩阵 $H(\Pi_P^{PD})$ 的性质:其一阶主子式 $H(\Pi_P^{PD})_{11} = -(\alpha_M + 3\alpha_N)\sqrt{\alpha_M c N a(a-bp)}/(4\alpha_M^3) < 0$;其二阶主子式 $H(\Pi_P^{PD})_{11} > 0$,该矩阵为负定矩阵,因此存在一组均衡解 $(p^{PD*}, \alpha_M^{PD*})$ 使得 $H(\Pi_P^{PD})$ 具有唯一最大值。将平台商最优解 $(p^{PD*}, \alpha_M^{PD*})$,即均衡共享汽车价格、汽车商分成比例带入汽车商最优反应函数式(7-8),可求得汽车商的最优投入量(即均衡投入量)。模型的均衡解见定理 7-2。

【定理 7-2】 在平台商主导的收益共享契约下,共享汽车均衡价格、汽车商的均衡分成比例、汽车商的均衡投入量分别为 p^{PD*}、α_M^{PD*}、M^{PD*}，其中，$M^{PD*} = \max[M^{PD*}, 0]$。

$$p^{PD*} = \frac{a}{2b} \tag{7-9}$$

$$\alpha_M^{PD*} = \frac{cN(b\zeta - 6a^2\alpha_N) - b(c^2N^2 + \zeta^2)}{3a^2\zeta} \tag{7-10}$$

$$M^{PD*} = \frac{\sqrt{cN}}{2\sqrt{3b\zeta c}}\sqrt{-bc^2N^2 - b\zeta^2 + cN(b\zeta - 6a^2\alpha_N)} - N \tag{7-11}$$

其中，$\zeta = \left(\frac{3}{2}\sqrt{3}\sqrt{\frac{a^6\alpha_N^3 c^2 N^2(27a^2\alpha_N + 4bcN)}{b^4}} - cN\left(\frac{27a^4\alpha_N^2}{2b^2} + \frac{9a^2\alpha_N cN}{b} + c^2N^2\right)\right)^{1/3}$。

定理 7-2 表明，在收益共享契约下，存在最优的均衡策略使得平台商和汽车商的利润达到最大。需要说明的是，汽车商均衡投入量应为非负整数，即 $M^{PD*} = \max[M^{PD*}, 0]$，$M^{PD*} \in N$，平台商均衡分成比例存在需满足条件 $M^{PD*} > 0$，即汽车商的均衡投入量应为正整数 $M^{PD*} = \max[M^{PD*}, 0]$，$M^{PD*} \in N^*$，否则汽车商不投入，平台商无法决策汽车商分成比例。

第三节 共享平台定价性质分析

从定理 7-1 和定理 7-2 可以看出，在市场定价及平台定价模式下，汽车商的分成比例、汽车商投入汽车量主要与三个方面的因素有关：汽车运维成本、私家车投入数量、私家车分成比例。在平台定价模式下，平台商根据市场需求最大化其利润，均衡的共享汽车价格 $p^{PD*} = a/(2b)$，仅与潜在市场规模、需求价格敏感度系数有关，且易知潜在市场需求越大共享汽车平台定价越高，消费者需求价格敏感系数越大，共享汽车平台定价越低，不再赘述。基于此，可以得到解的性质。同时，鉴于均衡解的影响因素分析过于复杂,性质的详细证明过程参见附录。为了验证性质分析结论,该部分还借助数值算例进行直观展示,其模型参数本章进行单位化处理,具体参数设置为 $c=0.2$,$\alpha_N=0.7$,$N=0.6$,$a=b=1$。

一、汽车运维成本的变动性分析

共享汽车为了保障出行服务质量,需要负责汽车的清洁、保养、维修等,由此产生的费用本章统称为汽车运维成本。根据参与约束(IR)条件,汽车商从平台商处获得的分成收益应该不小于汽车运维成本,否则理性汽车商不会有将汽车投入共享平台的意愿。因此汽车商的运维成本会直接影响均衡下的汽车商收益分成比例、投入量。

【性质 7-1】汽车商投入汽车数量、汽车商所获分成比例均与汽车运维成本有关。在一定范围内,汽车运维成本越高,汽车商投入数量越低、所获分成比例越高,且市场定价模式下的汽车商的最优投入量、最优分成比例均低于平台定价模式。

$$\frac{\partial M^{SD*}}{\partial c}<0, \frac{\partial M^{PD*}}{\partial c}<0; \frac{\partial \alpha_M^{SD*}}{\partial c}>0, \frac{\partial \alpha_M^{PD*}}{\partial c}>0$$

从性质 7-1 可以得出,汽车运维成本对汽车商均衡投入量起反向作用[如图 7-2(a)所示]。在市场定价模式下,当汽车运维成本增加时,汽车商通过减少汽车投入来降低市场供给,从而提高市场价格,缓解成本上升带来的冲击;在平台定价模式下,由于共享汽车供大于求,平台商按照汽车投入比例进行订单分配,因此汽车商投入量变化对其收入影响相对有限,然而当汽车运维成本增加时,汽车商的成本将会大幅增加,理性的汽车商会通过减少汽车投入来控制成本。因此,随着汽车运维成本增加,汽车商均衡投入量在两种定价模式下均会减少。由于在平台定价模式下,汽车商和私家车之间存在竞争,汽车商需要投入更多汽车。另外,若汽车运维成本过高,汽车商在两种定价模式下都不投入。

汽车商运维成本对均衡的汽车商分成比例起正向作用[如图 7.2(b)所示]。在市场定价、平台定价两种模式下,当汽车运维成本增加时,理性的汽车商都会减少汽车投入。为了缓解这一情况,平台商给予汽车商的分成比例均增加。由于平台定价模式下,汽车商和私家车存在一定的竞争关系,因此需要给予汽车商更高的分成比例来增加激励效果。

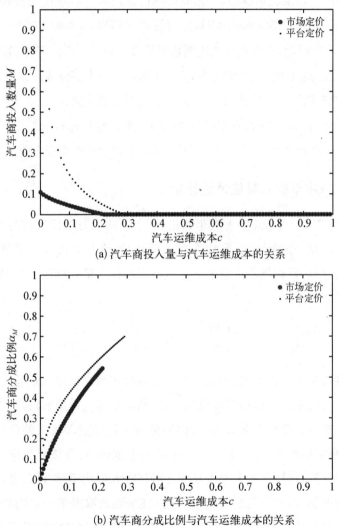

(a) 汽车商投入量与汽车运维成本的关系

(b) 汽车商分成比例与汽车运维成本的关系

图 7.2　汽车商投入量、分成比例与汽车运维成本的关系

由图 7.2 可知,性质 7-1 的结论成立。在图 7.2(a) 中汽车运维成本越高,汽车商投入量越低。在市场定价模式下,当汽车运维成本较低为 $c=$

0.01时,此时投入量为 $M=0.1$;当汽车运维成本较高 $c>0.22$ 时,汽车商不再投入。在平台定价模式下,当汽车运维成本较低为 $c=0.01$ 时,此时投入量为 $M=0.93$;当汽车运维成本较高 $c>0.3$ 时,汽车商不再投入。在图7.2(b)中汽车运维成本越高,汽车商分成比例越高。在市场定价模式下,当汽车运维成本较低为 $c=0.01$ 时,此时分成比例为 $\alpha_M=0.05$;当汽车运维成本较高 $c=0.22$ 时,汽车商分成比例达到最大为 $\alpha_M=0.54$。若汽车运维成本进一步增加,则汽车商投入量为零,平台不再给予汽车商分成。在平台定价模式下,当汽车运维成本较低为 $c=0.01$ 时,此时分成比例为 $\alpha_M=0.17$;当汽车运维成本较高 $c=0.3$ 时,汽车商分成比例达到最大为 $\alpha_M=0.7$。若汽车运维成本进一步增加,则汽车商投入量为零,平台不再给予汽车商分成。

二、私家车投入数量情景分析

【性质7-2】汽车商投入汽车数量、汽车商所获分成比例均与私家车投入量有关。在一定范围内,私家车投入量越高,汽车商投入数量越低、所获分成比例越高,且市场定价模式下的汽车商的投入量、分成比例均低于平台定价模式。

$$\frac{\partial M^{SD*}}{\partial N}<0, \frac{\partial M^{PD*}}{\partial N}<0; \frac{\partial \alpha_M^{SD*}}{\partial N}>0, \frac{\partial \alpha_M^{PD*}}{\partial N}>0$$

从性质7-2可以得出,私家车投入量对汽车商均衡投入量起反向作用,如图7.3(a)所示。在市场定价模式下,当私家车投入量增加时,汽车商通过减少汽车投入来降低市场供给,从而避免由于供给过多带来的价格下降问题;在平台定价模式下,由于共享汽车供大于求,平台商按照汽车投入比例进行订单分配,因此汽车商投入量变化对其收入影响相对有限,然而当私家车投入量增加时,共享汽车的竞争加剧,汽车商获取需求订单的概率下降,汽车商的收益减少但成本不变,理性的汽车商将通过减少汽车投入量来控制成本。因此,随着私家车投入量的增加,汽车商均衡投入量在两种定价模式下有所减少。但在平台定价模式下,汽车商有意愿投入更多汽车。此外,若汽车运维成本过高,汽车商在两种定价模式下缺乏投入意愿。

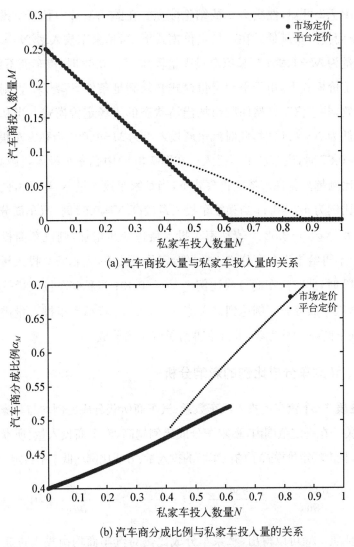

(a) 汽车商投入量与私家车投入量的关系

(b) 汽车商分成比例与私家车投入量的关系

图 7.3　汽车商投入量、分成比例与私家车投入量的关系

私家车分成比例对均衡的汽车商分成比例起正向作用,如图 7.3(b)所示。在市场定价、平台定价两种模式下,当私家车投入量增加时,理性的汽车商都会减少汽车投入。为了缓解这一情况,平台商给予汽车商的分成比例均增加。由于平台定价模式下,汽车商和私家车存在一定的竞争关系,因此需要给予汽车商更高的分成比例来增加激励效果。

由图 7.3 可知,性质 7-2 的结论成立。在图 7.3(a)中私家车投入量越高,汽车商投入量越低。在市场定价模式下,当私家车投入量 $N=0$ 时,此时投入量为 $M=0.25$;当私家车投入量较高 $N>0.62$ 时,汽车商不再投入。在平台定价模式下,由于平台定价模式必须满足条件 $S\geqslant D$,否则平台商定价无效,共享汽车必然回归市场出清状态的市场定价模式。当私家车投入量较低为 $N=0.42$ 时,此时汽车商投入量为 $M=0.09$;当私家车投入量较高 $N>0.87$ 时,汽车商不再投入。在图 7.3(b)中私家车投入量越高,汽车商分成比例越高。在市场定价模式下,当私家车投入量 $N=0$ 时,此时汽车商分成比例为 $\alpha_M=0.4$;当私家车投入量较高 $N=0.62$ 时,汽车商分成比例达到最大为 $\alpha_M=0.52$。若私家车投入量进一步增加,则汽车商投入量为零,平台不再给予汽车商分成。在平台定价模式下,当私家车投入量较低为 $N=0.42$ 时,此时汽车商分成比例为 $\alpha_M=0.49$;当私家车投入量较高 $N=0.87$ 时,汽车商分成比例达到最大值 $\alpha_M=0.7$。若私家车投入量进一步增加,则汽车商投入量为零,平台不再给予汽车商分成。

三、私家车分成比例的影响分析

【**性质 7-3**】汽车商投入汽车数量、汽车商所获分成比例均与私家车分成比例有关。在一定范围内,私家车分成比例越高,汽车商投入量、所获分成比例越高,且市场定价模式下的汽车商的投入量、分成比例均低于平台定价模式。

$$\frac{\partial M^{SD*}}{\partial \alpha_N}>0, \frac{\partial M^{PD*}}{\partial \alpha_N}>0; \frac{\partial \alpha_M^{SD*}}{\partial \alpha_N}>0, \frac{\partial \alpha_M^{PD*}}{\partial \alpha_N}>0$$

从性质 7-3 可以得出,私家车分成比例对汽车商均衡投入量起正向作用,如图 7.4(a)所示。在市场定价模式下,当私家车分成比例增加时,无论是市场定价模式还是平台定价模式,平台商为了鼓励汽车商参与汽车共享,给予汽车商的分成比例也相应增加,两种模式下汽车商投入量均增加。由于在平台定价模式下,汽车商和私家车之间存在竞争,汽车商需要投入更多汽车。另外,当汽车运维成本过高且汽车商在私家车分成比例过低时,两种定价模式下都不投入。

私家车分成比例对均衡的汽车商分成比例起正向作用,如图7.4(b)所示。在市场定价、平台定价两种模式下,当私家车分成比例增加时,理性的平台商为了激励汽车商参与以确保平台供给量,会增加给予汽车商的分成比例。特别是在平台定价模式下,汽车商和私家车存在一定的竞争关系,因此需要给予汽车商更高的分成比例来增加激励效果。

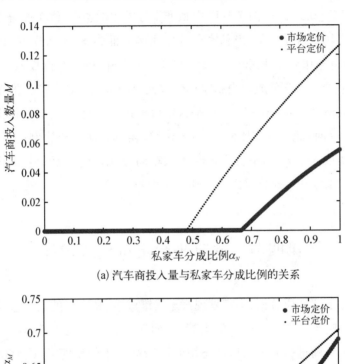

(a) 汽车商投入量与私家车分成比例的关系

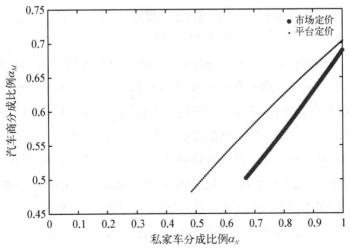

(b) 汽车商分成比例与私家车分成比例的关系

图7.4 汽车商投入量、分成比例与私家车分成比例的关系

由图 7.4 可知,性质 7-3 的结论成立。在图 7.4(a)中私家车分成比例越高,汽车商投入量越高。在市场定价模式下,当私家车分成比例较低为 $\alpha_N < 0.67$ 时,汽车商选择不投入;当私家车分成比例较高为 $\alpha_N = 1$ 时,此时汽车商投入量为 $M = 0.05$。在平台定价模式下,当私家车分成比例较低为 $\alpha_N < 0.49$ 时,汽车商不再投入;当私家车分成比例较高为 $\alpha_N = 1$ 时,此时投入量为 $M = 0.13$。在图 7.4(b)中私家车分成比例越高,汽车商分成比例越高。在市场定价模式下,当私家车分成比例较低为 $\alpha_N = 0.67$ 时,此时分成比例为 $\alpha_M = 0.5$,若私家车分成比例进一步下降,则汽车商投入量为零,平台不再给予汽车商分成。当私家车分成比例较高为 $\alpha_N = 1$ 时,汽车商分成比例达到最大为 $\alpha_M = 0.69$。在平台定价模式下,当私家车分成比例较低为 $\alpha_N < 0.49$ 时,此时分成比例为 $\alpha_M = 0.48$,若私家车分成比例进一步降低,则汽车商投入量为零,平台不再给予汽车商分成。当私家车分成比例较高为 $\alpha_N = 1$ 时,汽车商分成比例达到最大为 $\alpha_M = 0.7$。

第四节　共享平台定价模式选择

通过上述性质分析,不难发现汽车运维成本、私家车的投入量及分成比例均会影响平台商和汽车商的决策,进而对各自的利润造成影响。由于平台商和汽车商进行完全信息动态博弈即斯塔克尔伯格博弈,因此模型的均衡解应满足平台商和汽车商的所有约束条件,即这两个决策主体的可行域应完全相同。对于两种定价模式都可行的区域,分别对不同主体在两种定价模式下的利润进行比较。根据激励相容(IC)约束条件,汽车商和平台商均会基于其利润最大化来选择定价模式。在现实中,往往不同的因素会同时发生变化,因此企业在对不同定价模式下的利润进行比较时,往往会同时考虑多个因素的影响。基于此,可以得到以下结论。

鉴于定价模式选择分析过于复杂,为了验证性质分析结论,该部分借助数值算例进行直观展示,模型参数设置同上文。

【结论 7-1】汽车运维成本及私家车投入量同时变动,对汽车商、平台商分别在市场定价、平台定价两种模式下的利润影响不同。根据性质 7-1 和性质 7-2 分析可知：汽车商选择平台定价，必须满足条件 $S \geqslant D$ 和 $M > 0$。因此可得如下结论：

（1）即使是汽车运维成本较小且私家车数量较大时，汽车商在市场定价模式下没有投入意愿，不能执行市场定价，如图 7.5(a)中的区域Ⅰ及图 7.5(b)中的区域Ⅰ所示。在此区域内，满足条件 $S \geqslant D$ 时，汽车商只要满足平台定价模式下的投入决策量，则共享汽车在该情境下仅执行平台定价。

（2）当汽车运维成本较小且私家车数量适中时，如图 7.5(a)中的区域Ⅱ及图 7.5(b)中的区域Ⅱ和区域Ⅲ所示，因为该区域满足条件 $S \geqslant D$，所以此时汽车商在两种定价模式下都会投入汽车，因此在该区域内两种定价模式都可执行，但是在 7.5(a)中的区域Ⅱ内，汽车商的平台定价利润大于市场定价模式，这是由于在平台定价模式下汽车商的投入量更大、分成比例更高；而平台商在 7.5(b)中的区域Ⅱ内，平台定价利润大于市场定价模式，这是由于在共享汽车供大于求时，平台商可以根据市场需求制定共享价格获得最大的消费者剩余。

（3）当私家车数量较小时，如图 7.5(a)中的区域Ⅲ及图 7.5(b)中的区域Ⅳ，此时由于私家车投入量较少，不满足条件 $S \geqslant D$，因而仅执行市场定价。不仅如此，平台商在区域Ⅲ内由于供需基本平衡，平台所定价格接近市场出清价格，但平台定价模式时的分成比例更高，因而此时平台商的利润反而小于市场定价模式时的利润。因此，私家车数量较少时仅执行市场定价。

（4）在如图 7.5(a)中的区域Ⅳ及图 7.5(b)中的区域Ⅴ的情景下，由于不满足条件 $S \geqslant D$，因此汽车商在两种模式下均没有投入意愿，所以共享汽车在该情境下两种定价模式均无法执行。

【结论 7-2】汽车运维成本及私家车分成比例同时变动，对汽车商、平台商分别在市场定价、平台定价两种模式下的利润影响不同。基于性质 7-1 和性质 7-3 的分析：汽车商和平台商选择平台定价，也必须满足条件 $S \geqslant D$ 和 $M > 0$。得出如下结论：

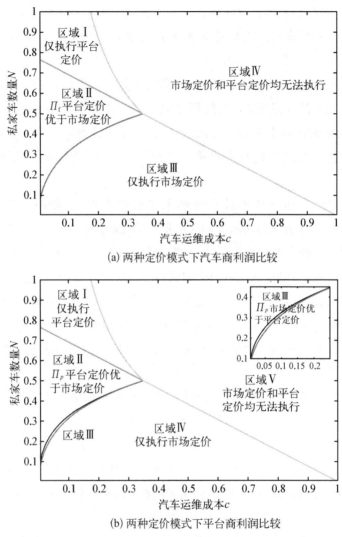

图 7.5 基于汽车运维成本和私家车投入量的主体利润比较

(1) 当汽车运维成本较小且私家车分成比例较大时,如图 7.6(a)、(b) 中的区域 I,此时汽车商在两种定价模式下都会投入汽车 ($M>0$),并且在平台定价模式下满足条件 $S \geqslant D$,因此在该区域内两种定价模式都可执行。并且由于供给量大于需求量,平台商可以根据市场需求制定共享价格,从而获得最大的消费者剩余。所以在区域 I 内,汽车商和平台商在平台定

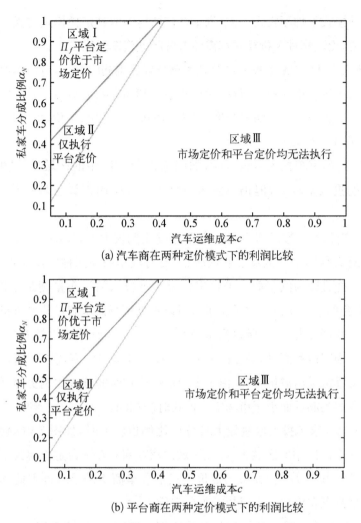

图7.6 基于汽车运维成本和私家车分成比例的主体利润比较

价模式下的利润均大于市场定价模式。

（2）在如图7.6(a)、(b)中的区域Ⅱ内，此时汽车商的投入量较少甚至不投入，因为该区域内只有平台定价模式下满足条件$S \geqslant D$，所以汽车商只会选择在平台定价模式下投入而在市场定价模式下则不投入，因此共享汽车在该情境下仅执行平台定价。

（3）在如图7.6(a)、(b)中的区域Ⅲ内，此时汽车商在市场定价和平台定价两种模式下均不投入,共享汽车在该情境下两种定价模式均无法执行。也就是说,无论哪种定价模式都需要考虑降低汽车运维成本。

【结论 7-3】私家车投入量及私家车分成比例同时变动,对汽车商、平台商分别在市场定价、平台定价两种模式下的利润影响也不同。根据性质 7-2 和性质 7-3 的分析得出如下结论:汽车商偏好选择平台定价,也必须满足条件 $S \geqslant D$ 和 $M > 0$。

(1) 当私家车投入量较低时,如图 7.7(a)、(b)中的区域 I,此时虽然汽车商的投入量较大,但仍不满足条件 $S \geqslant D$,因而该区域仅执行市场定价。

(2) 当私家车数量适中且私家车分成比例较大时,如图 7.7(a)中的区域 II 及图 7.7(b)中的区域 II 和区域 III,此时汽车商在两种定价模式下都投入汽车。并且因为汽车商在平台定价模式下投入的汽车量满足条件 $S \geqslant D$;而平台商在共享汽车供大于求时可以根据市场需求制定共享价格,从而获得最大的消费者剩余,所以汽车商和平台商在区域 III 内均是平台定价利润优于市场定价利润,但是在区域 II 内,共享汽车的供需基本平衡,平台所定价格接近市场出清价格,又由于平台定价模式时的分成比例更高,因而此时平台商的利润反而小于市场定价模式时的利润。

(3) 当私家车投入数量较大且分成比例也较大时,如图 7.7(a)中的区域 III 及图 7.7(b)中的区域 IV,在此区域内汽车商只在平台定价模式下投入,且满足条件 $S \geqslant D$,而在市场定价模式下汽车商不满足条件因此不投入,所以共享汽车在该情境下仅执行平台定价。

(4) 当私家车投入量较大且分成比例不高时,在如图 7.7(a)中的区域 IV 及图 7.7(b)中的区域 V,此时汽车商在市场定价和平台定价两种模式下均不投入,共享汽车在该情境下两种定价模式均无法执行。

总之,共享经济的快速发展致使消费者对共享汽车的需求越来越大。共享汽车不但解决了打车难问题,也有助于传统汽车企业转型升级。针对当前共享汽车尚处于探索阶段的背景,本章研究了共享汽车的定价模式选择问题。分析了市场定价和平台定价两种定价模式,引入收益共享契约,建立了平台商主导的斯塔克尔伯格博弈模型,给出了两种定价模式下的均衡

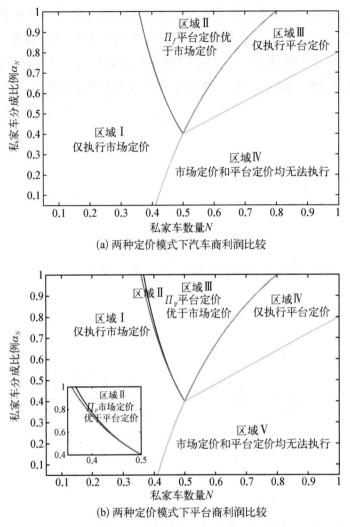

图7.7 基于私家车投入量和私家车分成比例的主体利润比较

解。通过考察汽车商的投入量、分成比例与汽车运维成本、私家车投入量、私家车分成比例的关系,揭示了主要因素对于均衡解的影响,比较了多参数同时变化时不同定价模式下的主体利润。研究发现:当共享汽车市场供不应求时,价格主要由市场的供需状况决定,因此仅执行市场定价,共享汽车市场规模不断扩大。随着共享汽车市场日趋饱和,平台定价对于汽车商更优;平台商在多数情况下也更偏好平台定价,然而在私家车数量较少时,若汽车商运营成本较低或私家车分成比例较高,则市场定价对于平台商更有利。另外,私家车分成比例越高,汽车商投入汽车越多;汽车运维成本和私家车数量对汽车商投入量起反向作用;在汽车商参与共享时,汽车运维成本、私家车的投入数量、分成比例越高,汽车商的分成比例越高。

第8章

后市场服务中科创设备共享契约机制

　　企业长期竞争优势根植于源源不断的创新活力,然而单个企业难以实现可持续的创新动力输出,为此有必要与外部集成资源合作发挥协同优势,科创平台便承担起了这一服务于社会公共研发活动、加速技术向产业化迈进"最后一公里"的角色。考虑到科创平台的运作模式区别于一般租赁企业,探索性引入设备服务次数作为需求量。本章构建了一个由科创平台和企业用户组成的科研设备共享服务系统,假设服务需求内生于平台服务努力程度和用户关系紧密度,并分别引入收益共享和成本共担契约机制,在斯塔克尔伯格博弈框架下进行决策优化。研究结果表明:在无契约、收益共享契约、成本共担契约三种情形下,用户最优关系紧密度关于平台服务定价均呈递减趋势;平台服务定价和用户关系紧密度对平台利润的贡献表现出超模性质,对用户利润的贡献则表现出子模性质;尽管理论上收益共享和成本共担两种契约对平台和用户利润的影响趋势相同,但现实中双方为优化自身利润实则各有偏好:当平台主导博弈时,倾向于采取收益共享契约;而当用户主导时,则更愿意实施成本共担契约。

第一节　问题提出

　　企业竞争的层次伴随时代进步不断升级,从手工生产年代的劳动效率,到工业革命后的机械作业规模,逐步演化至如今知识经济时代下的产品线丰富度。现有产品无法持续满足消费者动态变化的需求,产品利润空间在其上市一段时间后势必趋于饱和,因此越来越多的企业逐渐意识到新产品研发的重要性。以智能手机市场为例,企业研发团队既可通过识别消费者在当前使用体验中的痛点、痒点,开发升级款产品不断契合大众需求,如提高电池续航能力、加入通话降噪功能;又可推出普通产品的特定款式捕获利基市场,如联合奢侈品厂商推出合作限定款,以迎合追求产品个性化且资金充裕的高端人群需求;企业还可通过策略性营销激发新的需求点,如搭载5G芯片,从而加快消费者对手中产品更新换代的速度。丰富、多元的产品线体系在开拓新用户的同时增强了原有用户黏性,为企业蓄起日渐庞大的客户池进而保证利润获取的长期性。企业长青的根基在于源源不断的创新活力,然而单个企业的力量势必有限,为了发展可持续的创新能力,企业必须主动寻求外部合作,而各类外部创新动力源也亟须被纳入某种集群形式发挥门户效应,科创平台便由此应运而生。

一、科创平台政策

科创平台的概念始于科技部自 2002 年启动的国家科技基础条件平台建设研究工作。作为国家创新体系的重要组成部分,科创平台承担着服务于全社会科技进步与技术创新的关键性职能。然而与发达国家和新兴工业化国家相比,我国现阶段仍然面临科技投入总量和强度不足、投入结构不合理、科技基础条件薄弱等一系列问题。针对上述现状,国家发布中长期科学和技术发展纲要性文件,强调加强科技基础条件平台建设工作,并建立有效的共享机制。近年来,随着科研设施与仪器规模的持续增长,设施设备利用率和共享水平不高的问题也逐渐凸显,国家发改委继而发布〔2014 70 号文〕,要求加快推进科研设施与仪器向高校、科研院所、企业、社会研发组织等社会用户开放,充分发挥共享设备服务潜能。从近二十年来国家的政策风向不难看出,利用科创平台这一载体提高科研设备服务效率已成为全社会利益相关方的共同诉求。

科创平台亦被称为公共科技创新平台、产业技术创新平台等,其本质是整合集聚科技资源、具有开放共享特征、支撑和服务于科学研究与技术开发活动的科技机构或组织。当企业无法独自获取创新研发必备的各项资源时，通常需要与一定外部组织建立合作，拓宽创新动力渠道以获取更多外部知识，从而加快新产品研发进程。王伟光等认为在企业间构建良好的产业创新网络对提升产业整体绩效至关重要，而其中关键一点便在于搭建高效、便捷的技术共享平台。科创平台上的参与主体包括高校、科研机构和企业，三者通过产、学、研联合发挥协同创新优势。平台同其所有参与主体在科技研发全过程中互有分工：高校及科研机构负责将研发构思落实成为实验室专利，平台基于中试确保实验室小规模成果顺利进入大规模量产阶段，企业利用广告营销让新产品正式打入市场，并最终通过销售规模实现获利，由此形成"思想技术化—技术产业化—产业市场化—市场规模化—规模利润化"的全社会科技创新接力体系。当前，在众包众筹引领的供应链合作模式日益普及的趋势下，上述分工的界限不再严格，企业内部研发部门开始越来越多地联合高校及科研机构，将所掌握的消费端需求动向与外部前沿创新技术融合，从而加速新产品研发进程。

二、科创平台瓶颈

实践中，科技创新的瓶颈在于企业研发成果的产业化效率低，从专利迈向市场的成果转化能力不强。在研发专利走向市场的过程中，中试生产是必不可少的环节。中试生产主要指针对实验室阶段研试成功的科技成果，为进一步完善其技术规范、确定工艺路线而进行的小批量试生产及质量检验，其目的是通过预生产确定当前技术工艺体系用于量产的可行性，提前发现问题从而降低后续风险。然而中试生产线普遍造价高昂，使大多数中小企业望而却步，因此促进科技成果转化的中试设备有必要依托于功能型服务平台实现全社会共享。然而一方面，由于科创平台所持多为重大科研基础设施，具有单台价值高昂、设备移动不便、操作要求严格等特性，传统的租赁收费模式不再适用，新的收费模式仍处于探索阶段，导致平台当前用户规模有限；另一方面，平台和服务对象之间尚未形成利益关联，双方各自逐利的行为容易引发双重边际化，有必要引入一定的利益关联机制引导双方选择全局最优的决策方案，从而强化彼此间长期合作的纽带。科创平台作为共享设备服务的供给方，掌握服务价格和服务努力程度的决策权；用户作为共享设备服务的需求方，需要投入一定努力用以维系与平台的关系紧密度，并视关系紧密度高低决定服务需求的托付程度。本章拟通过研究回答如下问题：（1）在区别于传统租赁收费模式的科创平台服务模式中，双方各自决策的最优解是否存在？存在的条件是什么？（2）平台和用户的决策变量之间是否存在相互影响？对主体利润是否存在联合影响，影响趋势是否相同？（3）收益共享和成本共担两种契约的引入对平台和用户利润的影响结果如何？不同主体对契约的选择是否存在偏好？

三、理论文献综述

科创平台概念提出时间不长，研究成果尚不丰富，已有研究主要从两方面展开。大多数学者基于质性研究剖析科创平台的内在机理与运作模式。汪秀婷和胡树华构建了基于自主创新力、效益贡献力、国际竞争力的产业发展"三力"模型，认为平台应动态权衡"三力"关系并做好战略定位。许强和杨艳基于三螺旋理论，提出公共科技创新平台是由政府、产业、大学通过较强的"互动自反"效应形成的三边网络与混生组织，三者分工协作形成系统合力，推动知识流反复螺旋上升。谢家平等从科创平台的网络特征切入，按照"网络结构—行为策略—运行绩效"的 SCP 分析框架，定义了松散型、信息聚积型、中心主导型以及紧密型四种创新平台网络类型，并为平台发展提出了差异化策略建议。少部分学者通过实证衡量地方性创新平台的发展水平。苏朝晖和苏梅青从平台用户角度出发，构建了科创平台服务质量评价体系，并利用福州、厦门、泉州三地数据得到各指标重要性和满意度的评价得分，进而为科创平台服务质量改善提出建议。然而，上述研究均未打开科创平台实际运作过程的"黑箱"，围绕平台运营中服务价格、服务努力等决策变量的优化研究则更少见，如何通过合理的服务激励机制提升平台与用户的合作绩效，这些问题皆有待探索。

自 Spohrer 等首次将服务科学作为新兴交叉学科的概念提出，服务创新在影响企业服务生产力、服务质量以及服务系统增长率等方面的潜力逐渐受到重视,而平台经济的兴起则进一步放大了服务市场逐渐成为利润"新大陆"的事实。近年来相继涌现的共享平台诸如 Uber、Airbnb、大众点评等,多是基于出行、住宿、餐饮等服务供给,通过供需匹配实现自身盈利。华中生认为网络环境下的平台服务已经日益成为现代服务业的主流模式。一些学者基于双边市场理论研究平台的定价与最优开放度等问题,也有学者基于实证探究共享经济外部性等问题。尽管上述平台是平台经济中研究的主要对象,但科创平台这类新型公共服务平台本质上对社会科技创新乃至人类共同命运更具深远影响。科创平台的成立初衷是基于平台运作模式成为市场供需匹配的节点,然而由于其发展总体处于起步阶段,尚未形成完整的双边市场结构,实践中平台本身往往同时承担服务供给与供需匹配的角色。科创平台的功能在于助力科技研发从实验室专利成果阶段迈入大规模量产阶段,满足企业的中试需求并帮助其最终实现研发成果转化。区别于淘宝、京东等一般电商平台或滴滴、Airbnb 等热门共享平台,科创平台的产出(即用户的成果转化收益)不是服务数量或次数的直接线性函数,为此需要依据其服务运作模式展开具体分析。

众多文献表明,供应链契约已成为消除双重边际化、实现供应链优化的重要手段。Cachon 和 Lariviere 在一般性供应链模型中研究了收益共享契约的表现,发现与其他多种契约类型相比,收益共享契约不仅能够优化供应链,还允许利润在主体间任意分配。Kunter 研究了由单一制造商与单一零售商构成的供应链,其中顾客需求同时受价格和非价格因素影响,发现合理设定共享、共担比例的收益共享-成本共担契约能有效实现供应链渠道优化。Xie 等在双渠道闭环供应链中基于斯塔克尔伯格博弈模型研究了契约优化问题,发现收益共享-成本共担契约能有效提高零售商对零售服务及产品再回收的努力程度,进而在线上线下双渠道同时提高供应链成员利润。Kong 等研究了风机后市场的运维服务优化问题,分别在风机制造商和风场主导斯塔克尔伯格博弈的情形下对风机维修数量、维修服务定价和维修努力程度进行了优化,并提出发电增收收益共享契约以实现双方利润最大化。刘宇熹等针对由再制造企业和用户组成的产品租赁服务系统,假定服务需求内生于双方努力程度,将产品回收再制造成本节约的环境价值在系统内部分享，发现环境效益共享契约可使渠道总利润达到最优。尽管契约作为优化供应链的重要方法被学者广泛采纳，然而应用至科创平台这一新场景的有效性尚未得到验证，能否通过引入契约提高科创平台服务效率值得探讨。

第二节 模型介绍

一、问题描述

本章研究一个由科创平台和企业用户组成的科研设备共享服务系统，科创平台投资购买一批以中试生产线为主的大型设备，并对外有偿提供设备共享使用服务；企业携带实验室阶段研试成功的科研成果，结合期望中试规模购买相应服务量，借助平台完成中试试验。社会上的企业用户数量众多且相互独立，规定平台与用户间的交易逐一进行。平台作为服务供给方，一方面掌握服务定价权，另一方面可自行决定服务水平即服务努力程度，同时承担相应产生的服务成本，包括设备使用前的调试、使用中的耗材、动力、人工，以及使用后的清洗、维护等；用户作为服务需求方，需要与平台维系一定的关系紧密度，并视关系紧密度高低决定自身服务需求的托付程度。Hagiu 和 Spulber 在研究双边平台时定义了平台上的买方参与度，并将其解释为买方对卖方产品的消费程度，本章的关系紧密度与之内涵相近：用户关系紧密度越高，对平台服务的信任程度越高，中试试验的生产、检测规模越大。中小企业用户因资金有限无法自行采购设备，因此设备使用需求只能通过平台得到满足，用户期望的关系紧密度越高，所需投入的关系紧密度维系成本也越大。由于重大科研基础设施单台套设备价值高昂，相当一部分单价超出 50 万元（参见《国务院关于国家重大科研基础设施和大型科研仪器向社会开放的意见》），平台设备投资量限于一定规模。传统的产品租赁服务多按实物租赁单价、租赁数量及租赁时间进行收费，如小型家电、演出服装、摄影器材等，然而科研设施设备普遍因体积较大不便移动、因价值重大依赖专人操作。考虑上述原因，科创平台并不直接提供设备对外租赁,而是在其运营场地内基于设备进行专项服务的重复供给,并依据用户的使用需求按次计费。因此,区别于传统的产品租赁服务系统,本章的服务需求不再是用户对设备的租赁台数,而是依托于特定设备的专项服务购买次数。

二、模型符号

针对科创平台设备服务共享系统的运作模式,结合问题描述对文中所涉及的决策变量及参数进行定义,如表 8-1 所示。依据对上海市石墨烯产业技术功能型平台的实地调研,为确保平台与用户的合作得以进行,平台的服务努力投入不能为 0,且用户与平台的关系紧密度不能为 0。

表 8-1 决策变量及参数定义

符号	含义说明
p_s	平台收取的单次设备服务价格
c	平台承担的单次设备服务成本
L	平台决策的自身服务努力程度,$L \in (0,1]$。当 $L=1$ 时,平台投入最大服务努力,用户得以享受最优服务;当时 $L \in (0,1)$,平台投入一定程度的服务努力,努力程度随 L 取值的增大而增加
δ	用户决策的自身与平台的关系紧密度,$\delta \in (0,1]$。当 $\delta=1$ 时,用户完全依赖平台,对设备服务需求进行完全托付,属于平台的"忠诚型用户";当 $\delta \in (0,1)$ 时,用户部分依赖平台,有选择地托付部分需求,属于平台的"发展型用户"
$K_1(L)$	平台服务努力的成本函数
$K_2(\delta)$	用户维系与平台关系紧密度的成本函数
$T(L,\delta)$	用户的设备服务购买次数
$R(L,\delta)$	用户的科研成果转化收益
Φ	平台决策的从用户处分享成果转化收益的比例
ϕ	用户决策的为平台分担总运营成本的比例
Π_P	平台的利润函数
Π_U	用户的利润函数

本章将用户的设备服务需求记为设备服务购买次数 $T(L,\delta)$，借鉴刘宇熹等的做法，假设服务购买次数仅取决于平台服务努力程度和用户与平台的关系紧密度，且二者对服务购买次数的影响相互独立。当用户初步产生设备服务需求后，首先权衡平台的服务报价和服务水平，接着视自身可承担的努力成本高低决定与平台的关系紧密度，在此基础上确定设备服务的最终需求，即借助平台进行中试的试验规模。进一步地，将平台的利润函数设定为 $\Pi_P = (p_s - c)T(L,\delta) - K_1(L)$，平台收益为向用户提供设备共享使用服务按次数收取的费用，其成本由两部分构成，一部分是直接服务成本，另一部分是服务努力成本。将用户的利润函数设定为 $\Pi_U = R(L,\delta) - p_s T(L,\delta) - K_2(\delta)$，用户收益为在完成中试的基础上，研发专利最终市场化实现的成果转化收益，其成本同样由两部分构成，一部分是向平台购买设备服务所支付的费用，另一部分是维系与平台关系紧密度所付出的努力成本。

三、函数设置

为使研究情境更贴近现实，同时简化后续分析，对相关函数做如下设置：

表 8-2　主要函数设置

函　数	假　　设		说　　明
$K_1(L)$	$\dfrac{dK_1(L)}{dL} \geq 0$,	$\dfrac{d^2 K_1(L)}{dL^2} \geq 0$	平台服务努力成本随努力程度递增且为凸函数
$K_2(\delta)$	$\dfrac{dK_2(\delta)}{d\delta} \geq 0$,	$\dfrac{d^2 K_2(\delta)}{d\delta^2} \geq 0$	用户关系紧密度成本随紧密度递增且为凸函数
$T(L,\delta)$	$\dfrac{\partial T(L,\delta)}{\partial L} \geq 0$,	$\dfrac{\partial^2 T(L,\delta)}{\partial L^2} \leq 0$	设备服务次数随平台服务努力程度递增且为凹函数
	$\dfrac{\partial T(L,\delta)}{\partial \delta} \geq 0$,	$\dfrac{\partial^2 T(L,\delta)}{\partial \delta^2} \leq 0$	设备服务次数随用户关系紧密度递增且为凹函数
	$\dfrac{\partial^2 T(L,\delta)}{\partial L \partial \delta} = 0$		设备服务次数不受平台服务努力程度和用户关系紧密度的联合影响

(续表)

函数	假设	说明
$R(L,\delta)$	$\dfrac{\partial R(L,\delta)}{\partial L}\geqslant 0,\ \dfrac{\partial^2 R(L,\delta)}{\partial L^2}\leqslant 0$	用户成果转化收益随平台服务努力程度递增且为凹函数
	$\dfrac{\partial R(L,\delta)}{\partial \delta}\geqslant 0,\ \dfrac{\partial^2 T(L,\delta)}{\partial \delta^2}\leqslant 0$	用户成果转化收益随用户关系紧密度递增且为凹函数
	$\dfrac{\partial^2 R(L,\delta)}{\partial L\partial \delta}=0$	用户成果转化收益不受平台服务努力程度和用户关系紧密度的联合影响

注：为不失一般性，上述关于 L 及 δ 的函数均以隐函数形式表示。*表示各变量最优值。

第三节 基础模型

本节考虑科创平台与用户的斯塔克尔伯格基础博弈。首先构建博弈模型，并证明最优解的存在及条件，接着就决策变量对主体利润的联合影响展开性质分析。

一、模型构建

图 8.1 描述了科创平台与用户之间的基础博弈模型，转化为数学语言可表示如下：

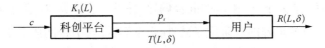

图 8.1 科创平台与用户的基础博弈模型

$$\max_{(p_s>0,\ L\in(0,1])} \Pi_P = (p_s - c)T(L,\delta) - K_1(L) \tag{8-1}$$

$$\text{s.t.} \max_{(\delta\in(0,1])} \Pi_U = R(L,\delta) - p_s T(L,\delta) - K_2(\delta) \tag{8-2}$$

博弈的决策顺序为：首先，平台作为博弈中的主导者，根据自己的利润

函数 Π_P，先行决策单次服务定价 p_s 和服务努力程度 L；接着，用户作为博弈中的跟随者，在给定平台决策 (p_s, L) 的基础上，结合自身利润函数 Π_U，决策最优的关系紧密度 δ。由此，平台和用户基于上述选择结果，实现各自的利润。

二、模型求解

根据逆向归纳法，首先对用户的利润函数 Π_U 求关于用户关系紧密度 δ 的一阶、二阶偏导，发现当服务定价满足式(8-3)时，用户利润关于关系紧密度的二阶偏导小于等于零，即存在最优的关系紧密度 δ^* 使用户利润 Π_U 取得最大值。根据 δ 的一阶条件，可得用户关系紧密度关于平台服务努力程度 L 以及服务定价 p_s 的最优反应函数 $\delta^*(L, p_s)$。

$$p_s \leqslant \left(\frac{\partial^2 T(L, \delta)}{\partial \delta^2}\right)^{-1} \left(\frac{\partial^2 R(L, \delta)}{\partial \delta^2} - \frac{d^2 K_2(\delta)}{d\delta^2}\right) \quad (8\text{-}3)$$

接着，将 $\delta^*(L, p_s)$ 代入平台的利润函数 Π_P，对 Π_P 分别求关于平台努力程度 L、服务定价 p_s 的一阶、二阶偏导。由于此时无法判定用户最优关系紧密度 δ^* 关于平台服务定价 p_s 的变化趋势，故对 δ^* 的一阶条件两边关于 p_s 求偏导，化简可得当平台服务定价满足式(8-3)时，有：

$$\frac{\partial \delta^*(L, p_s)}{\partial p_s} \leqslant 0。$$

由此可形成推论 8-1。

再对 Π_P 求关于 p_s 和 L 的混合偏导，并进一步计算 Π_P 关于 p_s 和 L 的海塞矩阵。海塞矩阵的一阶主子式小于等于零，当平台的服务努力成本函数满足式(8-4)时，二阶主子式大于等于零，此时海塞矩阵 H 负半定，故 Π_P 是关于 p_s 和 L 的联合凹函数。

$$\frac{d^2 K_1(L)}{dL^2} \geqslant \frac{(p_s - c)\dfrac{\partial^2 T(L, \delta^*(L, p_s))}{\partial L^2} G_0 - \left(\dfrac{\partial T(L, \delta^*(L, p_s))}{\partial L}\right)^2}{G_0}$$

$$(8\text{-}4)$$

其中,

$$G_0 = \frac{\partial \delta^*(L, p_s)}{\partial p_s}\left[2\frac{\partial T(L, \delta^*(L, p_s))}{\partial \delta} + (p_s - c)\frac{\partial^2 T(L, \delta^*(L, p_s))}{\partial \delta^2}\frac{\partial \delta^*(L, p_s)}{\partial p_s}\right]。$$

联立 L、p_s 和 δ 的一阶条件表达式,解得 (L^*, p_s^*) 和 δ^* 共同满足如下方程组:

$$\begin{cases} (p_s^* - c)\dfrac{\partial T(L^*, \delta^*)}{\partial L} - \dfrac{\mathrm{d}K_1(L^*)}{\mathrm{d}L} = 0 & (8\text{-}5) \\ T(L^*, \delta^*) + (p_s^* - c)\dfrac{\partial T(L^*, \delta^*)}{\partial \delta}\dfrac{\partial \delta^*}{\partial p_s} = 0 & (8\text{-}6) \\ \dfrac{\partial R(L, \delta^*)}{\partial \delta} - p_s\dfrac{\partial T(L, \delta^*)}{\partial \delta} - \dfrac{\mathrm{d}K_2(\delta^*)}{\mathrm{d}\delta} = 0 & (8\text{-}7) \end{cases}$$

【定理 8-1】在科创平台与用户的斯塔克尔伯格基础博弈中,当平台的服务定价和服务努力程度分别满足式(8-3)和式(8-4)时,存在最优的(p_s^*,L^*)和 δ^* 使得 Π_P 和 Π_U 分别取得最大值。

定理 8-1 表明,在科创平台与用户的斯塔克尔伯格基础博弈中,平台和用户的利润分别存在最大值,且利润最大值取得的条件是平台的服务定价 p_s 存在上限,且其服务努力成本函数 $K_1(L)$ 至少具备一定的凸性。以上两项条件在现实中具有一定的合理性,如果平台的服务定价过高,科研设备服务市场的用户规模将严重受限,导致平台服务潜能无法充分释放,微薄的利润水平有碍于平台未来的持续运营。另一方面,平台提高服务努力程度对其自身而言,意味着同时面临用户设备服务购买次数增多与平台服务努力成本上升,二者对平台利润的影响作用相反。如果平台的服务努力成本函数过于平缓,则意味着提高努力程度时边际成本上升幅度极小,那么平台将有动机在服务所有用户时都付出最大努力,这一做法与现实情境相悖,也违背了平台视用户关系紧密度不同分别培育发展型、忠诚型用户的差异化服务初衷。

【推论 8-1】在科创平台与用户的斯塔克尔伯格基础博弈中,用户最优关系紧密度随平台设备服务定价的提升呈递减趋势。

$$\frac{\partial \delta^*(L, p_s)}{\partial p_s} \leqslant 0 \tag{8-8}$$

推论 8-1 表明,在科创平台与用户的斯塔克尔伯格基础博弈中,平台设备服务单价越高,用户提高自身与平台关系紧密度的动机越弱。尽管提高服务定价能为平台增加单位利润,但由此导致的关系紧密度下降将会使用户迫于成本压力降低设备服务购买次数,一旦服务交易量缩减导致的利润劣势压过服务定价提升带来的利润优势,平台利润将必然遭受损失。因此,平台在进行服务定价决策时,不能只考虑直接利益,更应思考如何在尽量减小对用户影响的前提下实现利润的帕累托改进。

三、性质分析

针对平台,对其利润函数 $\varPi_P$ 求关于服务努力 L、服务定价 p_s 和用户关系紧密度 δ 的混合偏导,可得性质 8-1。

【性质 8-1】在科创平台与用户的斯塔克尔伯格基础博弈中,对于平台而言,服务定价越高,平台服务努力对其自身利润的贡献越大;用户关系紧密度越高,平台服务定价对其自身利润的贡献也越大。

$$\frac{\partial^2 \varPi_P}{\partial L \partial p_s} \geqslant 0, \frac{\partial^2 \varPi_P}{\partial p_s \partial \delta} \geqslant 0 \tag{8-9}$$

性质 8-1 表明,科创平台的利润函数 $\varPi_P$ 关于 (L, p_s) 和 (p_s, δ) 分别具有超模(Supermodularity)性质,在增加某一变量的同时增加另一变量比单纯增加原变量带来的效果更为显著,性质 8-1 映射到现实中则意味着,强化某一经济活动会提高强化另一经济活动的收益,揭示出两项活动在创造收益贡献中的互补性。对科创平台而言,当提高服务努力程度时,用户有意愿增加设备服务购买次数,平台的市场因此打开,若此时一并提高服务价格,则能相对拓宽利润空间。同理,当用户提高关系紧密度时,相比维持原先的服务价格,平台更有动机提价以进一步提高利润,以此迅速积累资金用于投资更多设备,将设备共享服务市场进一步做大。

针对用户,对其利润函数 Π_U 求关于关系紧密度 δ、服务定价 p_s 的混合偏导,可得如下性质 8-2。

【性质 8-2】在科创平台与用户的斯塔克尔伯格基础博弈中,对于用户而言,服务定价越高,用户关系紧密度对其自身利润的贡献越小。

$$\frac{\partial^2 \Pi_U}{\partial \delta \partial p_s} \leqslant 0 \tag{8-10}$$

性质 8-2 表明,用户作为科创平台设备共享服务的需求者,其利润 Π_U 关于 (δ, p_s) 具有子模(Submodularity)性质。对用户而言,提高自身与平台的关系紧密度既能直接增加中试完成后的成果转化收益,也能通过增加服务购买次数间接保证专利技术向产业转化的成功率。用户提高关系紧密度对自身利润具有双重促进作用,然而当平台服务定价抬高时,这种促进作用将会受到抑制。平台在保持服务水平不变的前提下单纯提价,相当于对用户进行直接的利润索取,此时处于谈判劣势的用户如果接受定价,将在合作中处于被动地位。面对高昂的服务收费,企业需要在做出需求托付决策时更加审慎,合理权衡成本与收益的大小。如果企业在服务定价过高时仍然坚持选择该平台,将面临负担过重、利润微薄甚至得不偿失的风险,此时理性的企业应根据平台设备服务的具体收费标准,动态调整与平台的关系紧密度,防止自身利润遭受较大损失。

针对平台,再对其利润函数 Π_P 求关于服务努力 L 和单位服务成本 c 的混合偏导,可得如下性质 8-3。

【性质 8-3】在科创平台与用户的斯塔克尔伯格基础博弈中,对于平台而言,单位服务成本越高,平台服务努力对其自身利润的贡献越小。

$$\frac{\partial^2 \Pi_P}{\partial L \partial c} \leqslant 0 \tag{8-11}$$

性质 8-3 表明,科创平台的利润函数 Π_P 关于 (L, c) 具有子模性质,单位服务成本较高的平台,提高服务努力对利润的贡献效果次于成本较低的平台。平台的单位服务成本是扣除服务努力外的单位总成本,涵盖科研设备共享服务系统各阶段的平台支出,包含使用前的调试,使用中的耗材、动力、人工,以及使用后的清洗、维护等。单位服务成本的超支将对平台利润造成削减,使日常经营活动的经济效益受到压缩,因此平台在动态调整服务定价和服务努力程度之余,务必随时做好运营成本的管控工作。

第四节 契约机制

尽管在基础博弈模型中,决策变量的最优解均被证明存在,但科创平台与用户间不存在利益关联,没有动机进一步扩大投入。本节在上一节基础上分别引入收益共享和成本共担契约机制,以此建立平台和用户间的利益关联,改进双方博弈结果,帮助平台做大服务市场,同时加速用户实现科研成果转化。

一、收益共享契约机制

(一) 模型构建

图 8.2 描述了引入收益共享契约后科创平台与用户之间的博弈情形。

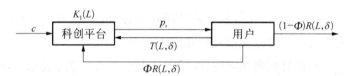

图 8.2 收益共享契约下科创平台与用户的博弈模型

将科创平台和用户的利润函数分别记为 Π_P^{rs} 和 Π_U^{rs},上标 rs 表示收益共享契约(revenue-sharing contract),模型转化为数学语言可表示如下:

$$\max_{p_s>0,\, L\in(0,1]} \Pi_P^{rs} = (p_s - c)T(L,\delta) - K_1(L) + \Phi R(L,\delta) \quad (8\text{-}12)$$

$$\text{s.t.} \max_{\delta\in(0,1]} \Pi_U^{rs} = (1-\Phi)R(L,\delta) - p_s T(L,\delta) - K_2(\delta) \quad (8\text{-}13)$$

新博弈的决策顺序为:首先,在平台和用户开始决策前,二者通过谈判确定收益共享比例 Φ,比例的高低取决于双方相对谈判能力的强弱,其影响因素包括企业市场份额、平台网络外部性强度以及各自成本管控水平等,进而决定了整个科研设备共享服务系统的收益分配方式。接下来的决策顺序与上节相同,平台先行决策单次服务定价 p_s 和服务努力程度 L,用户在此基础上决策关系紧密度 δ,双方由此实现各自利润。

(二)模型求解

根据逆向归纳法,首先对用户的利润函数 Π_U^{rs} 求关于用户关系紧密度 δ 的一阶、二阶偏导,可知当服务定价满足式(8-14)时,用户利润关于关系紧密度的二阶偏导小于等于零,即存在最优的关系紧密度 δ^{rs*} 使用户利润 Π_U^{rs} 取得最大值。根据 δ 的一阶条件,可得收益共享契约下用户关系紧密度关于平台努力程度 L 以及服务定价 p_s 的最优反应函数 $\delta^{rs*}(L, p_s, \Phi)$。

$$p_s \leqslant \left(\frac{\partial^2 T(L,\delta)}{\partial \delta^2}\right)^{-1}\left[(1-\Phi)\frac{\partial^2 R(L,\delta)}{\partial \delta^2} - \frac{d^2 K_2(\delta)}{d\delta^2}\right] \quad (8\text{-}14)$$

接着,将 $\delta^{rs*}(L, p_s, \Phi)$ 代入平台的利润函数 Π_P^{rs},对 Π_P^{rs} 分别求关于平台努力程度 L、服务定价 p_s 的一阶、二阶偏导。由于此时无法判定用户最优关系紧密度 δ^{rs*} 关于平台服务定价 p_s 的变化趋势,故对 δ^{rs*} 的一阶条件两边关于 p_s 求偏导,化简可得当平台服务定价满足式(8-14)时,有:

$$\frac{\partial \delta^*(L, p_s)}{\partial p_s} \leqslant 0$$

由此可形成推论 8-2。

再对 Π_P^{rs} 求关于 p_s 和 L 的混合偏导,并进一步计算 Π_P^{rs} 关于 p_s 和 L 的海塞矩阵。海塞矩阵的一阶主子式小于等于零,当平台的服务努力成本函数满足式(8-15)时,二阶主子式大于等于零,此时海塞矩阵 H^{rs} 负半定,故 Π_P^{rs} 是关于 p_s 和 L 的联合凹函数。

$$\frac{d^2 K_1(L)}{dL^2} \geqslant \frac{\left[(p_s-c)\frac{\partial^2 T(L,\delta^{rs*})}{\partial L^2} + \Phi\frac{\partial^2 R(L,\delta^{rs*})}{\partial L^2}\right]G_0^{rs} - \left(\frac{\partial T(L,\delta^{rs*})}{\partial L}\right)^2}{G_0^{rs}}$$

$$(8\text{-}15)$$

其中, $G_0^{rs} = \frac{\partial \delta^{rs*}}{\partial p_s}\left[2\frac{\partial T(L,\delta^{rs*})}{\partial \delta} + (p_s-c)\frac{\partial^2 T(L,\delta^{rs*})}{\partial \delta^2}\frac{\partial \delta^{rs*}}{\partial p_s} + \right.$

$$\left. \Phi \frac{\partial^2 R(L, \delta^{rs*})}{\partial \delta^2} \frac{\partial \delta^{rs*}}{\partial p_s} \right]。$$

联立 L、p_s 和 δ 的一阶条件表达式,解得 (L^{rs*}, p_s^{rs*}) 和 δ^{rs*} 共同满足如下方程组:

$$\begin{cases} (p_s^{rs*} - c)\left[\dfrac{\partial T(L^{rs*}, \delta^{rs*})}{\partial L} + \dfrac{\partial T(L^{rs*}, \delta^{rs*})}{\partial \delta}\dfrac{\partial \delta^{rs*}}{\partial L}\right] - \dfrac{\mathrm{d}K_1(L^{rs*})}{\mathrm{d}L} \\ \quad + \Phi\left[\dfrac{\partial R(L^{rs*}, \delta^{rs*})}{\partial L} + \dfrac{\partial R(L^{rs*}, \delta^{rs*})}{\partial \delta}\dfrac{\partial \delta^{rs*}}{\partial L}\right] = 0 \quad (8\text{-}16)\\ T(L^{rs*}, \delta^{rs*}) + (p_s^{rs*} - c)\dfrac{\partial T(L^{rs*}, \delta^{rs*})}{\partial \delta}\dfrac{\partial \delta^{rs*}}{\partial p_s} \\ \quad + \Phi\dfrac{\partial R(L^{rs*}, \delta^{rs*})}{\partial \delta}\dfrac{\partial \delta^{rs*}}{\partial p_s} = 0 \quad (8\text{-}17)\\ (1-\Phi)\dfrac{\partial R(L^{rs*}, \delta^{rs*})}{\partial \delta} - p_s^*\dfrac{\partial T(L^{rs*}, \delta^{rs*})}{\partial \delta} - \dfrac{\mathrm{d}K_2(\delta^{rs*})}{\mathrm{d}\delta} = 0 \quad (8\text{-}18) \end{cases}$$

【定理 8-2】 引入收益共享契约机制的科创平台与用户斯塔克尔伯格博弈中,当平台的服务定价和服务努力程度分别满足式(8-14)和式(8-15)时,存在最优的 (p_s^{rs*}, L^{rs*}) 和 δ^{rs*} 使得 Π_P^{rs} 和 Π_U^{rs} 分别取得最大值。

定理 8-2 表明,在引入收益共享契约的情形中,科创平台与用户博弈后的各自利润仍然存在最大值,且最大值取得的前提与定理 8-1 类似,即平台决策的服务定价和服务努力程度分别应满足一定条件。对于服务定价 p_s,通过对比式(8-3)和式(8-14)可以发现,p_s^{rs*} 应满足的条件相比 p_s^* 更为严苛,意味着引入收益共享契约后平台服务定价的取值范围更加狭窄,这与收益共享契约的内涵相一致:为充分发挥契约的全局优化作用,供应链批发价相比原先不仅需要下降,甚至还要降至低于边际成本的水平,供应商每售出一单位产品都是亏损的,但其利润通过收益共享系数从下游零售商的销售收入中获得补偿。p_s^{rs*} 相比 p_s^* 的取值范围更窄,意味着可行域更加靠近边际成本,有利于保证契约的优化效果。对于服务努力程度 L^{rs*},引入收益共享契约后平台的服务努力成本函数仍需保持一定凸性,以保证服务水平的差异化。

【推论 8-2】 引入收益共享契约机制的科创平台与用户斯塔克尔伯格博弈中,用户最优关系紧密度随平台服务定价的提升呈递减趋势。

$$\frac{\partial \delta^{rs*}(L, p_s, \Phi)}{\partial p_s} \leqslant 0 \tag{8-19}$$

推论 8-2 表明,与基础模型类似,在引入收益共享契约的情形中,平台服务定价越高,用户越无动力提高关系紧密度。从最优关系紧密度的反应函数可以看出,其实际取值取决于三个变量:平台服务努力程度 L、服务定价 p_s 以及收益共享比例 Φ,平台在保持其他条件不变的前提下直接提高服务定价,用户自然不愿接受,并将通过降低关系紧密度弱化与平台的合作关系。因此,平台若想有效地提价,必须同时采取提高服务水平或提高收益共享比例等措施,给予用户一定互惠条件以使其乐意接受提价行为。

二、成本共担契约机制

(一)模型构建

图 8.3 描述了引入成本共担契约后科创平台与用户之间的博弈情形。

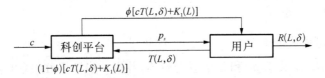

图 8.3 成本共担契约下科创平台与用户的博弈模型

将科创平台和用户的利润函数分别记为 Π_P^{cs} 和 Π_U^{cs},上标 cs 表示成本共担契约(cost-sharing contract),模型转化为数学语言可表示如下:

$$\max_{(p_s>0, L\in(0,1])} \Pi_P^{cs} = p_s T(L, \delta) - (1-\phi)[cT(L, \delta) + K_1(L)] \tag{8-20}$$

$$\text{s.t.} \max_{(\delta\in(0,1])} \Pi_U^{cs} = R(L, \delta) - p_s T(L, \delta) - \phi[cT(L, \delta) + K_1(L)] - K_2(\delta) \tag{8-21}$$

此时,平台和用户首先通过谈判确定成本共担比例 ϕ,比例的高低仍然取决于双方相对谈判能力的强弱,在此基础上继续展开斯塔克尔伯格博弈,博弈中双方的决策顺序与决策变量保持不变。

(二) 模型求解

根据逆向归纳法,首先对用户的利润函数 Π_U^{cs} 求关于用户关系紧密度 δ 的一阶、二阶偏导,可知当服务定价满足式(8-22)时,用户利润关于关系紧密度的二阶偏导小于等于零,即存在最优的关系紧密度 δ^{cs*} 使用户利润 Π_U^{cs} 取得最大值。根据 δ 的一阶条件,可得用户关系紧密度关于平台努力程度 L 以及服务定价 p_s 的最优反应函数 $\delta^{cs*}(L, p_s, \phi)$。

$$p_s \leqslant \left(\frac{\partial^2 T(L, \delta)}{\partial \delta^2}\right)^{-1}\left[\frac{\partial^2 R(L, \delta)}{\partial \delta^2} - \frac{\mathrm{d}^2 K_2(\delta)}{\mathrm{d}\delta^2}\right] - \phi c \quad (8\text{-}22)$$

接着,将 $\delta^{cs*}(L, p_s, \phi)$ 代入平台的利润函数 Π_P^{cs},对 Π_P^{cs} 分别求关于平台努力程度 L、服务定价 p_s 的一阶、二阶偏导。由于此时无法判定用户最优关系紧密度 δ^{cs*} 关于平台服务定价 p_s 的变化趋势,故对 δ^{cs*} 的一阶条件两边关于 p_s 求偏导,化简可得当平台的服务定价满足式(8-22)时,有:

$$\frac{\partial \delta^{cs*}(L, p_s, \phi)}{\partial p_s} \leqslant 0$$

由此可形成推论 8-3。

再对 Π_P^{cs} 求关于 p_s 和 L 的混合偏导,并进一步计算 Π_P^{cs} 关于 p_s 和 L 的海塞矩阵。海塞矩阵的一阶主子式小于等于零,当平台的服务努力成本函数满足式(8-23)时,二阶主子式大于等于零,此时海塞矩阵 H^{cs} 负半定,故 Π_P^{cs} 是关于 p_s 和 L 的联合凹函数。

$$\frac{\mathrm{d}^2 K_1(L)}{\mathrm{d}L^2} \geqslant \frac{[p_s - (1-\phi)c]\dfrac{\partial^2 T(L, \delta^{cs*})}{\partial L^2}G_0^{cs} - \left[\dfrac{\partial T(L, \delta^{cs*})}{\partial L}\right]^2}{(1-\phi)G_0^{cs}}$$

$$(8\text{-}23)$$

其中,$G_0^{cs} = \dfrac{\partial \delta^{cs*}}{\partial p_s}\left[2\dfrac{\partial T(L, \delta^{cs*})}{\partial \delta} + (p_s - (1-\phi)c)\dfrac{\partial^2 T(L, \delta^{cs*})}{\partial \delta^2}\dfrac{\partial \delta^{cs*}}{\partial p_s}\right]$。

联立 L、p_s 和 δ 的一阶条件表达式，解得 (L^{cs*}, p_s^{cs*}) 和 δ^{cs*} 共同满足如下方程组：

$$\begin{cases} [p_s^{cs*} - (1-\phi)c]\left[\dfrac{\partial T(L^{cs*}, \delta^{cs*})}{\partial L} \right. \\ \left. + \dfrac{\partial T(L^{cs*}, \delta^{cs*})}{\partial \delta}\dfrac{\partial \delta^{cs*}}{\partial L}\right] - (1-\phi)\dfrac{dK_1(L^{cs*})}{dL} = 0 & (8\text{-}24) \\ T(L^{cs*}, \delta^{cs*}) + [p_s^{cs*} - (1-\phi)c]\dfrac{\partial T(L^{cs*}, \delta^{cs*})}{\partial \delta}\dfrac{\partial \delta^{cs*}}{\partial p_s} = 0 & (8\text{-}25) \\ \dfrac{\partial R(L^{cs*}, \delta^{cs*})}{\partial \delta} - (p_s^{cs*} + \phi c)\dfrac{\partial T(L^{cs*}, \delta^{cs*})}{\partial \delta} - \dfrac{dK_2(\delta^{cs*})}{d\delta} = 0 & (8\text{-}26) \end{cases}$$

【定理 8-3】引入成本共担契约机制的科创平台与用户斯塔克尔伯格博弈中，当平台的服务定价和服务努力程度分别满足式(8-22)和式(8-23)时，存在最优的 (p_s^{cs*}, L^{cs*}) 和 δ^{cs*} 使得 Π_P^{cs} 和 Π_U^{cs} 分别取得最大值。

定理 8-3 表明，将成本共担契约引入科创平台与用户的博弈时，二者利润的最大值分别存在，且存在的前提是平台的服务定价和服务努力成本函数分别满足一定条件。服务定价 p_s 的取值范围存在上限约束，这一上限阈值与基础模型相比有所下降，意味着成本共担契约的引入要求平台降低服务定价以对用户为其分担总运营成本的行为作出补偿。收益共享与成本共担情形下利润最大值存在的服务定价阈值分别低于基础模型中的定价阈值，且分别取决于共享/共担比例。平台服务努力的成本函数 $K_1(L)$ 仍需保持一定凸性，以避免最优服务努力程度的取值过于极端。

【推论 8-3】引入成本共担契约机制的科创平台与用户斯塔克尔伯格博弈中，用户最优关系紧密度随平台服务定价的提升呈递减趋势。

$$\frac{\partial \delta^{cs*}(L, p_s, \phi)}{\partial p_s} \leqslant 0 \quad (8\text{-}27)$$

推论 8-3 表明，引入成本共担契约的博弈情形中，平台服务定价越高，用户的最优关系紧密度越低。由于分析过程与推论 8-2 类似，故此处不再赘述。

三、契约机制性质分析

在引入收益共享/成本共担契约的博弈情形下，针对科创平台，对其利润函数 Π_P^{rs}/Π_P^{cs} 分别求关于服务努力 L、服务定价 p_s 以及收益共享比例 $\varnothing$、成本共担比例 ϕ 的混合偏导，可得如下性质 8-4。

【性质 8-4】 引入收益共享/成本共担契约机制的科创平台与用户斯塔克尔伯格博弈中，对于平台而言，收益共享/成本共担的比例越高，平台服务努力对其自身利润的贡献越大，而服务定价对利润的贡献不受收益共享/成本共担比例的影响。

$$\frac{\partial^2 \Pi_P^{rs}}{\partial L \partial \Phi} \geq 0, \quad \frac{\partial^2 \Pi_P^{rs}}{\partial p_s \partial \Phi} = 0, \quad \frac{\partial^2 \Pi_P^{cs}}{\partial L \partial \phi} \geq 0, \quad \frac{\partial^2 \Pi_P^{cs}}{\partial p_s \partial \phi} = 0 \quad (8-28)$$

性质 8-4 表明，一方面，在引入收益共享/成本共担契约的博弈情形中，科创平台的利润函数 Π_P^{rs}/Π_P^{cs} 关于 (L, Φ) 和 (L, ϕ) 分别具有超模性质，平台和用户协商确定的收益共享/成本共担比例越高，对平台而言提高服务努力程度对自身利润提升的贡献作用越大；另一方面，Π_P^{rs}/Π_P^{cs} 关于 (p_s, Φ) 和 (p_s, ϕ) 不具有联合变动趋势，即收益共享/成本共担比例的变化不影响服务定价对平台利润的贡献。保持其他变量取值不变，收益共享/成本共担的比例越高，平台利润也相应越大，当平台与此同时提高服务努力程度，用户因能从中受益，于是有意愿提高与平台的关系紧密度，使得总成果转化收益 $R(L, \delta)$ 和服务购买次数 $T(L, \delta)$ 均随之提高，进而放大了收益共享/成本共担系数对平台利润的贡献作用。相比之下，服务定价和收益共享/成本共担系数之间不存在直接联系，平台若急功近利提高服务价格，将使用户迫于成本压力降低关系紧密度，最终损害到平台自身的利润。这也意味着在引入收益共享/成本共担契约机制并提高共享/共担比例的前提下，平台若想通过调控决策变量的取值进一步扩大利润，最优做法是提高服务努力水平而非服务定价水平，从而尽可能发挥服务努力与共享/共担比例对利润增长的协同作用。

进一步地，针对用户，对其利润函数 Π_U^{rs}/Π_U^{cs} 分别求关于关系紧密度 δ、

服务定价 p_s 以及收益共享比例 Φ、成本共担比例 ϕ 的混合偏导,可得性质 8-5。

【性质 8-5】引入契约机制的科创平台与用户斯塔克尔伯格博弈中,对于用户而言,平台服务定价越高,用户关系紧密度对其自身利润的贡献越小;收益共享/成本共担的系数越大,用户关系紧密度对其自身利润的贡献越小。

$$\frac{\partial^2 \Pi_U^s}{\partial \delta \partial p_s} \leqslant 0, \frac{\partial^2 \Pi_U^s}{\partial \delta \partial \Phi} \leqslant 0, \frac{\partial^2 \Pi_U^c}{\partial \delta \partial p_s} \leqslant 0, \frac{\partial^2 \Pi_U^c}{\partial \delta \partial \phi} \leqslant 0 \qquad (8-29)$$

性质 8-5 表明,在引入收益共享/成本共担契约的情形中,用户利润函数 Π_U^s/Π_U^c 关于关系紧密度 δ 和服务定价 p_s 的联合变动趋势相同,都是伴随服务定价的提高,关系紧密度上升对自身利润的贡献效果有所下降。这是因为在保持其他变量尤其是平台服务努力程度不变的前提下,平台提高服务定价的行为对用户并无任何利好,用户感到自身利润受损,不愿再提高甚至维持当前的关系紧密度,因而此时关系紧密度对用户利润的贡献效果被削弱。另一方面,用户利润函数 Π_U^s/Π_U^c 关于关系紧密度 δ 和收益共享比例 Φ/成本共担比例 ϕ 的联合变化趋势相同,都是伴随收益共享/成本共担比例的提高,关系紧密度上升对用户自身利润的贡献逐渐降低。收益共享意味着用户将一部分成果转化收益分享给平台,成本共担意味着用户为平台分担提供设备服务的一部分运营成本,两种契约尽管形式不同但内涵相似,无论共享还是共担比例的提高,都意味着用户利润的降低和风险的加大,因此尽管用户提高关系紧密度能通过促进成果转化收益而提高自身利润,但随着收益共享/成本共担比例的提高,这一利润贡献效果将不再显著。

第五节 算例分析

本节利用算例分析对上述性质予以验证,首先对相关函数形式和参数取值进行设定。借鉴刘宇熹等,结合本章假设,将设备服务购买次数函数 $T(L,\delta)$ 和成果转化收益函数 $R(L,\delta)$ 的形式分别设定如下:

$$T(L, \delta) = \frac{F}{A+B}[A\ln(1+L) + B\ln(1+\delta)] \qquad (8\text{-}30)$$

$$R(L, \delta) = \frac{G}{A+B}\left[A\ln(1+L) + B\ln(1+\delta) - \frac{AL}{2} - \frac{B\delta}{2}\right] \qquad (8\text{-}31)$$

其中，A 和 B 分别表示平台服务努力程度 L 和用户关系紧密度 δ 对服务购买次数的贡献权重，A、B 取值非负；若 $A=1$, $B=1$，则代表二者贡献相当；若 $A=2$, $B=1$，则代表平台增加服务努力对服务购买次数的贡献是用户提高关系紧密度对之贡献效果的两倍。$R(L, \delta)$ 和 $T(L, \delta)$ 的函数形式相近但不直接成正比的原因在于：(1) 总体趋势上，用户购买设备服务的次数越多，中试结果的稳定性和可靠性越高，未来成果转化收益也越大；(2) 中试成功不能 100% 保证未来成果转化收益的实现，现实中仍然存在中试过程平稳但量产阶段出错的风险。F 和 G 是结合实际数据让函数取值贴近现实的规模近似参数。根据上海市人民政府门户网站数据，2017 年上海市高新技术成果转化项目共 493 项，实现成果转化收益约 867.53 亿元，即平均成果转化收益为 1.76 亿/项（http://www.shanghai.gov.cn/nw2/nw2314/nw3766/nw3859/nw4886/u1aw372.html）。假设中小企业单项成果转化收益规模为平均值的 1/3，即 6 000 万元左右，故利润函数的默认单位为万元，并设定 $F=250$, $G=40\ 000$。

刘宇熹等考虑了再制造下的产品租赁服务系统，其中企业和用户分别付出一定的努力程度，从而共同决定再制造服务数量。但根据该文中对服务量函数的设定，两个主体努力程度的影响完全对称，体现在租赁期末产品回收带来的环境收益函数上也是如此。本章较之的改进之处在于：(1) 通过引入参数 A、B，考虑两个主体努力程度的贡献权重变化对各自利润的影响；(2) 通过取消收益函数中的常数项，刻画当平台和用户努力程度皆趋于 0 时，成果转化收益也必然趋于 0 的现实。

借鉴 Tsay, Agrawl 和 Xie 等的研究，将平台和用户的努力成本函数设定如下：

$$K_1(L) = \frac{1}{2}K_1 L^2, \ K_2(\delta) = \frac{1}{2}K_2 \delta^2 \qquad (8\text{-}32)$$

其中，K_1 和 K_2 分别为平台和用户的努力成本系数。现实中，设备服务价格从数百元到上千元不等。经上海大型仪器设施信息服务数据库统计，非金属制品安全及材料性能试验系统是近一年内被共享使用次数最多的设备，该仪器的收费标准为 400 元/样品。据此，结合科创平台成本加成定价原则设定服务价格和成本，默认单位为百元（http://eshare.sstir.cn）。通过对上海市石墨烯产业技术功能型平台的实地调研，发现平台实际收益共享比例约为 20%，且未来收益分成属于平台收益的主要来源，据此在考察收益共享/成本共担比例的变动时，设定三组取值分别为 0.1、0.2、0.3。中试生产是科技成果转化的必要环节，其规模一般不低于量产批次的十分之一，此阶段所有样品需经指标检测和性能分析保证量产阶段的良品率。当忽略平台服务努力和用户关系紧密度，着重考察其他参数影响时，将二者取值设定为区间中值 0.5。据此，设定各参数取值如表 8-3 所示：

表 8-3 算例分析中参数取值的设定

p_s	c	L	δ	K_1	K_2	A	B	F	G
3	1	0.5	0.5	500	1 000	1	1	250	40 000

图 8.4 考察了平台和用户决策变量贡献比重变化对各自利润的影响。首先对于平台，图 8.4(a) 表明，一方面，当 A/B 比值越大，即平台提高服务努力程度对增加服务购买次数的贡献比重越大时，平台的最优服务努力程度越大，这意味着平台在投入服务努力前，会事先权衡努力投入对提高需求量的影响程度，影响程度越大，平台投入服务努力时则越有动力；另一方面，当 A/B 取不同值时，平台利润在 $L=\delta$ 处交汇，在交点左侧（$L<\delta$）时，A/B 比值越小平台利润越占优，在交点右侧（$L>\delta$）时，A/B 比值越大平台利润越占优。其次对于用户，图 8.4(b) 表明，一方面，当 A/B 比值越小，即用户增加关系紧密度对增加服务购买次数的贡献比重越大，用户的最优关系紧密度越大，表明用户投入关系紧密度同样需要以努力对需求提升效果显著为前提；另一方面，用户利润同样在 $L=\delta$ 处存在交点，并且在交点左侧（$L>\delta$），A/B 比值越大下的用户利润越占优，在交点右侧（$L<\delta$）则刚好相

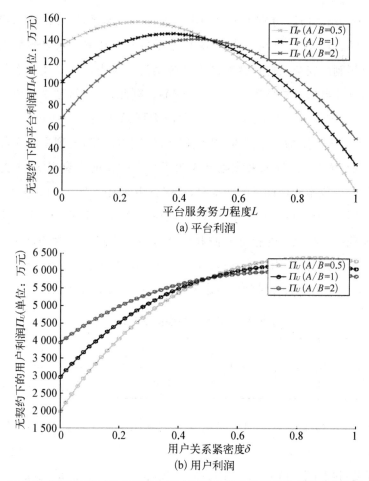

图 8.4 基础模型下平台利润和用户利润关于主体贡献比重的变化趋势

反。这意味着当双方努力贡献比重 A/B 比值较小时,平台和用户都有动机维持平台服务努力小于用户关系紧密度努力的情形;当双方努力贡献比重 A/B 比值较大时,平台服务努力投入多、用户关系紧密度努力小是双方的共同目标,间接表明"能者多劳"是平台和用户在付出努力投入时的共同思想。

图 8.5 基于平台视角,分别考察了两种契约下平台服务努力程度和共享/共担系数对其自身利润的联合作用趋势。图 8.5(a)和图 8.5(b)一同表明,无论是采取收益共享契约还是成本共担契约,平台利润关于自身服务努力程度和共享/共担比例具有超模性质,共享/共担比例越高,平台服务努力

对自身利润的贡献作用越大,反映在图 8.5 像上则为:当固定服务努力程度时,共享/共担系数越大的利润曲线斜率越大,由此验证了性质 8-4。另一方面,共享/共担比例越高,平台的最优服务努力程度也越大,这表明平台的努力投入受预期收益影响,预期收益越大的平台投入动力越足,越愿意付出更多努力以发挥超模性质背后的增收作用。此外从图 8.5(b)还可看出,平台的服务努力并非越高越好,当服务投入过大时,努力成本对平台利润的减损作用将大于努力本身的创收作用,因此对于平台而言,合理选择服务努力程度以规避负向作用十分必要。

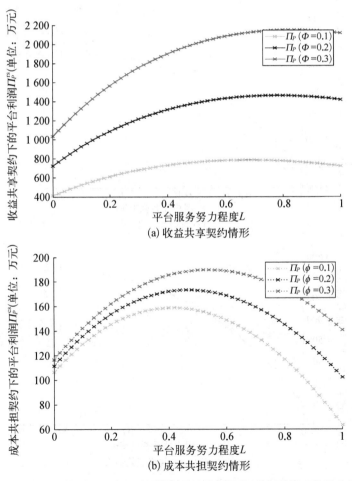

图 8.5 两种契约下平台利润关于服务努力程度和共享系数/共担系数的变化趋势

图 8.6 基于用户视角,分别考察了在收益共享和成本共担两种契约下用户关系紧密度和共享/共担系数对其自身利润的影响。整体来看,图 8.6(a)和图 8.6(b)都反映了用户利润关于关系紧密度和共享/共担系数具有子模性质,即伴随收益共享/成本共担比例的升高,用户提高关系紧密度对其自身利润的贡献作用呈递减趋势,故而验证了性质 8-5。尽管趋势相同,但图 8.6(a)中不同情形下的利润差明显大于图 8.6(b),这主要是由于结合现实来看,收益共享中的用户成果转化收益量级大于成本共担中的平台

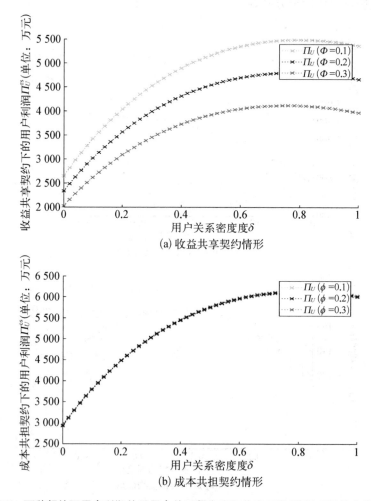

(a) 收益共享契约情形

(b) 成本共担契约情形

图 8.6 两种契约下用户利润关于用户关系紧密度和共享系数/共担系数的变化趋势

总运营成本量级，二者相差近十倍。因此，虽然从理论上而言，无论采取收益共享还是成本共担，科创平台和用户利润所受影响的趋势相同，但考虑到收益与成本的量级差异，现实中平台和用户在选择契约时实则各有偏好：当平台主导博弈时，倾向于选择收益共享契约；反之，当用户主导时，则更愿意选择成本共担契约以尽可能地锁定利润。

第 9 章

产品后市场服务链的案例与策略建议

第一节 伦敦地铁的租赁型产品服务系统案例

一、案例分析

伦敦是地铁的发源地,由国营伦敦地铁公司拥有并运营,由于长期的投资不足导致地铁系统产生许多不稳定因素。政府认为完全的私有化不是解决这一问题的最佳方法,而倾向于以公私合作的方式(简称 PPP,Public-Private Partnership)对整个地铁系统进行升级改造。经过 4 年多的论证和试行,2003 年 4 月签约,伦敦地铁公司将地铁系统的维护和城市地铁供应工作以 30 年特许经营权的方式转给了三个城市地铁公司(分别为 SSL、BCV 和 JNP 公司)。运营和票务依然由伦敦地铁公司控制,城市地铁公司的回报由固定支付和业绩支付(能力、有效性、环境)两部分组成。PPP 合同签署 30 年,每 7.5 年重新审视该合同。合同规定,第一年会按照 80% 的固定支付和 20% 的服务绩效进行支付,以后每年的固定支付比例降低,服务绩效支付比例上升,从第五年开始 100% 按照服务绩效来进行支付。

该模式的基本运作方式是,投融资公司从制造商处购买列车然后租赁给伦敦地铁公司。伦敦地铁公司与制造商签订服务合同保证列车的运行。

在北线服务合同中,阿尔斯通保证一个与伦敦地铁公司约定好列车可获得水平。列车的可获得水平通过合约小时数来度量。伦敦地铁公司每天早上到阿尔斯通提出列车,每天晚上把列车返还给阿尔斯通。该合同包括维修、清洁列车以及轨道边设施的服务。关键的绩效指标包括,保证高峰时段列车的可开行数量,服务的可靠性和维修点备件库存的管理。所有的这些指标都与丢失旅客时间(Lost Customer Hours,LCH)联系,而 LCH 是伦敦地铁向阿尔斯通支付的重要衡量指标。

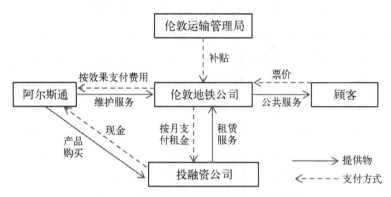

图 9.1　伦敦地铁公司产品服务系统结构

伦敦地铁公司与阿尔斯通公司采用结果导向的产品服务系统合同,然后伦敦地铁公司根据阿尔斯通所提供的服务的效果来支付相应的费用。这种方式激励了阿尔斯通应用新技术和新的产品服务组合去为伦敦地铁公司提供服务。例如阿尔斯通公司与微软软硬件厂商合作,对伦敦地铁公司运行线路和列车加装智能感应器,并且通过物联网进行实时的监控和预测地铁线路和列车故障。通过预防性维护代替紧急维修,降低了维修和维护成本,同时也提高了列车运行的效率,大幅降低了丢失旅客时间,阿尔斯通提高了收益。

伦敦地铁公司与投融资公司采用功能导向的产品服务系统合同,采用融资租赁的方式向投融资公司租赁列车车辆。解决了伦敦运输管理局资本投入的瓶颈,提供了足量足质的公共服务。通过该合同机制的设计,伦敦运输管理局减少了对伦敦地铁公司的补贴,节省了公共支出。

二、案例启示

通过对伦敦地铁建设案例的分析,得到如下启示。

(1) 通过基于产品服务系统的合同设计,能够激励企业创新。基于产品服务系统的合同设计,颠覆了按照活动和作业量支付的模式。在按照功能或者效果进行支付的模式下,倒逼企业考虑产品的全生命周期成本,通过采用新的技术来实现产品功能和效果。

(2) 通过基于产品服务系统的合同设计,政府能够降低城市地铁的投入,同时为公众提供更好的服务。城市地铁对经济增长具有外部性,政府通常的做法是对城市地铁建设进行补贴。通过基于产品服务系统的合同设计,能够使政府更有效地利用财政资金。

(3) 基于产品服务系统的合同设计,需要强有力的监管。通过立法和监管来保证城市地铁能够安全和有效地运行。在伦敦地铁的实践中,政府通过建立安全与健康监管委员会来对地铁的运行安全进行监督管理,同时会定期与供应商进行安全以及合同执行情况的回顾。

第二节 产品服务链在社会企业中的应用

一、社会企业的内涵与特征

社会企业的出现,并非是基于某种偶然因素使然,而是在特定的背景和发展阶段下逐步出现的,是为了融合以政府为代表的公共部门和以商业企业为代表的私人部门在价值取向方面的不同,在这两个部门之外的"第三部门"内部逐渐形成和发展起来的一种社会组织或者说是运作模式。因此,基于产生背景和不同价值取向的侧重,社会企业也就具有不同于其他社会组织的特征。根据DEES(2008)的社会企业图谱的研究范式,清楚地将社会企业与以纯慈善为目的的公益组织和以营利为目的的商业企业做了区分,如表9-1所示。

表 9-1 社会企业图谱

	纯慈善式公益组织	社 会 企 业	纯营利式商业企业
一般动机、方法及目标	诉诸荣誉 使命驱动 创造社会价值	混合动机 使命和市场的平衡 创造社会和经济价值	诉诸自利 市场驱动 创造经济价值
关键利益相关者			
受益者	无支付	补助/全额支付与无支付混合	市场行情支付
资本	捐款和补助	低于市场行情的资本/捐款、补助和市场行情资本混合	市场行情资本
人力	志愿者	低于市场行情的薪资/志愿者和全薪志愿混合	市场行情工资
供应者	非现金方式的捐赠	特定的折扣/非现金和市场价格的混合	市场行情价格

从表 9-1 中可以看出,社会企业的特征与纯慈善的公益组织和纯营利的商业企业有明显不同:社会企业兼具公益组织创造社会价值和商业企业创造经济价值的混合特性,具有一般情况下不会共存的"双重身份";依赖于非市场行情下的资本、人力等方面的贡献,还要体现出市场化的效率;带有商业企业的性质,却以提供公益服务为主要目的(Whetten and Godfrey, 2000)。不仅如此,即便社会企业拥有公益组织和商业企业的混合特性,其在创造社会价值和经济价值方面也与公益组织和商业企业有很大差别。

(1)社会企业更注重可持续的发展,在创造社会价值的同时,考虑成本因素,考虑自身的发展和效率,考虑通过创新的商业行为支持社会目标的实现(Yunus, 2009)。而公益组织可以看作是一种"滴水经济"(Yunus, 2008),完全依赖于政府、机构和志愿者的慷慨行为,这种特性导致公益组织存在两方面问题:第一,公益组织在实现社会价值方面是不计成本的,因而也是不可持续的;第二,公益组织存在一个规模和效率的上限,组织的负责者更多地是把精力放到如何吸引捐赠和补贴的活动中,而不是更多考虑如何实现组织的规模扩张和效率提高。

（2）社会企业通过商业运作获得利润，但其盈利的目的与商业企业不同，盈利是为了继续发展和壮大社会企业以便更好地提供社会价值，而不是为了利润分配（稚克和迪夫尼，2009）。作为商业企业而言，盈利的目的完全是基于利己动机。商业企业的管理者需要对股东和投资者负责，获得的利润按照出资额在股东和投资者之间进行分配。利润最大化是商业企业的主要目标，而很少考虑社会目的。即便基于企业社会责任制的要求，商业企业也在服务社会方面做出了贡献，但是由于其受盈利目标的制约，这种实现企业社会责任的意愿和努力程度都会大打折扣。

由上可见，社会企业这种兼具社会价值和经济价值而在实现过程中又不同于公益组织和商业企业的特性，要求社会企业在商业模式的选择上，必须有充足的开发产品、开拓市场、促进消费的能力，使企业本身能够自我运转、维持并发展壮大；在实现盈利的同时，又能够拓展提供产品和服务的能力，持续性地实现其社会目标（舒博，2010）。

二、社会企业与产品服务链

产品服务链（Product Service System，PSS）是指通过有形产品与无形服务的集成，提供客户所需的全面解决方案，其实质是功能性产品与增值性服务的组合（Goedkoop et al.，1999）。在早期的研究中多局限于资源节约和生态效率的角度（李晓，刘正刚，顾新建，2011），认为产品服务链的主要思想是借助以无形服务代替有形产品，减少经济活动对物质的消耗和环境的影响（Stoughton and Votta，2003）。近期随着产品市场竞争的加剧，企业生产盈利能力的减弱，迫使企业从生产制造向提供服务延伸，通过生产外包、承接服务外包、租赁经营等方式，提高企业盈利能力。此时基于产品服务链的商业模式已经逐渐成为企业追求赢得竞争优势的一种战略性思想（陈静、谢家平、王淑云，2013）。

产品服务链的核心思想在于对传统商业模式的改变。传统的商业模式是以资源观为基础的产品主导逻辑，而产品服务链则是基于能力观为基础的产品+服务、以服务为主导的逻辑（赵馨智等，2014）。在这种逻辑框架下，产品服务链具有传统商业模式无可比拟的优势：第一，产品服务链可以带来差异化竞争优势。企业为客户提供独特的服务，这往往是竞争对手难以模仿的。企业既可以利用对自己产品的专业知识获得服务的增值收益，又能够牢固地锁定用户（顾新建等，2009）；第二，产品服务链可以降低社会消费成本。用户更注重产品的质量或功能，通过产品服务链，用户可以不必获得产品的所有权，仅仅基于他们所得到的功能或服务付费，既可以降低消费成本，又可以降低因信息不对称导致的额外交易成本，使整个社会消费成本降低（赵馨智等，2014）；第三，产品服务链可以促进创新。产品创新的思想往往来自客户，通过服务可以充分了解客户的需求变化，从而帮助企业进行某种程度的产品或服务创新（左鹏，1999）。

从上文的分析可以看出，基于产品服务链的商业模式可以较好地满足社会企业的发展要求。通过商业模式的创新，能够增强社会企业的市场竞争力、突破自身产品及服务能力的约束、提高盈利水平，同时降低社会消费成本及资源损耗，实现企业利润、竞争和社会效益的协同（Manzini and Vezzoli, 2003）。但是我们也要注意到，产品服务链是一个较为宽泛的框架，以此为基础的商业模式创新有不同的实现方式，在应用过程中，要具体考虑到社会企业的发展阶段和定位。

我国社会企业的出现也不过是十年左右的时间，只能说尚处于起步阶段，发展过程中也必然存在着诸多问题。

（一）社会企业存在融资难题

对初创社会企业而言，融资来源主要依靠创办者自筹资金或者通过多方募集的捐款以及志愿者的志愿服务和捐款来维持，这样的融资方式无助于社会企业的可持续发展。由于资金的缺乏，社会企业往往把绝大部分支出用于日常运营的维持而无力进行长期目标的建设，这导致初创社会企业创造经济价值和社会价值的能力都比较低下，处于图 9.2 中区域Ⅲ的位置；另外，由于政府补贴的减少以及缺少持续盈利的能力，使得很多非营利组织（non-profit organization，简称 NPO）也开始向社会企业转型。NPO 本身对社会企业所强调的社会价值部分认同感很强，初始发展资金较为充足，因此短期内有较强的创造社会价值的能力。但是由于缺乏商业运营的经验和专业的商业人才，其创造经济价值的能力也比较弱，处于图9.2中区域Ⅳ的位置。

（二）社会企业的有效运营能力不足

由于发展时间较短，我国的社会企业大多规模较小，服务区域较窄，有效运营能力不足；且所面向的服务对象范围主要包括就业、扶贫、养老、助残这几个方面，属于消费能力较低但服务需求较大的群体，这就使得社会企业在产品或服务提供上存在一定的特殊性。

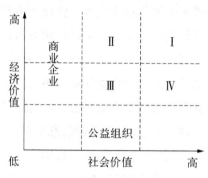

图9.2　不同类型的社会企业

对于提供养老、助残服务的社会企业而言，要提高服务能力和服务质量，就需要对服务的成本价格与面向群体的接受能力做对比。而就目前的情况来看，面向群体对社会服务的需求价格弹性较为敏感（邓汉慧等，2015）。导致社会企业面临一个较为尴尬的境地，在创造经济价值和社会价值方面存在着相互制约：如果为了满足社会服务的需求而提高有效运营能力，长期内成本的上升会影响社会企业的正常运转；而如果为了维持运转而提高服务价格，那面向群体的服务需求就会降低。

对于提供就业、扶贫帮助的社会企业而言，要想实现帮扶贫困、提高收入等创造社会价值的目的，首先要通过创造经济价值立足于市场。但是相较于以利润最大化为目标的商业企业，社会企业的市场竞争能力显然要更弱一些，如何提高自身竞争力在市场中谋得一席之地，就成为社会企业需要考虑的问题。

从上面分析可以看出，我国的社会企业普遍存在创造经济价值能力不足的问题，尤其是近几年来，社会企业在社会福利、健康照顾和文化教育等领域的服务迫于资金压力，使得产品及服务提供质量也随之降低，并引来社会巨大争议。根据社会企业创造经济价值和社会价值平衡发展的要求，我国社会企业的发展需要从区域Ⅲ、区域Ⅳ向区域Ⅰ转变。但是由于社会企业资金的缺乏和有效运营能力的不足，使得这种转变面临较大的困难。在这种情况下，社会企业要在提高服务能力和服务质量的同时维持自身的可持续发展，就必须在商业模式上进行创新。

三、社会企业商业模式的创新

我国社会企业的商业模式创新必须立足于社会企业的发展路径及我国社会企业定位的基础上。也就是说,一方面必须遵循社会企业在创造经济价值与社会价值方面平衡发展的原则;另一方面要考虑目前我国社会企业的现状:社会企业自身较弱的筹资能力和服务能力的约束,使得其创造经济价值的能力较弱,长期下去也必然带动服务能力和服务质量的进一步下滑,导致社会企业无法实现其经济价值与社会价值平衡发展的目标。在这种情况下,基于产品服务链的商业模式创新,就必须从资源整合以及拓展核心资源运作效率的角度加以考虑。

(一)外包模式创新社会企业模式

从我国社会企业的实践案例来看,目前社会企业所覆盖的职能范围主要在于创造就业机会和提供社区服务,因而社会企业提供服务的能力是其核心竞争力所在。这种情况下,社会企业应该将生产环节外包给更具有优势的商业企业,将自身资源整合到能带来更高价值增值的服务提供环节。比如致力于为视障人提供无障碍文化产品服务的北京红丹丹教育文化交流中心,将无障碍文化产品的生产环节外包给专门的生产制造企业,自身业务集中于产品的设计和营销,从而为机构带来了新的利润增长。

一方面,我国社会企业本身创造经济价值的能力就比较弱,通过生产环节的外包,可以减少社会企业在生产场地和设备以及专业生产人员等方面的投入,缓解资金压力;对于商业企业而言,尽管其承接社会企业的生产外包可能并不会有太高利润,但是却可以通过与社会企业的合作向政府展示自身良好的公众形象,进而获取其他的政府补贴或支持,因而也有承接社会企业生产外包的动力。

另一方面,我国社会企业职能范围所覆盖的社区服务,多是集中于帮助残障、提供职业培训、养老和护理等方面,在这些方面培养相应的服务从业人员比培养专业的生产人员要相对容易,因而也更有利于创造就业机会和提高服务的专业化水平。此外,服务专业化水平的提高,更有利于社会企业从政府获得部分公共服务的外包和从社会获得其他服务的外包,拓展业务范围,获得实现更多盈利的可能。所以说,社会企业通过专注于核心竞争力的社区服务提供环节,可以有效提升创造经济价值的能力。

(二) 租赁经营创新社会企业模式

社会企业创造社会价值的能力受自身资源瓶颈和服务能力瓶颈的限制。由于我国社会企业处于发展起步阶段,大多数企业立足于面向社区的服务范围,一般规模较小且融资能力较弱,因而资源瓶颈和服务能力瓶颈的限制作用较为明显。比如社区养老和护理的服务提供,发展初期的社会企业无论是从医疗设备还是服务场地上都存在供给不足的问题,且随着社会老龄化的加剧,这种供需不均衡的状况必将进一步加剧;而社会企业由于短期内盈利能力不足,无法直接购买较为昂贵的医疗设备和服务场地。这种情况下,社会企业可以通过租赁经营的方式,整合整个供应链的资源来实现服务能力的提升:

一方面,对较为昂贵的医疗设备可以采取融资租赁的方式。融资租赁是集融资与融物于一体的租赁方式,基于所占用的融资成本的时间收取租金。在这种方式下,社会企业在初期可以使用较少的租金就获得医疗设备的使用权,在租赁期满时,医疗设备的所有权也会转移到社会企业,而且所有的租金总额要远低于直接购买的价格。因而融资租赁的方式既缓解了社会企业资金不足的问题,又可以给服务能力的可持续提升奠定基础;

另一方面,对服务场地可以采用经营租赁的方式。在这种租赁方式下,社会企业按照租赁时间支付租金,并且场地的维护和保养都由出租方负责,因而可以极大地节约社会企业的支付成本。并且社会企业在提升服务能力的同时,还可以根据社区服务需求的变动,撤销租赁协议,避免服务供给能力超过需求时遭受损失的风险。此外,社会企业还可以作为一个平台,整合场地出租方与需求服务的客户,由客户直接向场地出租方租赁,而社会企业只负责提供服务,这样的方式既不影响服务能力的提升,又可以满足客户对场地的多样化服务需求。

第三节　国内外风场后市场服务的实践[①]

一、国外实践模式

(一) 国外产品后市场服务案例分析

在国际上目前比较成熟的欧洲风能市场，越来越多的产品制造商和用户投资者开始关注整机产品维护的效率问题，坚持循序渐进的技术研发和完善监测技术是欧洲产品制造业保障产品质量可靠性的重要经验。比如丹麦的产品制造业在20世纪80年代就开始蓬勃发展，由于众多企业踊跃涉足产品制造行业，技术也层出不穷，在政府支持下，丹麦的用户投资商和产品制造商与研究机构一起成了产品质量认证和在线运行检测诊断中心，保证产品的发电效率。印度的Suzlon公司原本是一家风叶零件生产商，但为了使其生产技术与世界先进水平保持同步，Suzlon公司将研发设计总部设立在德国和荷兰，如今，该公司已经成为集产品技术开发设计、风力发电设备生产和用户设计建造以及设备维护技术咨询服务于一体的一家产学研结合的集团。2015年，Suzlon与中国最大的整机制造商金风科技签订战略协议，在中国新疆乌鲁木齐市的金风科技生产基地旁建立了专门为其提供风叶零部件的生产基地。从德国、美国等国家产品行业的成熟发展经验来看，产品整机制造商的发展战略有两种：要么和产品租售商组成战略合作联盟关系，不仅确保销售渠道稳定还增加了服务维修的收益。另一种是自行投资开发用户，获取投资收益同时带动设备销售。总的来说，从全球产品行业的现状来看，产品已经供大于求，但用户的运维服务却供小于求。

(二) 国外产品后市场服务经验借鉴

通过对国内外产品制造行业典型企业的商业模式梳理，可以看出风力发电设备生产和风机设备维护技术咨询服务的产品制造商是目前产品运维

[①] 本节相关数据由作者参考《2015年产品行业深度研究报告》(内部资料)整理得出。

市场的主体。

首先，产品制造商应当提供一个产品全生命周期的产品服务模式，从设计到安装到测试直至运行过程的检测和维护。这样不仅仅使产品制造商能够获取服务收益利润，还能够通过对用户运营的跟踪服务获取设备运行数据，利于产品的升级和创新，获得产品的竞争优势。

其次，根据产品后市场服务的不同阶段，产品制造商也可以选择服务自营、外包或者入股收购专业的第三方运维服务公司。当产品制造企业产品还处于初步推广阶段时，资金与技术水平有限，规模较小，这时候产品的运维可以采取外包给第三方运维服务公司，做基础的运维和检修工作。随着产品的进一步推广，但产品的产品市场占有率达到一定大的规模时，产品制造企业的资金和技术实力已经达到一定的水平，这使得产品制造商有能力控制整个产品的后市场服务网络，所属品牌的产品的维修需求量也比较大，则可以考虑自营或者收购第三方运维服务公司，组建专业的运维子公司。

二、国内实践经验

（一）宁夏用户——用户主导的运维优化模式

据悉，目前国电电力宁夏新能源的集控系统项目建设已完成了一期工程，主要实现了"状态监视""基础数据计算服务""基础性能计算""产品曲线拟合""基础拟合优度分析"等功能。在产品运营曲线偏差率、产品故障报警复位及时率、产品缺陷处理及时率、产品状态转换及时率等方面都大幅提升。2015年，国电电力宁夏新能源开发有限公司转变经营理念、提升管理、狠抓落实，通过集控系统生产运行管理，提高经济效益770万元。其中通过集控单机效能分析，2015年发电量同比增加950万千瓦时，直接经济效益550万元；通过集控统一管理提高设备消缺及时率，2015年与2014年对比，共计缩短检修时间2310小时，间接经济效益100万元；通过集控大平台、大营销理念，增加间接经济效益90万元；通过集控系统产品状态及时转换，公司年综合厂用量减少50万千瓦时，间接效益30万元。

国电电力宁夏新能源公司集控中心的负责人称，该项目的后续二三期工程，还将计划实现"单机性能优化""风资源利用优化""用户部分产品超声波测风安装和现有测风优化""启停预判下达""场站线路单机性能提升优化""视频监控""视频对话与语音通讯结合""WiFi 覆盖全场及巡点检跟踪""故障预警及诊断""健康诊断""可靠性维护"等后续功能。

(二) 华锐产品——制造商主导的运维服务模式

华锐产品是制造商以既有销售的产品机组切入运维市场的典型企业。而进入产品运维市场的初衷是华锐产品安装的三个华电用户在运行了 6~7 年后,暴露出产品运行效率方面的问题,致使发电量下降,于是华锐产品开始对华电用户进行提升改造。通过这一改造过程,作为曾在中国产品整机商中位列销售第一的华锐产品意识到,过度追求装机新增容量的指标,使得售后服务没有及时配套,也是华锐产品从 2011 年开始产品销售量下滑的主要原因。2015 年 2 月,华锐产品进行重组改制,新加入的股东之一便是大连汇能——一个从事热力系统节能技术、工业企业能效诊断的技术服务公司。在此之前,华锐产品已经参与了国内外 200 多个产品场项目的建设,并出口产品 36.3 万千瓦机组,凭借这一市场份额优势,重组后的华锐产品将在产品机组技术上提供全面、系统的支持和运维服务的延续。

截至 2015 年,华锐产品累计装机 8 854 台、运行 8 793 台、退质保 3 856 台,参与国内 200 多个产品场项目建设,出口 36.3 万千瓦机组,涉及 8 个国家。"在庞大的产品装机量的基础上,华锐产品凭借作为主机厂商的技术优势,将迎来运维市场的重要契机"。华锐产品利用 6~10 月的"小风季"实施技改的方案在改造结束后,机组完好率提升 3%,故障率、备件消耗量均明显下降,并且对于没有出质保期的,将在技术上支持,服务方面延续,甚至是支持设备的升级都没有问题。对于质保期内的产品,华锐产品将全面协助业主提高发电效率、提高发电量、提高完好率。2015 年底,华锐产品成立了运维子公司,员工人数在千人左右,并且运维服务的质量和领域也将得到提升和扩展。

(三) 远景新能源——第三方智慧用户管理模式

远景能源是一家基于智能传感网和云计算的智慧用户 Wind OS™ 管理

系统设计公司，目前管理着包括美国最大的新能源公司之一 Pattern 能源、美国大西洋电力公司以及中广核集团等在内的 1 000 万千瓦的全球新能源资产，是第一家为美国产品场提供能源资产管理服务的中国公司。远景的智慧用户 Wind OS™ 管理系统已经在美国 Pattern 能源和大西洋电力的子公司用户试运行了半年以上，数据显示，可有效提高用户设计效率高达 15% 以上，这直接可以影响到用户发电增收的效益。远景能源曾经也是和金风科技、华锐产品一样，是一家销售产品起家的公司，但介入新能源领域后，远景发现将物联网的技术融入产品的控制和运行系统，从而比其他产品企业获得更多的产品运营数据，拥有更加稳定更加高效的运营效率。在拥有管理远景机组的经验基础上，进而开发智慧产品场管理系统，从设备商逐步转变为技术服务提供商，进入附加值更高的领域，利润空间进一步提升。

第四节　企业实施租赁产品服务链的建议

通过前文对租赁产品服务链的分析，本书对企业实施租赁产品服务链提出如下建议：

一、识别客户感知价值

企业实施租赁产品服务链，首先要理解客户对产品租赁链的诉求是什么。这就需要企业积极建立租赁产品服务链客户感知价值的识别模型。了解在本行业，客户对租赁产品服务链的关注点是什么。从而通过调整企业内部和外部能力去为产品服务链创造价值。

二、鼓励客户积极参与

租赁产品服务链与传统的销售供应链区别是企业在产品和服务的全生命周期都会与客户保持密切的联系和实时的互动。客户积极参与，能够为租赁产品服务链带来额外的价值；同时，也能够增加客户租赁产品服务链的黏性。为了鼓励客户积极参与，企业需要设计客户努力的激励模式，让客户获得积极参与的经济回报。

三、积极投入物联网技术

租赁产品服务链获利需要降低产品维护和维修的成本。而维护和维修的产品依赖于现代技术的发展。现代技术包含制造技术和物联网技术,通过物联网技术的投入,企业能够获取、监测、分析客户使用产品服务系统的情况,从而能够快速地对产品服务做出最优的决策反应。降低产品维护和维修成本。

四、选择合适的合作伙伴

租赁产品服务链作为服务的属性需要贴近客户端。为了能够更好地为客户提供服务,制造商主导的租赁产品服务链需要选择合适的承租商为客户提供服务和进行产品服务系统推广;租赁商也需要选择合适的制造商以获取优质的产品。企业可以根据经济性分析来决定是由制造商还是租赁商提供质保服务。租赁产品服务链也需要制定合理的收益共享契约,从而使租赁产品服务链实现协调。

五、广泛应用再制造技术

租赁产品服务链的提供方能够控制产品的回收。而再制造技术最大的挑战就是产品回收的不确定性,包括回收数量、回收时间、回收质量的不确定性,而租赁产品服务链解决了再制造的这个挑战。另外一方面,通过再制造技术,企业能够大范围地降低生产的成本,从而提高整条租赁产品服务链的收益。

第五节　产品后市场服务创新增值策略分析

一、重塑面向客户价值的商业模式

随着企业开发新产品和服务,企业往往需要新的商业模式,重新调整他们的系统和流程,以支持新的产品或服务(Spieth et al.,2014)。更一般地,公司的商业模式是产品和服务创新的重要媒介,并创造了公司及其利益相关者价值的重要来源。商业模式是企业的战略实现(Vidal and Mitchell,2013),它的创新涉及了多个系统或者模块的改变(Velu and Stiles,2013),不仅仅是产品或者工艺的创新,更涉及改变客户价值主张、价值创造和价值获取。物联网下,供应商和服务商与制造商一起参与创新,这里的创新更多是服务的创新,最终会导致商业模式的创新。虽然一些学者认为商业模式在构建过程中容易被竞争对手模仿,但由于商业模式在实施初期阶段效果较不明显,其设计过程也需要反复地推敲和调整,因此在实际操作过程中的被模仿概率其实很低(Inauen et al.,2012),因而也说明了对物联网下商业模式创新进一步探索的重要性。

无论以何种方式重塑制造业的商业模式,从客户价值出发的商业模式创新是一个根本思想,也是一个复杂的设计决策过程。新的商业模式也改变了传统商业模式的特性。

(一)洞察识别客户价值

传统的产品后市场服务是以用户产品为导向,制造商仅仅为产品附加必要的维护,因此会随着用户的需求变化而逐渐淘汰。物联网下的商业模式更加面向用户的价值主张,实现了智能用户运维,产品效率能够在平台上实时监控和改进。虽然产品的物理实体不会变化,但通过物联网平台连接到产品的智能软件,制造商能够时刻获取产品运维数据,从而改善用户的用户体验。

传统的客户关系管理和客户细分是基于客户已经产生需求的拉动,企业需要上门或者与客户进行沟通交谈、对客户行为进行调研后才能够获得客户的需求并将客户进行分类,采取相应的定价和营销策略,对客户的售后服务也需要等客户出现问题投诉后再进行紧急的服务。在这种商业模式下,制造商在与客户的关系中处于被动地位,制造商永远是以不变的产品和服务来服务用户,相对粗放。在物联网环境下,制造商通过集成于产品中的智能感应设备,能够即时了解用户的实时和紧急的需求,主动掌握客户所使用产品的状态和性能，真正做到比客户考虑早一步，大幅度改善了与客户的关系。与此同时，通过物联网的及时动态跟踪获取的大数据，制造商更能准确把握不同用户的运维特点，将客户的细分更加精细，从而更能及时提供服务和产品的更新。

（二）拓展客户价值空间

传统的商业模式，制造商的价值获取是基于产品所有权转移的销售模式，主要依据供求关系和品牌忠诚度进行合理定价，从零散的产品销售中获取最大化利润。为了提升市场占有量，也有通过产品低价、配件高价的创新性定价方式盈利，比如产品制造商会通过产品装机容量来制定产品价格。而物联网下制造商的利润获取可以不仅仅是依赖于实体产品的销售，产品的后市场服务能够延长制造商的价值增值曲线，额外的收益能够使得制造商通过实体产品获取重复性收益。同时，制造商的分销渠道也不仅仅是产品的分销渠道，物联网下的商业模式，制造商拉近了与客户的距离，使得传统的物理分销渠道向服务分销网络转变，服务分销网络更近更快速地解决客户的服务需求。物联网下的产品制造商通过销售产品＋提供服务的商业模式创新拓展了传统的客户价值空间，既增加了产品销售收益和重复服务收益，又满足了用户运维需求。

（三）服务关键客户需求

区别于传统商业模式，确定关键资源和关键伙伴的目的是基于采购模式下的生产资料及对应的供应商和销售产品及对应的分销商。而在物联网下，制造商所处的供应链上下游伙伴的地位由平台供应商和快速反应的制造商/服务商所取代。平台供应商能够让企业快速地获得信息，而快速反应的制造商和服务商能够及时满足客户实时紧急的需求。由此制造商应当从服务关键客户需求的视角出发，将传统的关键资源转化成让产品和运维服务产生持续价值的资源，聚合化的信息和产品服务系统设计能力，成了企业的关键资源。

由此，通过重塑产品制造商的商业模式，让制造重新站上价值链的顶端，产品的智能化制造和用户的数字化运维成为可能，产品制造企业的制造环节的价值增值大大提升，同时企业的服务变得比以前更为重要，企业的微笑曲线转变为对勾曲线，后市场的价值增加变重，制造的增加值变大。

二、物联网下服务创新获利的措施

智能互联产品的出现彻底改变了以销售为主的商业模式。物联网重新构造了企业的价值链，致使企业重新设计采购、制造、销售和服务环节。它允许产品和它的使用者、制造者、配件提供商、产品运营环境甚至后市场服务系统之间实现信息相互交换，具备智能连接性的产品实现了有关如何进行价值创造和捕捉的战略选择。企业面临物联网环境下如何与传统合作伙伴合作，以及和什么样的新合作伙伴合作才能可持续发展，这就意味着物联网下为了保护竞争优势的商业模式将重塑行业界限。物联网的出现反映了越来越多的智能、互联的产品创新和新的机遇，但是是什么让智能、互联的产品从本质上区别于互联网，就有必要探索其战略和运营的影响。

（一）物联网的信息整合弱化或扩展了企业边界

物联网下商业模式的演化与创新路径更多体现在分工协作和利益协调等方面，因此物联网背景下的企业组织边界更加开放，创新活动的不同环节被打散到不同的企业或组织中，使得跨界合作的商业模式在创新过程中越来越重要，物联网的出现协调并跨越了企业间的界限。随着物联网技术应用的逐步推广，它促使了价值链上各个参与主体的企业实现了价值共创。它让公司与外部供应商、渠道和客户紧密结合实现了全球分布式供应链，供应链上各结点企业在联盟中既竞争又合作实现了多赢。物联网的突破创新在于不仅改变了价值链，而且改变了产品和服务的使用方式，使其成为产品和服务的一部分，在产品中嵌入传感器、处理器、软件和连接，推动显著改善产品的功能和性能，而服务方面的创新是更新了后市场服务的创新活动，包括产品数据分析和安全播种，使得产品在服务方面有了新的价值增值环节。

比如特斯拉汽车用户可以连接到制造商的性能监视系统，实现远程服务和升级。比如现代化农场，当使用了数据设备将不同地域的农场设备相连时,能够协调和优化农场系统,使水和化肥的灌溉深度和灌溉时间更加精确。新能源方面,物联网智能连接产品以监测数据,比如,一个微控制器可以调整产品的每一个叶片,以获取最大的风能,并且每个涡轮都可以调整,不仅提高了性能,也提高了利用效率。这些传统企业与新的物联网服务供应商跨领域合作,弱化了曾经的企业边界。物联网吸引了众多参与者的加入,并通过物联网信息实现了不同的合作和服务方式。

(二)物联网利于企业快速选择产品/服务创新方案

产品+服务的价值增值是通过有形产品和无形服务的集成,为客户提供全面解决方案。从有形产品的创新到无形服务的创新,从根本上改变企业仅限于专注产品创新的商业模式,将产品和服务不同程度地结合,并分成以产品导向、使用导向和结果导向为目的的三大类商业模式。物联网的加入能够将信息网络技术与产品+服务的商业模式进一步结合,在此基础上开拓技术性能和功能的新领域,从而实现传统行业智能化的转型升级,进一步实现产品/服务的价值增值。

在物联网环境下的企业必须要选择一套能够提供客户价值的产品/服务创新方案,并确定其竞争定位功能。同时企业能够通过物联网了解消费者对产品的使用习惯,从而预知服务需求,迅速响应提供相应的解决方案,由此解决了以往服务需求不确定的弊端。不仅如此,制造商能够详尽地了解和捕捉用户的历史使用数据,通过这些信息能够更准确地细分客户,定制产品,进而制定价格和细分服务,开辟差异化和增值的服务新途径。越来越扩大的企业边界甚至可能超出了传统的产品服务系统。制造商在传统供应链中承担着核心企业的地位,可能因为物联网使其在新的边界中充当了配角,也就是说一组不同的产品系统,可以被协调优化到其他领域,物联网不仅将技术创新和服务创新集成到产品中,而且通过产品链接到创造产品的整个价值链中,增加了产品的升级设计能力、使用预测能力和远程服务能力。

物联网下许多传统制造企业都需要重新审视他们的企业战略和运营目标,将重点转移到如何面向客户价值更广泛满足和快速响应需求,而非是传统的产品设计和更新。比如特斯拉打破了传统汽车行业的销售模式，简化了产品的定价策略，减少了经销商讨价还价的环节，并打破传统汽车出现问题的召回维修模式，而是在修理和电池维护过程中通过软件进行自动更新，降低用户的维修保养成本，增加了客户的忠诚度。再比如农产品行业提出"公司＋农户"的新型商业模式，运用物联网技术中的视频编码压缩技术建立了"养殖农户一卡通"信息管理系统，对养殖场环境、家禽养殖过程、加工过程等数据信息共享和整合，实现了从养殖、屠宰、加工、配送、零售整条供应链各个环节的实时监控，保证了肉品的食品安全。

（三）物联网应用强化多方参与主体的合作关系

传统的价值网络里的参与者只有企业和客户，而物联网应用渗透到传统价值网络后，加入了物联网的应用开发商、系统集成商和服务提供商，产品的制造商只能开发产品内在化的关键技能和基础设施，需要对平台层或应用层等不同层面的技术开发和维护寻求外包供应商或者合作伙伴，为此制造商仅能保留产品特征的控制权，以获取对其自身陡峭的学习曲线来保持其竞争优势。但产品功能和产品数据等方面则需要与合作伙伴共享。因此，物联网在各个传统行业的应用使得各个参与主体关系复杂，而价值增值是各参与主体合作、协同的黏合剂，参与主体之间相互依赖和相互制约，在提高效率的同时也实现价值共创。

比如小米的智能家居，这一项目的参与主体不仅有系统设计企业和芯片生产商，还有家电企业、房地产商和通信企业。参与小米智能家居项目的企业中，有些可能曾经是供应链的上下游企业，有些可能在传统商业模式下无交集，但在物联网的参与下，这些企业形成一个价值网络，每一参与主体变成一个结点，最终小米的智能家居能够实现住户通过手机可以实时监控房间、远程操控家用电器等，但这一项目也使得小米与系统设计企业、互联网企业和芯片企业之间产生依赖。比如芯片企业中，由英特尔、联发科、博通等企业发起的开放互连联盟OIC（Open Interconnect Consortium）已吸引了包括三星、戴尔、宏碁等国际企业支持，其智能家庭产业的芯片设计已经标准化和成熟化，因此很长一段时间内，小米在智能生态领域的芯片使用都无法改变依赖国际厂商的现状。

基于物联网的产品服务系统的价值增值路径必须与商业模式相匹配，而了解客户价值为导向的服务体系，关键是洞察服务创新，这就意味着服务创新必须要具备实用价值，忽略客户价值的服务创新是无法获取可持续利益的。物联网下的服务创新，使得传统的面向产品的服务（如通过售后的保养和维修延长产品的使用期）过渡到面向过程的服务（可以独立于产品）。而广泛的服务创新也意味着更高的运营风险和财务风险，企业仍然需要将服务创新进行传统的定价机制才能获得收益，这些服务创新通过商业模式体现，并通过契约机制出售，从不同的客户价值创造中获利。物联网情景下，制造商和服务商能够通过物联网平台更清晰地了解产品使用者在产品全生命周期过程中的使用情况，从而提供可持续创新的服务，这是一个新的获利模式，这些服务创新可以通过契约实现新的收入模式。

三、物联网下服务运营的关键要素

商业模式对于企业来说十分重要，商业模式的创新往往可以改变企业所处整个行业的格局，苹果和特斯拉的成功，不仅仅是颠覆性的技术性创新，商业模式创新与技术创新的完美结合才是其成功的关键。与传统企业相比，物联网环境下企业在商业模式变革实践中将会面临如下几个挑战：

（一）价值共创

随着物联网技术应用的逐步推广和成熟，价值链上的各参与主体如何建立企业联盟实现价值共创是物联网发展后续需要重点关注的问题。物联网的应用推广，不仅仅是吸引各方参与主体的加入，如何在联盟中实现既竞争又合作的多赢，如何设计利益分配机制将是下一步重点关注的问题。

（二）制造业服务创新

服务化是社会经济结构的变化，物联网让企业实现了生产资源高效利用，不仅使得产品、技术、服务的更新速度加快，物流和回收再制造也更高效，因此物联网下的创新驱动导致了商业模式变革，企业需要通过物联网智能感知客户的实时需求，精准提供后市场服务，更加体现客户价值。制造业服务化可以增加企业的竞争优势，增加价值链的获利环节，对使用者来说，通过服务延长了产品的使用寿命，实现了效用最大化。

在服务创新层面，制造商具有服务创新优势，可以围绕产品的创新去设计更适合产品使用的服务创新，可以说，制造商的服务创新优势在于他有权改变产品，有权通过定价策略提高收益来弥补提高服务增加的渠道成本。通过高质量的服务，制造商可以锁定用户，保证一定的市场占有量。面向服务性生产的供应链下，每个企业均专注于自己的核心业务，外包非核心的业务，实现快速创新和提高效率的生产性服务。最终形成了客户需求导致服务创新，服务创新导致商业模式创新。

(三) 供应链原有结构的改变

物联网环境下，渠道结构、供应结构和交易结构都在发生改变，企业可以通过物联网跨过零售商直接与顾客交流，去中间化降低了渠道商的议价能力，不同的商业模式需要不同的合约，并且在原有的供应链结构中又新增了结点企业，即物联网技术相关的企业。不同的客户价值主张决定着不同的商业模式变革，也决定了不同的供应链结构和渠道结构，企业结构也会随之改变。因此，物联网下的供应链各结点企业需要在这一变革的大环境下如何精准定位才是关键。

物联网的应用必将对企业的商业模式带来根本性的影响。从国内外对物联网应用的商业模式研究来看，随着物联网技术的逐步推广和成熟，物联网环境下各产业链上的相关利益主体应该建立企业联盟、实现商业价值共创，从而提升竞争实力。此时从理论上厘清物联网应用中的商业模式特征及运作机理，可以帮助企业有效实现客户价值导向下的商业模式变革。对物联网的有效应用，可以从根本上有效改变物联网产业单一依靠政府推动的局面，转向以市场推动、顾客价值导向为主。物联网技术的应用通过改善供应链原有的产品/服务形式，使得企业服务更加智能化，更能满足客户需求。而物联网下商业模式研究的重点在于开发物联网应用的潜在商业价值，通过商业模式的创新和设计将企业创新理念和物联网技术应用商业化，形成一定的、可持续发展的物联网价值网络,支持物联网技术企业或应用企业之间的合作联盟,进一步创新和提升物联网的应用价值;并分析在不同行业的物联网应用中,基于物联网的商业模式变革如何影响传统行业,以期指导传统行业的转型升级。

参考文献

Agrawal V. V., Ferguson M., Toktay L. B. Is Leasing Greener Than Selling? [J]. Management Science, 2012, 58(3): 523-533.

Ahamed Z., Inohara T., Kamoshida A. The Servitization of Manufacturing: An Empirical Case Study of IBM Corporation [J]. International Journal of Business Administration, 2013, 4(2): 18-26.

Akan M., Ata B., Lariviere M. Asymmetric Information and Economies of Scale in Service Contracting [J]. Manufacturing and Service Operations Management, 2011, 13(1): 58-72.

Albino V., Berardi U., Dangelico R. M. Smart Cities: Definitions, Dimensions, Performance, and Initiatives [J]. Journal of Urban Technology, 2015, 22(1): 3-21.

Alexandrov A., Bedre-Defolie O. The Equivalence of Bundling and Advance Sales [J]. Marketing Science, 2014, 33(2): 259-272.

Altug M.S. Supply Chain Contracting for Vertically Differentiated Products [J]. International Journal of Production Economics, 2016, 171(1): 34-45.

Amit R., Zott C. Creating Value Through Business Model Innovation [J]. Sloan Management Review, 2012, 53(3): 41-49.

Arya A., Loffler C., Mittendorf B., Pfeiffer T. The Middleman as a Panacea for Supply Chain Coordination Problems [J]. European Journal of Operational Research, 2015, 240(2): 393-400.

Atasu A., Sarvary M., Van Wassenhove L. Remanufacturing as a Marketing Strategy[J]. Management Science, 2008, 54(10): 1731-1746.

Aurich J.C., Fuchs C., Wagenknecht C. Life Cycle Oriented Design of Technical Product — Service Systems [J]. Journal of Cleaner Production, 2006, 14(17): 1480-1494.

Baines T. Exploring Service Innovation and the Servitization of the Manufacturing Firm[J]. Research-Technology Management, 2015, 58 (5): 9-11.

Baines T., Lightfoot H.W. Servitization of the Manufacturing Firm: Exploring the Operations Practices and Technologies that Deliver Advanced Services [J]. International Journal of Operations and Production Management, 2014, 34(1): 2-35.

Baines T.S., Lightfoot H.W., Benedettini O., Kay J.M. The Servitization of Manufacturing: A Review of Literature and Reflection on Future Challenges[J]. Journal of Manufacturing Technology Management, 2009, 20 (5): 547-567.

Baines T.S., Lightfoot H.W., Evans S. State-of-the-Art in Product-Service Systems [J]. Journal of Engineering Manufacture, 2007, 221(10): 141-165.

Balasubramanian S., Bhattacharya S., Krishnan V.V. Pricing Information Goods: A Strategic Analysis of the Selling and Pay-per-Use Mechanisms [J]. Marketing Science, 2015, 34(2): 218-234.

Barney J.B. Strategic Factor Market Expectations, Luck and Business strategy[J]. Management Science, 1986, 32(10): 1231-1241.

Bastiat F. The Foundation for Economics Education[M]. Irvington-on-Hudson, Economic Harmonies, 1979, New York.

Becker-Peth M., Katok E., Thonemann U.W. Designing Buyback Contracts for Irrational But Predictable Newsvendors[J]. Management

Science, 2013, 59(8): 1800-1816.

Bendle N., Vandenbosch M. Competitor Orientation and the Evolution of Business Markets[J]. Marketing Science, 2014, 33(6): 781-795.

Bercovitz J.E.L., Tyler B.B. Who I Am and How I Contract: The Effect of Contractors' Soles on the Evolution of Contract Structure in University-Industry Research Agreements[J]. Organization Science, 2014, 25(6): 1840-1959.

Berling P., Eng-Larsson F. Pricing and Timing of Consolidated Deliveries in the Presence of an Express Alternative: Financial and Environmental Analysis[J]. European Journal of Operational Research, 2016, 250(2): 590-601.

Bernstein F., Chen F.R., Federgruen A. Coordinating Supply Chains with Simple Pricing Schemes: The Role of Vendor-Managed Inventories[J]. Management Science, 2006, 52(10): 1483-1492.

Bernstein F., Federgruen A. Coordination Mechanisms for Supply Chains Under Price and Service Competition[J]. Manufacturing and Service Operations Management, 2007, 9(3): 242-262.

Bernstein F., Federgruen A. Decentralized Supply Chains with Competing Retailers Under Demand Uncertainty [J]. Management Science, 2005, 51(1): 18-29.

Bernstein F., Vericourt F. Competition for Procurement Contracts with Service Guarantees[J]. Operation Research, 2008, 56(3): 562-575.

Bhattacharya S., Gaba V., Hasija S. A Comparison of Milestone-Based and Buyout Options Contracts for Coordinating R&D Partnerships[J]. Management Science, 2014, 61(5): 963-978.

Bhattacharya S., Gaba V., Hasija S. A Comparison of Milestone-Based and Buyout Options Contracts for Coordinating R&D Partnerships [J]. Management Science, 2015, 61(5): 963-978.

Bhattacharya S., Gupta A., Hasija S. Joint Product Improvement by

Client and Customer Support Center: The Role of Gain-Share Contracts in Coordination[J]. Information Systems Research, 2014, 25(1): 137-151.

Bi Z., Xu L.D., Wang C. Internet of Things for Enterprise Systems of Modern Manufacturing [J]. IEEE Transactions on Industrial Informatics, 2014, 10(2): 1537-1546.

Bikfalvi A., Lay G., Maloca S., Waser B. R. Servitization and Networking: Large-scale Survey Findings on Product-related Services [J]. Service Business, 2013, 7(1): 61-82.

Bortfeldt A., Hahn T., Mannel D., Monch L. Hybrid Algorithms for the Vehicle Routing Problem with Clustered Backhauls and 3D Loading Constraints[J]. European Journal of Operational Research, 2015, 243 (1): 82-96.

Boyabatli O., Kleindorfer P.R., Koontz S.R. Integrating Long-Term and Short-Term Contracting in Beef Supply Chains [J]. Management Science, 2011, 57(10): 1771-1787.

Breidbach, C. F., Smith, P., Callagher, L. J. Advancing Innovation in Professional Service Firms: Insights from the Service-Dominant Logic [J]. Service Science, 2013, 5(3): 263-275.

Broadie M., Du Y.P., Moallemi C.C. Efficient Risk Estimation via Nested Sequential Simulation[J]. Management Science, 2011, 57(6): 1172-1194.

Bustinza O. F., Bigdeli A. Z., Baines T., Elliot C. Servitization and Competitive Advantage[J]. Research Technology Management, 2015, 58(5): 53-60.

Cachon G. P., Kok A. G. Category Management and Coordination in Retail Assortment Planning in the Presence of Basket Shopping Consumers[J]. Management Science, 2007, 53(6): 934-951.

Cachon G.P. Exact Evaluation of Batch-Ordering Inventory Policies in

Two-Echelon Supply Chains with Periodic Review[J]. Operations Research, 2001, 49(1): 79-98.

Cachon G. P. Managing a Retailer's Shelf Space, Inventory, and Transportation[J]. Manufacturing and Service Operations Management, 2001, 3(3): 211-229.

Cachon G.P. Managing Supply Chain Demand Variability with Scheduled Ordering Policies[J]. Management Science, 1999, 45(6): 843-856.

Cachon G. P. Retail Store Density and the Cost of Greenhouse Gas Emissions[J]. Management Science, 2014, 60(8): 1907-1925.

Cachon G.P. Stock Wars: Inventory Competition in a Two-Echelon Supply Chain with Multiple Retailers[J]. Operations Research, 2001, 49(5): 658-674.

Cachon G.P. Supply Chain Coordination with Contracts[M]. Handbooks in Operations Research and Management Science, 2003, 11: 229-340.

Cachon G.P. The Allocation of Inventory Risk in a Supply Chain: Push, Pull, and Advance-Purchase Discount Contracts[J]. Management Science, 2004, 50(2): 222-238.

Cachon G.P., Feldman P. Pricing Services Subject to Congestion: Charge Per-Use Fees or Sell Subscriptions?[J]. Manufacturing and Service Operations Management, 2011, 13(2): 244-260.

Cachon G. P., Fisher M. Supply Chain Inventory Management and the Value of Shared Information[J]. Management Science, 2000, 46(8): 1032-1048.

Cachon G. P., Harker P. T. Competition and Outsourcing with Scale Economies[J]. Management Science, 2002, 48(10): 1314-1333.

Cachon G. P., Kok A. G. Competing Manufacturers in a Retail Supply Chain: On Contractual Form and Coordination[J]. Management Science, 2010, 56(3): 571-589.

Cachon G.P., Kok A.G. Implementation of the Newsvendor Model with

Clearance Pricing: How to (and How Not to) Estimate a Salvage Value [J]. Manufacturing and Service Operations Management, 2007, 9(3): 276-290.

Cachon G.P., Lariviere M. Capacity Allocation Using Past Sales: When to Turn-and-Earn[J]. Management Science, 1999, 45(5): 685-703.

Cachon G.P., Lariviere M. Capacity Choice and Allocation: Strategic Behavior and Supply Chain Performance[J]. Management Science, 1999, 45(8): 1091-1108.

Cachon G.P., Lariviere M. Contracting to Assure Supply: How to Share Demand Forecasts in a Supply Chain[J]. Management Science, 2001, 47(5): 629-646.

Cachon G.P., Lariviere M. Supply Chain Coordination with Revenue-Sharing Contracts: Strengths and Limitations[J]. Management Science, 2005, 51(1): 30-44.

Cachon G.P., Olivares M. Drivers of Finished-Goods Inventory in the U.S. Automobile Industry[J]. Management Science, 2010, 56(1): 202-216.

Cachon G.P., Randall T., Schmidt G.M. In Search of the Bullwhip Effect [J]. Manufacturing and Service Operations Management, 2007, 9(4): 457-479.

Cachon G.P., Swinney R., Purchasing, Pricing, and Quick Response in the Presence of Strategic Consumers[J]. Management Science, 2009, 55(3): 497-511.

Cachon G.P., Swinny R. The Value of Fast Fashion: Quick Response, Enhanced Design, and Strategic Consumer Behavior[J]. Management Science, 2011, 57(4): 778-795.

Cachon G.P., Terwiesch C., Xu Y. On the Effects of Consumer Search and Firm Entry in a Multiproduct Competitive Market[J]. Marketing Science, 2008, 27(3): 461-473.

Cachon G.P., Terwiesch C., Xu Y. Retail Assortment Planning in the

Presence of Consumer Search[J]. Manufacturing and Service Operations Management, 2005, 7(4): 330-346.

Cachon G.P., Zhang F.Q. Obtaining Fast Service in a Queueing System via Performance-Based Allocation of Demand[J]. Management Science, 2007, 53(3): 408-420.

Cachon G.P., Zhang F.Q. Procuring Fast Delivery: Sole Sourcing with Information Asymmetry[J]. Management Science, 2006, 52(6): 881-896.

Cachon G.P., Zipkin P.H. Competitive and Cooperative Inventory Policies in a Two-Stage Supply Chain[J]. Management Science, 1999, 45(7): 936-953.

Cachon, M.A. Lariviere. Supply Chain Coordination with Revenue-sharing Contracts: Strengths and Limitations[J]. Management Science, 2005, 51(1): 30-44.

Cachon. Managing a Retailer's Shelf Space, Inventory, and Transportation [J]. Manufacturer and Service Operations Management, 2001, 3(3): 211-229.

Cachon. Managing Supply Chain Demand Variability with Scheduled Ordering Policies [J]. Management Science, 1999, 45(6): 843-856.

Cachon. Pnina Feldman Pricing Services Subject to Congestion: Charge Per-Use Fees or Sell Subscriptions? [J]. Manufacturer and Service Operations Management, 2011, 13(2): 244-260.

Cachon. Retail Store Density and the Cost of Gas Emissions [J]. Management Science, 2014, 60(8): 1907-1925.

Cachon. Robert Swinney Purchasing, Pricing, and Quick Response in the Presence of Strategic Consumers[J]. Management Science, 2009, 55(3): 497-511.

Cachon. The Allocation of Inventory Risk in a Supply Chain: Push, Pull, and Advance-Purchase Discount Contracts[J]. Management Science,

2004, 50(2): 222-238.

Carlton D. W., Waldman M. Competition, Monopoly, and Aftermarkets. Journal of Law, Economics, and Organization[J]. 2010, 26(1): 54-91.

Casadesus-Masanell R., Ricart J. E. How to Design a Winning Business Model[J]. Harvard Business Review, 2011, 89(1/2): 100-107.

Cezar A., Cavusoglu H., Raghunathan S. Outsourcing Information Security: Contracting Issues and Security Implications[J]. Management Science, 2014, 60(3): 638-657.

Cezar A., Cavusoglu H., Raghunathan S.. Outsourcing Information Security: Contracting Issues and Security Implications [J]. Management Science, 2014, 60(3): 638-657.

Cezar. Outsourcing Information Security: Contracting Issues and Security Implications[J]. 2014.

Chao G. H., Iravani S. M. R., Savaskan R. C. Quality Improvement Incentives and Product Recall Cost Sharing Contracts[J]. Management Science, 2009, 55(7): 1122-1138.

Charles J.C., Gregory A. D. Materials in Supply Chains: Channel Profits and Environment Impacts [J]. Management Science, 2001, 47 (7): 881-893.

Chase, R. B. The Customer Contact Approach to Services: Theoretical Bases and Practical Extensions[J]. Operations Research, 1981, 29(4): 698-706.

Chaturvedi A. Procurement Auctions with Capacity Constrained Suppliers [J]. European Journal of Operational Research, 2015, 247(3): 987-995.

Chen F. R., Federgruen A., Zheng Y. S. Coordination Mechanisms for a Distribution System with One Supplier and Multiple Retailers [J]. Management Science, 2001, 47(5): 693-708.

Chen J. Q., Xu. L. Z., Whinston A. Managing Project Failure Risk Through Contingent Contracts in Procurement Auctions[J]. Decision

Analysis, 2010, 7(1): 23-39.

Chen Z.Y., Fan Z.P., Sun M.H. Behavior-aware User Response Modeling in Social Media: Learning from Diverse Heterogeneous Data [J]. European Journal of Operational Research, 2015, 241: 422-434.

Chen, X., Wang, X.J., Chan, H.K. Channel Coordination Through Subsidy Contract Design in the Mobile Phone Industry[J]. International Journal Production Economics, 2016, 171(1): 97-104.

Cheng Z.P., Yang X.D., Tsay A.A. Designing Structured Supply Contracts Under Demand and Price Uncertainty in an open Supply Chain [J]. Ann Operation Research. 2016, 2 (online).

Cheng, M. Sharing economy: A Review and Agenda for Future Research [J]. International Journal of Hospitality Management, 2016, 57: 60-70.

Chesbrough, H. Management Innovation for the Future of Innovation Boston[J]. MA: Harvard Business School Press, 2011, 69.

Chesbrough, H. Open Innovation: a New Paradigm for Understanding Industrial Innovation. Open innovation: Researching a New Paradigm, 2006, 1-12.

Chesbrough, H.W. Management Innovation for the Future of Innovation Boston[C]. MA: Harvard Business School Press, 2011.

Chu L.Y., Wang Y.Z., Bundled Procurement for Technology Acquisition and Future Competition, Manufacturing and Service Operations Management, 2015, 17(2): 249-261.

Chui M., Loffler M., Roberts R. The Internet of Things[R]. McKinsey Quarterly, 2014(2): 1-9.

Commodity Chains and Capitalism[M]. Westport: praeger, 1994.

Corbett C.J., Decroix G.A., Ha A.Y. Optimal Shared-savings Contracts in Supply Chains: Linear Contracts and Double Moral Hazard[J]. Eur. J. Operation Research, 2005, 63(3): 653-667.

Cvitanic J., Wan X.H., Yang H.L. Dynamics of Contract Design with

Screening[J]. Management Science, 2013, 59(5): 1229-1244.

Dana J. D. Jr., Spier K. E. Revenue Sharing and Vertical Control in the Video Rental Industry[J]. The Journal of Industrial Economics, 2001, 49(3), 223-245.

Daniel V. R., Guide J., Luk N., Van W. The Evolution of Closed-Loop Supply Chain Research [J]. Operations Research, 2009, 57(1): 10-18.

Deutsch M. Cooperation, Competition, and Conflict [M]. New York: Springer, 2015.

Dhar T. Can Margin Differences in Vertical Marketing Channels Lead to Contracts with Slotting Fees? [J]. Management Science, 2013, 59(12): 2766-2771.

Dimakopoulou A. G., Pramatari K. C., Tsekrekos A. E. Applying Real Options to IT Investment Evaluation: The Case of Radio Frequency Identification (RFID) Technology in the Supply Chain[J]. International Journal of Production Economics, 2014, 156(6): 191-207.

Disney S. M., Potter A., Gardner B. M. The Impact of Vendor Managed Inventory on Transport Operation [J]. Transportation Research, 2003, 39(5): 363-380.

Duenyas I., Hu B., Beil D. R. Simple Auctions for Supply Contracts[J]. Management Science, 2013, 59(10): 2332-2342.

Edvardsson B., Enquist B., Johnston, R. Cocreating Customer Value Through Hyperreality in the Prepurchase Service Experience[J]. Journal of Service Research, 2005, 8(2): 149-161.

Edvardsson B., Enquist B., Johnston, R. Design Dimensions of Experience Rooms for Service Test Drives Case Studies in Several Service Contexts[J]. Managing Service Quality, 2010, 20(4): 312-327.

Edvardsson B., Tronvoll B. A New Conceptualization of Service Innovation Grounded in S-D Logic and Service Systems[J]. International Journal of Quality and Service Sciences, 2013, 5(1): 19-31.

Eecen P.J., Braam H., Rademakers L.W.M.M., Obdam T.S. Estimating Costs of Operations and Maintenance of Offshore Wind Farms[A]. EWEC, 2007.

Eggert A., Hogreve J., Ulaga W., Muenkhoff E. Revenue and Profit Implications of Industrial Service Strategies[J]. Journal of Service Research, 2014, 17(1): 23-39.

Eisingerich A. B., Bell S., Tracey P. How Can Clusters Sustain Performance? [J]. The Role of Network Strength, Network Openness and Environmental Uncertainty[J]. Research Policy, 2010, 39(2): 239-253.

Elmquist M., Fredberg T., Ollila S. Exploring the Field of Open Innovation[J]. European Journal of Innovation Management, 2009, 12(3): 326-345.

Fabrizio K.R. Institutions, Capabilities, and Contracts: Make or Buy in the Electric Utility Industry[J]. Organization Science, 2011, 23(5): 1264-1281.

Fang Y.E., Shou B.Y. Managing Supply Uncertainly Under Supply Chain Cournot Competition[J]. European Journal of Operational Research, 2015, 243(1): 156-176.

Fernando B., Federgruen A., Decentralized Supply Chains with Competing Retailers Under Demand Uncertainty[J]. Management Science, 2005, 51(1): 18-29.

Fibich G., Gavious A. Lowengart O. Explicit Solutions of Optimization Models and Differential Games with Nonsmooth (Asymmetric) Reference-Price Effects [J]. Operations Research, 2003, 51(5): 721-734.

Finne M. Holmstrom, J. A. Manufacturer Moving Upstream: Triadic Collaboration for Service Delivery[J]. Supply Chain Management: An International Journal, 2013, 18(1): 21-23.

Gallego G., Ryzin G. V. Optimal Dynamic Pricing of Inventories with Stochastic Demand over Finite Horizons[J]. Management Science, 1994, 40(8): 999-1020.

Gallouj F., Savona M. Innovation in Services: A Review of the Debate and a Research Agenda[J]. Journal of Evolutionary Economics, 2009, 19(2): 149-172.

Gallouj F., Weinstein O. Innovation in Services[J]. Research Policy, 1997, 26: 537-556.

Gao J., Yao Y., Zhu V. C. Y., Sun L., Lin L. Service-oriented Manufacturing: A New Product Pattern and Manufacturing Paradigm [J]. Journal of Intelligent Manufacturing, 2009, 22(3): 435-446.

Garrison R. H., Noreen E. W. P. C. Managerial Accounting (13ed.)[M]. McGraw-Hill Irwin, 2009.

Gebauer H., Ren G. J., Valtakoski A., Reynoso J. Service-driven Manufacturing: Provision, Evolution and Financial Impact of Services in Industrial Firms[J]. Journal of Service Management, 2012, 23(1): 120-136.

Gerchak Y., Wang Y. Revenue-sharing vs Wholesale-Price Contracts in Assembly Systems with Random Demand[J]. Production and Operations Management, 2004, 13(1): 23-33.

Giannoccaro I. Pontrandolfo P. Supply Chain Coordination by Revenue Sharing Contracts[J]. International Journal of Production Economics, 2004, 92(2): 131-139.

Girotra K., Netessine S. Business Model Innovation for Sustainability[J]. Manufacturing and Service Operation Management, 2013, 15(4): 537-544.

Glova J., Sabol T., Vajda V. Business Models for the Internet of Things Environment[J]. Procedia Economics and Finance, 2014, 15: 1122-1129.

Goldfine D. A. J., Vorrasi K. M. The fall of the Kodak aftermarket doctrine: dying a slow death in the lower courts [J]. Antitrust Law Journal, 2004, 72(1): 209-231.

Grubic T. Servitization and Remote Monitoring Technology: A Literature Review and Research Agenda[J]. Journal of Manufacturing Technology Management, 2014, 25(1): 100-124.

Gu Qiaolun, Ji Jianhua, Gao Tiegang. Pricing Management for a Closed-loop Supply Chain [J]. Journal of Revenue and Pricing Management, 2008, 7(1): 45-60.

Gubbi J., Buyya R., Marusic S. Internet of Things (IoT): A Vision, Architectural Elements, and Future Directions[J]. Future Generation Computer Systems, 2013, 29(7): 1645-1660.

Güell, J. M. F., Lara, M. C., Araña S. G., Añez V. F. Incorporating a Systemic and Foresight Approach into Smart City Initiatives: The Case of Spanish Cities[J]. Journal of Urban Technology, 2016, 23(3): 43-46.

Ha A.Y., Tong S.L., Contracting and Information Sharing Under Supply Chain Competition[J]. Management Science, 2008, 54(4): 701-715.

Harrison, C., Eckman B. A., Hamilton R., Hartswick P., Kalagnanam J., Paraszczak J., Williams R.P. Foundations for smarter cities[J]. IBM Journal of Research and Development, 2010, 54(4): 350-365.

He Y., Zhao X. Coordination in Multi-echelon Supply Chain Under Supply and Demand Uncertainty [J]. International Journal of Production Economics, 2012, 139(1): 106-115.

Heese H. S., Kemahlıoglu-Ziya E. Don't Ask, Don'T Tell: Sharing Revenues with a Dishonest Retailer[J]. European Journal of Operational Research, 2016, 248(2): 580-592.

Helson H., Adaptation-level Theory[M]. Harper and Row Publishers Inc. New York, 1964.

Heskett J.L, Jones T.O. et al. Putting the Service-Profit Chain to Work [J]. Harvard Business Review, 2008, 86(7-8): 118-125.

Ho T.H., Zhang J.J., Designing Pricing Contracts for Boundedly Rational Customers: Does the Framing of the Fixed Fee Matter? [J]. Management Science, 2008, 54(4): 686-700.

Hochbaum D.S., Wagner M.R. Range Contracts: Risk Sharing And Beyond[J]. European Journal of Operational Research, 2015, 243: 956-963.

Holmstrom J., Partanen J. Digital Manufacturing-driven Transformations of Service Supply Chains for Complex Products[J]. Supply Chain Management: An International Journal, 2014, 19(4): 424-430.

Hu M., Li X., Shi M.Z. Product and Pricing Decisions in Crowdfunding [J]. Marketing Science, 2015, 34(3): 319-472.

Hu Z., Chen X., Hu P. Technical Note — Dynamic Pricing with Gain-Seeking Reference Price Effects[J]. Operations Research, 2016, 64(1): 150-157.

Humphrey J., and Schmitz H. How Does Insertion in Global Value Chains Affect Upgrading in Industrial Clusters[J]. Regional Studies, 2002, 36(9): 1017-1027.

Humphrey J., Schmitz. H. Governance in Global Value Chains[J]. IDS Bulletin, 2001, 32(3): 19-29.

Iansiti M., Lakhani K.R. Digital Ubiquity: How Connections, Sensors, and Data are Revolutionizing Business[J]. Harvard Business Review, 2014, 92(11): 91-99.

Inauen M., Schenker W.A. Fostering Radical Innovations with Open Innovation[J]. European Journal of Innovation Management, 2012, 15(2): 212-231.

Jain N., Hasija S., Popescu D.G. Optimal Contracts for Outsourcing of Repair and Restoration Services[J]. Operations Research, 2013, 61(6):

1295-1311.

Jiang B. J., Ni J., Srinivasan K. Signaling Through Pricing by Service Providers with Social Preferences[J]. Marketing Science, 2014, 33(5): 641-654.

Jiang B. J., Tian L. Collaborative Consumption: Strategic and Economic Implications of Product Sharing[J]. Management Science, 2016, 64(3): 1171-1188.

Jindal P. Risk Preferences and Demand Drivers of Extended Warranties [J]. Marketing Science, 2015, 34(1): 39-58.

Johnson M., Mena C. Supply Chain Management for Servitized Products: A Multi-industry Case Study[J], International Journal of Production Economics, 2008, 114(1): 27-39.

Johnson M. W., Christensen C. M., Kagermann H. Reinventing Your Business Model[J]. Harvard Business Review, 2008, 86(12): 57-68.

Kaczor S., Kryvinska N. It is all About Services-Fundamentals, Drivers, and Business Models[J]. Journal of Service Science Research, 2013, 5(2): 125-154.

Karaer O., Erhun F. Quality and Entry Deterrence[J]. European Journal of Operational Research, 2015, 240(1): 292-303.

Kastalli I. V., Looy B. V. Servitization-Disentangling the Impact of Service Business Model Innovation on Manufacturing Firm Performance[J]. Journal of Operations Management, 2013, 31(4): 169-180.

Katok E., Wu D. Contracting in Supply Chains: A Laboratory Investigation[J]. Management Science, 2009, 55(12): 1953-1986.

Kaya O. Outsourcing vs. In-house Production: A Comparison of Supply Chain Contracts with Effort Dependent Demand[J]. Omega, 2011, 39(2): 168-178.

Kayış E., Erhun F., Plambeck E. L. Delegation vs. Control of Component Procurement Under Asymmetric Cost Information and Simple Contracts

[J]. Manufacturing and Service Operations Management, 2013, 15(1): 45-56.

Kazaz B. Production Planning Under Yield and Demand Uncertainty with Yield-Dependent Cost and Price [J]. Manufacturer and Service Operations Management, 2004, 6(3): 209-224.

Kim K.J., Lim C.H., Lee D.H., Lee J. A Concept Generation Support System for Product-Service System Development[J]. Service Science, 2012, 4(4): 349-364.

Kindstrom D., Kowalkowski C. Service Innovation in Product-centric Firms[J]. Journal of Business and Industrial Marketing, 2014, 29(2): 96-111.

Koc C., Bektas T., Jabali O., Laporte G. The Fleet Size and Mix Location-Routing Problem with time Windows: Formulations and a Heuristic Algorithm[J]. European Journal of Operational Research, 2016, 248: 33-51.

Kohtamaki M., Helo P. Industrial Services — The Solution Provider's Stairway to Heaven or Highway to Hell? [J]. Benchmarking: An International Journal, 2015, 22(2): 170-185.

Kolay S., Shaffer G. Contract Design with a Dominant Retailer and a Competitive Fringe[J]. Management Science, 2013, 59(9): 2111-2116.

Kong G.W., Rajagopalan S., Zhang H. Revenue Sharing and Information Leakage in a Supply Chain[J]. Mangament Science, 2012, 59(3): 556-572.

Kopalle P.K., Lehmann D.R. Setting Quality Expectations When Entering a Market: What Should the Promise Be? [J]. Marketing Science, 2006, 25(1): 8-24.

Kopalle P.K., Rao A.G., Assunção J.L. Asymmetric Reference Price Effects and Dynamic Pricing Policies[J]. Marketing Science, 1996, 15(1): 60-85.

Korhonen H. M. Widening the Perspective on Industrial Innovation: A Service-Dominant Logic Approach [J]. Technology Innovation Management Review, 2014, 4(5): 31-39.

Kostas, S., Martin S. The Dynamics of Service Supply Chains: The Role of Incentive Alignment [C]. 21st European Operations Management Association (Europe OMA) Conference, California, 2014.

Kouvelis P., Zhao W. H. Financing the Newsvendor: Supplier vs. Bank, and the Structure of Optimal Trade Credit Contracts [J]. Operations Research, 2012, 60(3): 566-580.

Kumar V., Umashankar N., Kim K. H., Bhagwat Y. Assessing the Influence of Economic and Customer Experience Factors on Service Purchase Behaviors [J]. Marketing Science, 2014, 33(5): 673-692.

Kwon H. D., Lippman S. A., Mccardle K. F., Tang C. S. Project Management Contracts with Delayed Payments [J]. Manufacturing and Service Operations Management, 2010, 12(4): 692-707.

Lee J. H., Hancock M. G., Hu M. C. Towards an Effective Framework for Building Smart Cities: Lessons from Seoul and San Francisco [J]. Technological Forecasting and Social Change, 2014, 89: 80-99.

Lee J. H., Phaal R., Lee S. H. An Integrated Service-device-technology Roadmap for Smart City Development [J]. Technological Forecasting and Social Change, 2013, 80(2): 286-306.

Lehtonen H., Kostama H. A Novel Categorization of Industrial Services — Analysis of Service Offerings of Manufacturing Companies [J]. The Journal of Applied Management and Entrepreneurship, 2014, 19(3): 8-34.

Lerch C., Gotsch M. Digitalized Product-Service Systems in Manufacturing Firms [J]. Research-Technology Management, 2015, 58 (5): 45-52.

Li S.X., Sun H.L., Yan J.Y., Yu J. Bundling Decisions in Procurement

Auctions with Sequential Tasks[J]. Journal of Public Economics, 2015, 128(3): 96-106.

Liang L., Xie J. P., Liu L. H., Xia Y. Revenue Sharing Contract Coordination of Wind Turbine Order Policy and Aftermarket Service Based on Joint Effort[J]. Industrial Management and Data System, 2017, 117(2): 320-345.

Liang P. P., Sun Y. M., Pan Y. L. Co-evolution Mechanism and Stability Analysis of Service-oriented Manufacturing Enterprise System[J]. Journal of Industrial Engineering and Management, 2015, 8(5): 1475-1490.

Lightfoot H., Baines T., Smart P. The Servitization of Manufacturing: A Systematic Literature Review of Interdependent Trends[J]. International Journal of Operations and Production Management, 2013, 33(11-12): 1408-1434.

Linh C. T., Hong Y. Channel Coordination Through a Revenue Sharing Contract in a Two-period Newsboy Problem[J]. European Journal of Operational Research, 2009, 198(3): 822-829.

Liou F. M. The Effects of Asset-light Strategy on Competitive Advantage in the Telephone Communications Industry[J]. Technology Analysis and Strategic Management. 2011, 23(9): 951-967.

Lutze H. S., Ozer O. Promised Lead-Time Contracts Under Asymmetric Information[J]. Operations Research, 2008, 56(4): 898-915.

Ma P., Wang H., Shang J. Contract Design for Two-stage Supply Chain Coordination: Integrating Manufacturer-quality and Retailer-Marketing Efforts[J]. International Journal of Production Economics, 2013, 146(2): 745-755.

Ma Y. G., Wang N. M., He Z. W., Lu J. Z., Liang H. G. Analysis of the Bullwhip Effect in Two Parallel Supply Chains with Interacting Price-sensitive Demands[J]. European Journal of Operational Research, 2015,

243(3): 815-825.

Mani D., Barua A., Whinston A.. Outsourcing Contracts and Equity Prices [J]. Information Systems Research, 2013, 24(4): 1028-1049.

Mani D., Barua A., Whinston A. B. An Empirical Analysis of the Contractual and Information Structures of Business Process Outsourcing Relationships[J]. Information Systems Research, 2012, 23(3): 618-634.

Mani D., Barua A., Whinston A. B. Outsourcing Contracts and Equity Prices[J]. Information Systems Research, 2013, 24(4): 1028-1049.

March J.G. Exploration and Exploitation in Organizational Learning[J]. Organization Science, 1991, 2(1): 71-87.

Markides C. Disruptive Innovation: In Need of Better Theory[J]. Journal of Production Innovation Management, 2006, 23(1): 19-25.

Marquezac A.C., Bianchic C., Guptajnd J.N.D. Operational and Financial Effectiveness of Collaboration Toolsin Supply Chain Integration [J]. European Journal of Operational Research, 2004, 159(2): 348-363.

Martin R., Lazakis I., Barbouchi S., Johanning L. Sensitivity Analysis of Offshore Wind Farm Operation and Maintenance Cost and Availability [J]. Renewable Energy, 2016, 85: 1226-1236.

Mayer S., Steinhardt C. Optimal Product Line Pricing in the Presence of Budget-constrained Consumers [J]. European Journal of Operational Research, 2016, 248(1): 219-233.

Meier H., Roy R., Seliger G. Industrial Product-Service Systems-IPS2[J]. CIRP Annals-Manufacturing Technology, 2010, 59(2): 607-627.

Mont O. Clarifying the Concept of Product-service System [J]. Journal of Cleaner Production, 2002, 10(3): 237-245.

Nasr E.S., Kilgour M.D., Noori H. Strategizing Niceness in Co-opetition: The Case of Knowledge Exchange in Supply Chain Innovation Projects [J]. European Journal of Operational Research, 2015, 244(3): 845-854.

Nerlove M., Arrow K. Optimal Advertising Policy Under Dynamic Conditions[J]. Economica, 1962, 29(114): 129-142.

Ng I., Scharf K., Pogrebna G., Maull R. Contextual Variety, Internet-of-Things and the Choice of Tailoring Over Platform: Mass Customisation Strategy in Supply Chain Management[J]. International Journal of Production Economics, 2015, 159(1): 76-87.

Nordin F., Kindstrom D., Kowalkowski C., Rehme J. The Risks of Providing Services: Differential Risk Effects of the Service-development Strategies of Customisation, Bundling, and Range[J]. Journal of Service Management, 2011, 22(3): 390-408.

Olivares M., Cachon G. P. Competing Retailers and Inventory: An Empirical Investigation of General Motors' Dealerships in Isolated U.S. Markets[J]. Management Science, 2009, 55(9): 1586-1604.

Opresnik D., Taisch M. The Manufacturer's Value Chain as a Service — The Case of Remanufacturing[J]. Journal of Remanufacturing, 2015, 5(1): 1-23.

Opresnik D., Taisch M. The Value of Big Data in Servitization[J]. International Journal of Production Economics, 2015, 165: 174-184.

Osterwalder A., Lagha S.B., Pigneur Y. An Ontology for Developing E-Business Models[C]. Proceedings of IFIP Dsiage, 2002, 7: 3-7.

Osterwalder A., Pigneur Y., Tucci C. L. Clarifying Business Models: Origins, Present, and Future of the Concept[J]. Communications of the Association for Information Systems, 2005, 16(1): 1.

Ouardighi F.E., Sim J.E., Kim B. Pollution Accumulation and Abatement in a Supply Chain[J]. European Journal of Operational Research, 2016, 248(3): 982-996.

Pan X.J., Li S.D. Dynamic Optimal Control of Process-product Innovation with Learning by Doing[J]. European Journal of Operational Research, 2015, 248(1): 136-145.

Parasuraman A., Valarie A., Zeithaml L. Berry, L. A Conceptual Model of Service Quality and Its Implications for Future Research[J]. Journal of Marketing, 1985, 49(4): 41-50.

Parks C., Joireman J., Van Lange P. A. M. Cooperation, Trust, and Antagonism How Public Goods Are Promoted[J]. Psychological Science in the Public Interest, 2013, 14(3): 119-165.

Pei P. Pen-Erh., Simchi-Levi D., Tunca T. I. Sourcing Flexibility, Spot Trading, and Procurement Contract Structure[J]. Operations Research, 2011, 59(3): 578-601.

Popescu I., Wu Y. Dynamic Pricing Strategies with Reference Effects[J]. Operations Research, 2007, 55(3): 413-429.

Porter M. E. Competitive Advantage: Creating and Sustaining Superior Performance[M]. Free Press, 1985.

Porter M. E., Heppelmann J. E. How Smart, Connected Products Are Transforming Competition[J]. Harvard Business Review, 2014(92): 11-64.

Qin Y., Wang R., Vakharia A. J., Chen Y., Seref M. M. H. The Newsvendor Problem: Review and Directions for Future Research[J]. European Journal of Operational Research, 2011, 213(2): 361-374.

Raddats C., Burton J., Ashman R. Resource Configurations for Services Success in Manufacturing Companies[J]. Journal of Service Management, 2015, 26(1): 97-116.

Rao A. Online Content Pricing: Purchase and Rental Markets [J]. Marketing Science, 2015, 34(3): 430-451.

Robotis A., Boyaci T., Verter V. Investing in Reusability of Products of Uncertain Remanufacturing Cost: The Role of Inspection Capabilities [J]. International Journal of Production Economics, 2012, 140(1): 385-395.

Roels G., Karmarkar U.S., Carr S. Contracting for Collaborative Services

[J]. Management Science, 2010, 56(5): 849-863.

Roels G., Karmarkar U.S., Carr S. Contracting for Collaborative Services [J]. Management Science, 2010, 56(5): 849-863.

Rojo F. J. R., Roy R., Shehab E., Cheruvu K., Mason P. A Cost Estimating Framework for Electronic, Electrical and Electromechanical (EEE) Components Obsolescence within the Use-Oriented Product-Service Systems Contracts [J]. Proceedings of the Institution of Mechanical Engineers Part B-Journal of Engineering Manufacture, 2012, 226(1): 154-166.

Rubera G. Design Innovativeness and Product Sales' Evolution [J]. Marketing Science, 2015, 34(1): 98-115.

Rust R.T., Huang M.H. The Service Revolution and the Transformation of Marketing Science[J]. Marketing Science, 2014, 33(2): 206-221.

Samila S., Sorenson O. Noncompete Covenants: Incentives to Innovate or Impediments to Growth[J]. Management Science, 2011, 57(3): 425-438.

Savaskan R. C., Wassenhovel L.V. Reverse Channel Design: The Case of Competing Retailers [J]. Management Science, 2006, 52(1): 1-14.

Schuh G., Potente T., Varandani R., Schmitz T., Global Footprint Design Based on Genetic Algorithms — An 'Industry 4.0' Perspective [J]. CIRP Annals — Manufacturing Technology, 2014, 63(1): 433-436.

Schweitzer M.E., Cachon G.P. Decision Bias in the Newsvendor Problem with a Known Demand Distribution: Experimental Evidence [J]. Management Science, 2000, 46(3): 404-420.

Serra T., Poli E. Shadow Prices of Social Capital in Rural India, a nonparametric approach[J]. European Journal of Operational Research, 2015, 240(3): 892-903.

Seved E. Sfahani M. M., Biazaran M., Gharakhani M. A Game Theoretic

Approach to Coordinate Pricing and Vertical Coop Advertising in Manufacturer-retailer Supply Chains[J]. European Journal of Operational Research, 2010, 211(2): 263-273.

Shi W., Min K.J. Product Remanufacturing: A Real Options Approach [J]. IEEE Transactions on Engineering Management, 2014, 61(2): 237-250.

Shimomura Y., Nemoto Y., Kimita K. State-of-Art Product-Service Systems in Japan — The Latest Japanese Product-Service Systems Developments[J]. Procedia Cirp, 2014, 16: 15-20.

Shostack G.L. Breaking Free from Product Marketing[J]. Journal of Marketing, 1977, 41(2), 73-80.

Simchi-Levi D. OM Forum-OM Research: From Problem-Driven to Data-Driven Research [J]. Manufacturing and Service Operations Management, 2014, 16(1): 2-10.

Smith A. An Inquiry into the Nature and Causes of the Wealth of Nations [M]. London, U.K, 1904.

Smith L., Maull R., Ng I.C.L. Servitization and Operations Management: a Service Dominant-logic Approach [J]. International Journal of Operations and Production Management, 2014, 34(2): 242-269.

Smith S.A., Achabal D.D. Clearance Pricing and Inventory Policies for Retail Chains[J]. Management Science, 1998, 44(3): 285-300.

Spann M., Fischer M., Tellis G.J. Skimming or Penetration? Strategic Dynamic Pricing for New Products[J]. Marketing Science, 2015, 34(2): 235-249.

Spieth P., Schneckenberg D., Joan E.R. Business Model Innovation-State of the Art and Future Challenges for the Field[J]. R&D Management, 2014, 44(3): 237-247.

Spohrer J., Maglio P.P. The Emergence of Service Science: Toward Systematic Service Innovations to Accelerate Co-creation of Value[J].

Production and Operations Management, 2008, 17(3): 238-246.

Spring M, Araujo L. Service, Services and Products: Rethinking Operations Strategy[J]. International Journal of Operations and Production Management, 2009, 29(5): 444-467.

Stanko M. A., Molina C. F., Harmancioglu, N. It Won't Fit! For Innovative Products, Sometimes That's for the Best[J]. Journal Product Innovation Management, 2015, 32(1): 122-137.

Sterman J. D. Modeling Managerial Behavior: Misperceptions of Feedbacking in a Dynamic Decision Making Experiment [J]. Management Science, 1989, 35(3): 321-339.

Stoughton M., Votta T. Implementing Service-based Chemical Procurement: Lessons and Results [J]. Journal of Cleaner Production, 2003, 11(8): 839-849.

Suarez F.F., Cusumano M.A., and Kahl S.J.. Services and the Business Models of Product Firms [J]. Management Science, 2013, 59(2): 420-435.

Susarla A. Contractual Flexibility, Rent Seeking, and Renegotiation Design: An Empirical Analysis of Information Technology Outsourcing Contracts[J]. Management Science, 2012, 58(7): 1388-1407.

Swinney R., Cachon G.P., Netessine S. Capacity Investment Timing by Start-ups and Established Firms in New Markets[J]. Management Science, 2011, 57(4): 763-777.

Szmerekovsky J.G., Zhang J. Pricing and Two-tier advertising with one Manufacturer and one Retailer[J]. European Journal of Operational Research, 2009, 192(3): 904-917.

Tan K.H., Zhan Y.Z., Ji G.J., Ye F., Chang C.T. Harvesting Big Data to Enhance Supply Chain Innovation Capabilities: An Analytic Infrastructure Based on Deduction Graph[J]. International Journal of Production Economics, 2015, 165: 223-233.

Teece D.J. Business Models, Business Strategy and Innovation[J]. Long Range Planning, 2010, 43(2): 172-194.

Tomlin B. Capacity Investments in Supply Chains: Sharing the Gain Rather Than Sharing the Pain[J]. Manufacturing and Service Operations Management, 2003, 5(4): 317-333.

Tsay A., Agrawal N. Channel Dynamics Under Price and Service Competition[J]. Manufacturing and Service Operations Management, 2000, 2(4): 372-391.

Tsay A., and Agrawal N. Channel Conflict and Coordination in the E-commerce Age[J]. Production and Operations Management, 2004, 13(3): 93-110.

Turunen T. T., Toivonen M. Organizing Customer-oriented Service Business in Manufacturing [J]. Operations Management Research, 2011, 4(1-2): 74-84.

Ulaga W., Reinartz W., Hybrid offerings: How Manufacturing Firms Combine Goods and Services Successfully[J]. Journal of Marketing, 2011, 75(6): 5-23.

Velamuri V.K., Bansemir B., Anne K.N., Kathrin, M.M. Product Service Systems as a Driver for Business Model Innovation: Lessons Learned from The Manufacturing Industry [J]. International Journal of Innovation Management, 2013, 17(1): 1340004-1-25.

Velu C., Stiles P. Managing Decision-making and Cannibalization for Parallel Business Models[J]. Long Range Planning, 2013, 46(6): 443-458.

Vinhas A.S., Heide J.B. Forms of Competition and Outcomes in Dual Distribution Channels: The Distributor's Perspective[J]. Marketing Science, 2015, 34(1): 160-175.

Vries, E.D. Innovation in Services in Networks of Organizations and in the Distribution of Services[J]. Research Policy, 2006, 35(7): 1037-1051.

Waldman, M. Durable Goods Theory for Real World Markets[J]. Journal of Economics Perspectives, 2003, 17(1): 131-154.

Wang P.F., Tamilselvan P., Twomey J., Youn B.D. Prognosis-Informed Wind Farm Operation and Maintenance for Concurrent Economic and Environmental Benefits [J]. International Journal of Precision Engineering and Manufacturing, 2013, 14(6): 1049-1056.

Wang S., Zhou Y., Min J., Zhong Y. Coordination of Cooperative Advertising Models in One-manufacturer Two-retailer Supply Chain System [J]. Computers and Industrial Engineering, 2011, 61(4): 1053-1071.

Wang X., Disney S.M. The Bullwhip Effect: Progress, Trends and Directions[J]. European Journal of Operational Research, 2016, 250(3): 691-701.

Wang Y., Xiao Y., Yang N. Improving Reliability of a Shared Supplier with Competition and Spillovers[J]. European Journal of Operational Research, 2014, 236(2): 499-510.

Wang Z.D., Wang X., Ouyang Y.F. Bounded Growth of the Bullwhip Effect under a Class of Nonlinear Ordering Policies [J]. European Journal of Operational Research, 2015, 247(1): 72-82.

Xie J.P., Liang L., Liu L.H., Ieromonachou, P. Coordination Contracts of Dual-channel with Cooperation Advertising in Closed-loop Supply Chains[J]. International Journal of Production Economics, 2017, 183(1): 528-538.

Xu K.F., Dong Y., Xia Y. "Too Little" or "Too Late": The Timing of Supply Chain Demand Collaboration [J]. European Journal of Operational Research, 2015, 241(2): 370-380.

Yan K.Y, Pei Z. Retail Service and Firm Profit in a Dual-Channel Market [J]. Journal of Retailing and Consumer Service, 2009, 16(4): 306-314.

Yang D., Jiao J.X., Ji Y.J., Du G., Helo P., Valente A. Joint

Optimization for Coordinated Configuration of Product Families and Supply Chains by a Leader-follower Stackelberg Game[J]. European Journal of Operational Research, 2015, 246(1): 263-280.

Zeng S. X, Xie X. M., Tam C. M., Wan T. W. Relationships between Business Factors and Performance in Internationalization an Empirical Study in China[J]. Management Decision, 2015, 47(2): 308-329.

Zhang H., Nagarajan M., Sosic G. Dynamic Supplier Contracts Under Asymmetric Inventory Information[J]. Operations Research, 2010, 58(5): 1380-1397.

Zhang J. Z., Netzer O., Ansari A. Dynamic Targeted Pricing in B2B Relationships[J]. Marketing Science, 2014, 33(3): 317-337.

Zhang Q., Zhang J., Tang W. A Dynamic Advertising Model with Reference Price Effect[J]. RAIRO — Operations Research, 2015, 49(4): 669-388.

Zhang W., Zhou D.K., Liu L.W. Contracts for Changing Times: Sourcing with Raw Material Price Volatility and Information Asymmetry[J]. Manufacturing and Service Operations Management, 2014, 16(1): 133-148.

Zhao L. M., Huchzermeier A. Operations-finance Interface Models: A Literature Review and Framework[J]. European Journal of Operational Research, 2015, 244(3): 905-917.

Zhao W., Zheng Y.S. Optimal Dynamic Pricing for Perishable Assets with Nonhomogeneous Demand[J]. Management Science, 2000, 46(3): 375-388.

Zhao X., Wu F. W., Coordination of Agri-food Chain with Revenue-sharing Contract under Stochastic Output and Stochastic Demand[J]. Asia-Pacific Journal of Operational Research, 2011, 28(4): 487-510.

Zhu X. X., Wang M. M., Chen G. F., Chen X. S. The Effect of Implementing Trade-in Strategy on Duopoly Competition[J]. European

Journal of Operational Research,2016,248(3):856-868.

Ziani S., Rahmoune F., Radjef M., S. Customers' Strategic Behavior in Batch Arrivals M2 -/M/1 Queue[J]. European Journal of Operational Research,2015,247(3):895-903.

Zott C., Amit R. Business Model Design: An Activity System Perspective [J]. Long Range Planning,2010,43(2):216-226.

Zott C., Amit R., Massa L. The Business Model: Recent Developments and Future Research[J]. Journal of Management,2011,37(4):1019-1042.

陈菊红,郭福利,史成东.需求具有价格敏感性的供应链收益共享契约设计研究[J].中国管理科学,2008,16(3):78-83.

杜传忠.转型、升级与创新——中国特色新型工业化的系统性研究[M].北京:人民出版社,2013.

范秀成.服务质量管理:交互过程与交互质量[J].南开管理评论,1999(1):8-12.

傅强,曾顺秋.不确定需求下供应链合作广告与订货策略的博弈[J].系统工程理论与实践,2008,28(3):56-63.

干春晖,郑若谷,余典范.中国产业结构变迁对经济增长和波动的影响[J].经济研究,2011(5):4-16.

高顺东,肖洪钧,姜照华.国际化的全产业链创新网络:以移动产业链为例[J].科学学与科学技术管理,2012,33(9):28-35.

黄承启.汽车4S店服务客户满意度测评与提升研究[D].宁波大学硕士学位论文,2012.

黄磊,刘则渊,姜照华.技术转移视角下全产业链创新网络的行为模式:融合创新——以苹果公司网络为例[J].科学学与科学技术管理,2014,35(11):78-86.

金碚.工业的使命和价值——中国产业转型升级的理论逻辑[J].中国工业经济,2014(9):51-64.

金碚,吕铁,邓洲.中国工业结构转型升级:进展、问题与趋势[J].中国工业经济,2011(2):5-15.

李坤,于渤,李清均."躯干国家"制造向"头脑国家"制造转型的路径选择——基于高端装备制造产业成长路径选择的视角[J].管理世界,2014(7):1-11.

刘宇熹,谢家平.国外闭环产品服务链理论研究述评[J].管理现代化,2013(6):120-122.

刘宇熹,谢家平.再制造下租赁产品服务系统节约共享契约研究[J].中国管理科学,2016,24(3):99-108.

刘宇熹,谢家平,李仲.制造企业惯例变化规律及其商业模式演进[J].科技进步与对策,2013,30(11):70-73.

刘志彪.从全球价值链转向全球创新链:新常态下中国产业发展新动力[J].学术月刊,2015,47(2):5-14.

刘志彪.战略性新兴产业的高端化:基于"链"的经济分析[J].产业经济研究,2012,58(3):9-17.

[美]迈克尔·波特.竞争优势[M].陈丽芳译.北京:中信出版社,2014.

聂佳佳,邓东方.产品质量影响延保成本下的延保服务外包策略[J].工业工程与管理,2014,19(3):26-32.

乔华国,江志斌,谢文明,刘维树.基于产品服务系统的供应链共享合同设计[J].工业工程与管理,2013,18(1):25-30.

寿涌毅,王伟娇,Dmitrij Slepniov.制造业产品服务系统的价值链设计与重构——基于杭氧的案例研究[J].管理评论,2016,28(2):230-240.

宋高歌,黄培清,帅萍.基于产品服务化的循环经济发展模式研究[J].中国工业经济,2005,206(5):13-20.

唐秋生,牛婷婷,马先婷.基于Stackelberg理论的MeRCRM型闭环供应链批量折扣协调机制与定价策略[J].管理工程学报,2012,26(4):183-191,182.

王虹,周晶.不同价格模式下的双渠道供应链决策研究[J].中国管理科学,2009,17(6):84-90.

王瑶,但斌,刘灿,张旭梅.服务具有负溢出效应的异质品双渠道供应链改进策略[J].管理学报,2014,11(5):758-763.

夏妍娜,赵胜.工业 4.0：正在发生的未来[M].北京：机械工业出版社,2015.

肖剑,但斌,张旭梅.双渠道供应链中制造商与零售商的服务合作定价策略[J].系统工程理论与实践,2010,30(12)：2203-2211.

谢家平,梁玲,龚海涛.物联网环境下面向客户价值的商业模式变革[J].经济管理,2015,39(11)：188-199.

谢家平,王爽,迟琳娜.无偏好市场下制造/再制造系统最优生产决策[J].管理评论,2011,23(12)：148-155.

谢家平,王爽.偏好市场下制造/再制造系统最优生产决策[J].管理科学学报,2011,14(3)：24-33.

徐广业,但斌,肖剑.基于改进收益共享契约的双渠道供应链协调研究[J].中国管理科学,2010,18(6)：59-64.

杨勇,袁卓.技术创新与新创企业生产率——来自 VC/PE 支持企业的证据[J].管理工程学报,2014,28(1)：56-64.

姚树俊,陈菊红,和征.产品服务能力与定价联合优化策略机制研究——基于动态性和非线性视角[J].运筹与管理,2013,22(4)：231-240.

姚树俊,陈菊红,和征.产品服务系统转移支付机制研究[J].中国管理科学,2016,24(2)：84-91.

郑晓娜.竞争环境下客户服务投入对企业利润影响的均衡分析[J].中国管理科学,2013,21(6)：113-122.

朱庆华,周珊珊.基于政府价格补贴的汽车零部件制造商与再制造商的竞争分析[J].系统管理学报,2014,23(3)：367-373.

图书在版编目(CIP)数据

产品后市场服务运营管理/谢家平等著. —上海：复旦大学出版社，2021.8
ISBN 978-7-309-15499-3

Ⅰ.①产… Ⅱ.①谢… Ⅲ.①产品管理-研究 Ⅳ.①F273.2

中国版本图书馆 CIP 数据核字(2021)第 020690 号

产品后市场服务运营管理
CHANPIN HOUSHICHANG FUWU YUNYING GUANLI
谢家平 等 著
责任编辑/张美芳

复旦大学出版社有限公司出版发行
上海市国权路 579 号 邮编：200433
网址：fupnet@ fudanpress.com　http://www.fudanpress.com
门市零售：86-21-65102580　团体订购：86-21-65104505
出版部电话：86-21-65642845
上海四维数字图文有限公司

开本 787×960　1/16　印张 20.5　字数 304 千
2021 年 8 月第 1 版第 1 次印刷

ISBN 978-7-309-15499-3/F·2778
定价：88.00 元

如有印装质量问题，请向复旦大学出版社有限公司出版部调换。
版权所有　侵权必究